振舞いとしての法

知と臨床の法社会学

西田英一・山本顯治 編

法律文化社

In Honor of Prof. Dr. Yoshitaka WADA

LAW as EVERYDAY PRACTICE
Sociology of Law on Clinical Knowledge

緒　　言

棚瀬孝雄

　今回，和田仁孝教授の還暦記念論文集が刊行されることになった。私の最初の教え子でもあり，立派な研究者になって，こうして皆からお祝いされるのは本当に喜ばしいことである。これを機に主要な著作を読み返してみたが，最初の大学院時代に書いた論文から，最近の解釈法社会学，そして，医療メディエーションの実践まで，その研究が一貫した問題意識に貫かれていることにあらためて強い印象を受けた。

　和田君が法社会学の研究を始めた1970年代末は，ADR運動が盛んで，学問的にも，法や裁判に内在する限界が議論されていた時期である。また，法人類学もアメリカ法社会学会の中に確固とした一角を占め，分析を法制度から社会の法過程に移して，興味深い理論や実証研究を出していた。それをまとめたのが最初の和田君の論文で，紛争過程の研究に課題をしっかり見据えている。

　背景には，私の過程分析や民訴の第三の波などもあり，同時代的な理論的営みの中にあるが，和田君は，私などから見ても，より法や裁判の紛争解決にとっての役割を相対化し，当事者が個々に，置かれた状況の中で主体的に紛争を意味づけ，解決を創発的に作り出していく過程に分析の比重を置いている。

　この後，全世界的な社会科学の解釈主義的転回があり，また批判法学の近代法批判，さらに，共同体主義やポストモダンといったさまざまなパラダイムが渦巻く中で，和田君も，その紛争過程の研究にそれらの分析視角を取り込むことになる。そのまとめが2006年に書き下ろされた『法社会学の解体と再生』という本である。本記念論文集のタイトルにも，解釈法社会学という言葉があり，和田君の学問の１つの到達点と言ってよい。批判理論を引き継いだ法のイデオロギー性，ディスコースの権力作用を一方で強調しつつ，それに抵抗する主体を，様々な理論的文献から引っ張ってきている。ただ，その主体も，私なら「理と情と意」で，正面からぶつかっていく闘う主体を持ってくるところであるが，和田君は，「その場のコンティンジェントな状況の中で，瞬時に『密

漁』し抵抗を企てていく，したたかでしなやかな主体」を持ってくる。

　いかにも和田君らしいしなやかな主体であるが，振り返って，当初の紛争過程研究においても，未だ当時の主意主義的行為論の枠組みの中にあるものの，どこまでも当事者を前面に出し，その当事者が紛争に直面して，法や制度，その他の規範を自らの関心で相対化して捉え相手と交渉していく，「したたかな」主体が想定されていて，思わずほほえんでしまう。また，批判理論こそないものの，法や裁判が，あるいは法律家が，当事者の置かれた状況や主観的な想い，あるいは相手との具体的関係性などに無頓着に，お仕着せの解決を押しつけていくことを強く批判的に捉えていて，支配と抵抗という図式は，昔から和田君には一貫してある。

　問題は，この和田法社会学の意義であるが，法社会学が，法の観察を行う学問であるとすれば，和田君の場合，それを徹底して当事者の目線から行うということである。法とはこういうものであるという，法の教科書的な，それゆえ，常識的な法の理解は，法に様々な形で関わる人々の，その体験する，その視線で解釈された法とは異なっている。この法を，当事者に寄り添い，その語りに耳を傾け共感的に読み取っていくことが和田君の解釈法社会学であり，そこから，法の実践にも建設的な提言が行われている。

　私自身，中央大学に移ってからは実務に関わり，また，和田君とあるところまでは同じ学問の軌跡をたどっているので，和田君の法社会学に強く共感する部分と，実務的な危うさを感じる部分との両面がある。

　この積極的な意義であるが，前に読んで，その時も感心したのであるが，私が編集した『たばこ訴訟の法社会学』に寄稿した論文において，和田君は，アメリカのたばこPL訴訟の意味を議論するシンポジウムのその休み時間に，たばこを吸いながら，「たばこを止められない」自分たちたばこ中毒者をお互い笑いあっている会話を載せて，その意味を分析している。それは，たばこ会社に賠償請求をするために，たばこ喫煙者が，自由な意思によってではなく，誤情報とニコチンの中毒性により喫煙させられ病気になった，罪のない「被害者」として自己提示をせざるを得ない，その法における構築が，たばこを吸う者の自意識を傷つけることであり，だからこそ，笑いという形で，法をパロディ化

せざるを得なかったのである。

　これは，もっと一般的に，法が賠償にせよ，処罰にせよ，状況を一面化し権利や不法を定義する中で必ず生じてくる歪みである。政治では，"political correctness"が言われるが，法の世界でも，被害者を名乗ることへのミクロなポリティクスはわれわれのよく観察するところである。それは，また，実際の紛争解決において，当事者の具体的な事情や，時に言葉にならない様々な想いが，法では無視されたり，一面的なカテゴリーに乱暴に押し込められたりといった形でも現れてくる。

　和田君が，法の権力性や，支配と抵抗と言っているものも，この意味でのカテゴリーの執行であり，どこかに権力の主体があって，人々を従属させているといった古典的な支配服従ではない。それはフーコー以前の権力であり，そのようなものが，今でも国家権力が前面に出てくる法の局面で引き続き意味を持つことは否定できないが，和田君が問題にしているのは，リースマンが肯定的に法による分散的な官僚制化と呼んだ，法秩序そのものに潜む抑圧である。

　これは法実務においても，私たち依頼者に接する弁護士，そして，当事者の訴えに耳を傾けるべき裁判官が，法をその一面的なカテゴリーとともに執行する際に痛みとして感じるものを指し示している。痛みというのは，法実務が法の執行をめぐって行われる限り，このカテゴリーの一面的な執行は避けられないし，それが官僚制の弊害を回避しつつ，必要な社会の秩序化をもたらすものである限り，実務に従事することを卑下する必要はないが，同時に，そこで押しつぶされるものへの感受性を持つことが必要だという意味である。周辺的な調整かも知れないが，法に人を媒介する弁護士や裁判官が，人の痛みを感じられる人間であることは，人が法を信じられる上で，実際，大切なことである。

　この視点は，その後も，和田君の仕事の中で一貫している。これも私が編集した『法の言説分析』に寄稿した論文であるが，その中で，和田君は，直接的体験の持つアレゴリー的喚起力に注意を促している。分析されているのは，医療事故をめぐる法専門家と，素人である被害者の母親とのその言説のせめぎ合いである。和田君が注目するのは，この母親の，病状が悪化し，苦痛にうめく子どもを看取ったその原体験が，日常語で生々しく書かれている陳述書の持つ

iv

積極的な意義である。

医師の注意義務違反を認定するだけであれば，そこまでの強烈な印象的記述がなくても，必要な間接事実さえきちんと摘記されていれば十分である。実際，裁判官も，大量の，おそらく事実が反復して語られ，感情的な言葉が書き連ねられたであろう陳述書の束を前にため息をついたかも知れないが，やはり，和田君の言うように，最後まで必死で子どもを助けようと病床に付き添った母親のその必死さは，母親でしか語れないものであり，それが，原告の主張に強烈なリアリティを与え，裁判官の心証に影響を与えたことは想像に難くない。裁判もその意味で人が行うものであり，主張や陳述が理知的な判断を志向するものであっても，決して論理的な，記述的な文章だけで完結するものではなく，多分に，私たちが人として持っている共通の感性，あるいは，情動自体の人の魂を揺さぶる喚起力などに依拠して行われるのである。

ただ，自分も実際実務に従事するようになって，相手方，そして裁判所に対して主張をしていくとき，要件で整理された見取り図は，必要というより不可欠なものであって，それがないと，裁判官にどう説得していったらよいのか，また説得できているのか強い不安がある。また，法は，やはり無数の経験と膨大な思考から磨き上げられていて，通常の意味ではよくできていると思わせられる。その意味で，訴訟という土俵の中では，議論の枠組みがあって，それがいつもしっかり見えるような形にしつつ，その中に，事実を説得的に，時に感情に訴えかけるレトリックを交えて訴状や準備書面を書いていくことになるのである。

和田君の法社会学が，訴訟という場に入っていくには，そのように法の限界があるとすれば，本来の，当事者の目線で捉えた法で，その紛争の解決なり，関係の再定義なりを行っていくためには，それを可能にする自由度が高い場として，裁判の外の，それもできる限り当事者が主体的に関われる手続を用意していく必要がある。それが，実際，ここ10年ほどの大きな事業に発展した和田君の医療メディエーションの実践である。

この制度には，和田君のそれまでの紛争解決研究の知恵がすべて盛り込まれている。その意味で研究の総決算的な意味があるのであるが，とくに研究の最

初から一貫してあった，法や裁判は真の解決にならないという命題が根底にある。それは，紛争解決の場として，裁判を離れ裁判外に向かう，あるいは，法専門家を回避し，当事者自身を前面に持ってくるという制度設計だけではなく，後に，ADR論や紛争解決学，さらに法化論などが交錯しつつ，法の枠組みを下敷きにした，当事者の主張，ポジションから，その背後にある当事者の実際の関心，インタレストを区別し，後者を表に出して解決を図るという発想にまで及んでいて，それが，この医療メディエーションの制度構築になっている。

　さらに，そこに，法以前の原初的な主体性，また，当事者の理解する紛争，その解決を理解するためのナラティブへの着目に加え，医療事故という重い問題に直面して当事者が語る言葉を傾聴することで，当事者が自ら状況を再定義して前向きに考えられるようになるのを待つというエンパワーメントなどの考え方も加わり，独自の色づけがなされている。

　法社会学も，社会を見て，そこから一定の関心で対象を切り出して理論的な考察を行うものであり，いかに分析的な理論研究であっても必ず実践をうちに秘めているものであるが，和田君の場合，研究の最初から，基本的な関心と理論的な研究とが一貫して相互に補強し合いながら，ここまで来たと言える。その意味では，解釈法社会学としての理論の集大成，そして，医療メディエーションの一大事業が大団円を描いて完結していて，きっと充足感を感じていることと思う。

　私など，まだ弁護士としては10年未満の新参者で苦労していて，和田君がうらやましいが，和田君も，苦労とまでは言わないが，次の10年か，20年か，また新たな課題を見つけて，和田法社会学の挑戦をしていくことを願っている。

　　＊　本はしがきを執筆する少し前に，私自身，自分の研究を振り返ったものを，「法の近代と脱近代——法理論から法実務へ——」（中央ロー・ジャーナル11巻3号（2014年）3-38頁）としてまとめている。引用の言葉は，その中で，私の研究から引き継がれた現在の実務のモットーをまとめたものである。

序にかえて──逸脱から融合への軌跡

和田仁孝

　還暦記念論集といえば，通常は，弟子や学恩を受けた研究者が，その業績を顕彰し学恩に謝意を示すために出版するというのが通例であり，最近では厳しい出版事情もあって，そうした企画も少なくなっているように思われる。私自身には，本来的な意味で弟子と呼べるような存在はない。かろうじて現在研究職についている人の中に九州大学でのゼミの学生であった者，修士課程で指導した者が数名いるに過ぎない。大学院生の頃，棚瀬教授が「後進を育てることも研究者の重要な仕事だ」と言われていたのを覚えているが，この点ではほとんどその成果を上げることができなかったし，九州大学で同僚であった山本顯治教授からは，よく「和田さんには弟子を育てるのは無理」と言われたこともある。まさにその通りで，端的に「育てる以前に自身が苦闘の真っ最中」であったというほかない。このことは私自身の学問観とも通底していることのように思われる。

　ともかく，そうした中で，こうした論集を編んでいただけることは，望外の幸せである。ただし，編者の西田英一，山本顯治，事務局を務めてくれた中西淑美，山田恵子の諸氏の意図は，私の還暦という機会を捉えて，何か面白い本を作ってみようということであったろうと思う。それが証拠に，寄稿者には，私と同世代や先輩の研究者が多く含まれているほか，恩師である棚瀬孝雄教授から，果ては私自身まで寄稿者のひとりとなっている。

　研究者の仕事には，いかに謙抑的であろうと，その研究者自身の人間性が色濃く反映するものである。あらゆる束縛や規範的拘束を嫌って逸脱することに快感を覚えてきた私には，このある意味，逸脱的な還暦記念論集こそ，もっともふさわしく，研究者として得られるなによりの贈り物ということができよう。

　さて，自分の仕事について語ることほど面映いものはない。何人かの方が，寄稿いただいた論文，コメントの中で，私の仕事についての「読み」を示してくれたと伺っている。「読み」があらゆる可能性に開かれているとすれば，自

分の仕事について語る私の「読み」もそのうちのひとつとして等価である。そう考えて，少しは気楽に，自分の歩みを語りなおしてみることにしたい。

　まず，私にとって学問とは何かという点から，率直に語ってみたい。私は，常に学問に対して厳しく，誠実に向き合っている研究者の方々に取り巻かれてきた。棚瀬孝雄教授，故井上正三教授，先輩である樫村志郎教授，同僚であった山本顯治教授などなど。そうした学問に対する熱意や誠実さが，私には完全に欠如している。法社会学という専門領域で論文を書くこと，それは私の生における多様な表現のひとつに過ぎない。もちろん，どの研究者もそうした多様な場と表現の機会を人生において有しているのは当然であるが，私には，その中で学問が，何らかの特殊な優位性をもっているとは思えないまま，長期にわたって研究に携わってきたと思う。自分の学問が，あるいは論文が，社会にとって，あるいは人々の生活にとって，どれだけ価値があることなのか，何の確信も持てなかった，ないしは何の価値も見出せなかったといってもよい。学問の世界で，少しは評価されたとしても，それはその世界の中だけのことでしかなかった。もちろん，不真面目に学問をしてきたわけではない。自分なりに一生懸命に向き合っては来たが，しかし，なお，その努力に確信を伴うほどの価値を見出せなかったということである。

　恩師や同僚の先生方が，顔をしかめるようなことをあえて書いてきたのは，それが私の仕事の本質に強く反映していると思われるからである。また，私を取り巻く恩師や同僚，さらに学界は，この逸脱しがちな私の仕事に，おそらくは，それゆえにこそいささかでも興味を持って，その逸脱を許容し，またしばしば守ろうとさえしてくれたように思う。もちろん，多くの反発もあったが，それは，また当然のことである。

　大学院に入学して研究者の道を歩み始めた当初には，もう少し純粋に，学問に向き合う姿勢を持とうと努めていたように思う。しかし，決定的であったのは，修士１年の夏に行った借家紛争調査であった。何ヶ月にもわたった調査の過程で思い知らされたのは，訴訟や法がいかに紛争のただ中にある人々の葛藤や営みのわずかな一部しか救い上げていないのか，あるいは歪めていくのかと

いう点であり，同時に，社会科学調査法が，やはり同様に多くのものを切り捨てていく手順に他ならないように思えたという点である。この通底する2つの懐疑は，法学，社会科学の双方からもれ落ちてくるものをいかに拾い上げていくかという研究者としての私のテーマの基盤となった。法学や法制度の諸概念を探求し，社会科学的に分析を加えていくという，いわば「行儀のよい」法社会学は，私にはとりえない選択肢だった。

　しかし，もちろん，学問というコミュニティの場で位置を占めるためには，一定の整形を施す必要もある。棚瀬教授の指導と，私のある種の器用さによって，この妥協ないし「密猟」は，問題なく達成できた。その際，もっとも近しさを感じた法人類学の文献についての，これは間違いなく「誠実な」渉猟があったことも付言しておきたい。

　この京大大学院時代のいくつかの論稿は，そうした学問への妥協という色彩がより強いといえる。一般的理論の展開，正統な法律学への貢献といった表層の要素を見る限り，根源的な懐疑は影を潜めていたかと思う。また，そうした抽象度の高い論稿であっても，その論理の基盤は，いくつか関与した社会調査で出会った人々の語りにあったことは明言しておきたい。実証的エビデンスの欠落を批判されても，私はそこにほとんど痛痒を感じなかった。なぜなら，社会調査の標準化されたアプローチでは見えない，あるいは見えても切り捨てられてしまう何かに，自分は常に触れ，それを掴み取っているという確信があったからである。学問的作法の観点，とりわけ実証主義的・科学的方法論からは，逸脱していても，そうした作法自体を斜に構えて見る視点，そしてそれゆえの逸脱はこの頃にすでに，あるいはあらかじめ私自身の裡に存在していた。

　この点は，論文の執筆方法にも反映している。多くの誠実な研究者は，論文執筆の過程で，渉猟した文献，調査データ，研究ノート等を綿密に参照しながら，作業を進めていくのだと思う。しかし，私は論文を書くとき，ほぼ例外なく，何を参照するでもなく，最初から最後まで一気呵成に書き上げてしまうという方法をとっていた。執筆に集中したときに，溢れてくる思考，めまぐるしい抽象と実経験との対話的循環の動きを妨げることなく，構想自体がその過程で創り上げられていくという感じであった。執筆は私にとって苦痛ではなく，むしろ，快感さえともなっていたと思う。注や文献は，後付で後に本文に挿入

していくしかなかった。原稿用紙に手書きで執筆していた時代も，PCで執筆する今でも，変わるところはない。これも，小説家ならともかく，研究者の執筆方法としては失格だといわざるを得ない。修士論文の審査の席で，委員の一人であった北川善太郎教授に「もう少し，丁寧に挨拶しながら書いていきなさい」と指摘されたのも，この逸脱を見極められてのことだったと思う。この点での逸脱，「間違った論文執筆方法」も，今に至るまで矯正されることなく続いている。

　私が若い研究者として，初めて上梓した『民事紛争交渉過程論』は，主に，この京大の大学院生時代の論稿を集めたものである。

　こうした逸脱と正統な学問との狭間で，もちろん，葛藤がなかったわけではない。あるべき研究者としての正統な学問への姿勢を保たなければという思いと，自分の無軌道な逸脱衝動との間での葛藤は消えることはなかった。この葛藤が緩和された最初の機会は，九州大学での第三の波学派との出会いであった。その思考は正統な民事訴訟法学の立場から見れば，まさに「逸脱」そのものであったが，なおそこに，学問の外側の実践的感覚が強く反映し，正当性の基盤が存在するように私には感じられたのである。私の仕事や経験は，第三の波の手続論に，法社会学の側から，いささかの新たな視点を付け加えることができたと思うし，また自身の研究もこれによって，ひとつの方向性を得たように思う。

　こうしてこの時期，スタンフォード大学人類学科での在外研究中に，自身の紛争過程論を体系的にまとめた『民事紛争処理論』を上梓することとなった。「当事者にとって紛争の解決はない」といった体験に基づく感覚と，言説の支配といった抽象度の高い議論とをいかに融合させ得るかに難渋しつつ，ともかくもまとめあげることができた。今では，当然のごとく語られるConflict Transformationという概念も，当時の反応は，「解決しないなど，訳のわからない不真面目な議論だ」というものであった。

　しかしまた，反面，「逸脱」は「正統」があってこそ，成り立つものである。「逸脱」が純粋に徹底されていくその先には，必然としての「破壊」があると思われる。民事訴訟法学の第三の波の思想は，民事訴訟法学内部の新たな理論的

チャレンジというより，純粋には民事訴訟法学それ自体の破壊にもつながりかねない根源的批判にほかならない。そしてそれは，法社会学者としての私の学問そのものにも当てはまることであった。

　その後，学会や共同研究に誘われるまま参加し，「研究者という社会的役割」を果たすべく，旺盛に執筆を行ってきた。先に述べた乱暴な執筆方法のせいもあって，研究者としては筆も早く多産な成果を挙げることができたと思う。しかし，同時に葛藤は解決されないままに留まっていた。その頃に出会ったのが，アメリカのLaw and Society研究の中で隆盛してきた解釈法社会学である。批判法学と連動しつつ，アメリカの法と社会研究の中に生まれた解釈法社会学の視点は，自身の視点と大きく重なるところがあった。いうまでもなく，この動きの背景には，ポストモダニズムの哲学・思想の影響が存在する。それは，私が実体験の中でかかわってきた人々の振舞いから得た感覚と，一方で渉猟してきた哲学的文献から得た着想を結びつける結節点として機能し，多くのヒントを与えてくれる動きであった。

　再び訪れたニュージーランドでの何にも煩わされない在外研究の機会に，その思考をまとめ『法社会学の解体と再生——ポストモダンを超えて』を出版することとなった。この書物は，何より，まずそのタイトルをめぐって大きな反発を受けることになった。法社会学の先達からのご批判はもちろん，一般にも「解体とは何事か」といった反応であったかと思う。確かに『解釈法社会学の構図』といった大人しい書名にする選択肢もあったが，先に述べた第三の波の破壊性とその先に見えるものという自身の中に滞留したテーマへのこだわりがあったのが，このタイトルを選んだ一番の理由である。この本ほど，評価が分かれた業績はほかにはない。非常に厳しい反発と同時に，非常に好意的な評価を，しばしば法社会学以外の専門家から受けることとなった。

　この著作については，「習作にほかならない」「熱に浮かされた理念の遊びに過ぎない」といった厳しい言葉をいただいたこともあれば，和田法社会学の方法論的立場が確立されたという好意的な感想もいただいたが，私自身の「読み」は少し違っている。あの本で示したのは，法と社会研究における新しいひとつの理論や方法論ではない。あらゆるアプローチの上にかぶさる認識論的次元で

のインスピレーションに，それはほかならない。比喩的に言えば，「神は死んだ」という言明そのものであった。問題はどのようなアプローチを取るにせよ，その言説の「権力性と非一般性を語り手が認識していること」の重要さである。それは，言説をつむぐ者としての姿勢の問題にほかならず，そのときから，これが，学問的専門性の中で培われた方法への忠誠，換言すれば拘束性に取って代わる，新たな自由と誠実さの根拠として，私の仕事の支えとなった。個々のケースを論じる際にも，二次資料を解釈するときも，質問紙調査のデータを読むときも，個々の方法論への忠誠でなく，こうした枠のない自由な学と，体験の中で人々から得た何かを踏まえ，かつ自己の限界に気づいていることが，語ることの意味を支えてくれたのである。この本は，私の実体験と，これまでの学問的営みの必然的な生産物であったと考えている。

　しかし，そこで示した視点は，決して無責任な価値相対主義というわけではない。認識論的な価値の相対性を前提に，なお，生の世界において人はその固有の価値を，支配されつつも紡ぎだしていく。研究者も例外ではなく，自身の研究という営みにおいて，認識論的相対主義に基づいて，正統科学の言説的支配を脱し，ローカルな価値を志向しつつ，またその権力性を自覚しつつかかわっていくことが，私の立場からは必要となる。この解釈法社会学の視点，ないしポスト構造主義そのものの脱構築的視点は，私に学問をめぐる自由と逸脱すなわち「抵抗」の意義を教えてくれたといってよい。そこから，私にとっての研究は，研究室や論文といった形式にとらわれず，社会そのものに何かを書き込んでいく営みをも包摂するものへと変化していった。

　その際，相対的ではあっても，私が目指したのは，やはり「正統なるもの」からもれ落ちていく人々の声や感情を見据えていくことだった。研究の過程で出会った数え切れない紛争当事者の苦痛や想いを，とりわけ「善良なる顔貌」と「善意」が結果的に課す，多くは予期せざる支配と抑圧から，救い出し，表現を与えていくこと，そうした場を創出していくことが私の課題となった。メイヤロフ的な「ケア」は，そのための重要なキーワードであり，理論的には，社会構成主義ないしナラティヴ・アプローチが支えとなった。

　いくつかの偶然的出会いがあり，医療紛争の領域で，主にその後の研究は展

開していくこととなる。私が，法社会学や紛争過程論という専門領域で，その価値について確信が持てないままに紡ぎだしてきた発想と視点は，この具体的な領域に向けて，より平易に語り，書き込むことによって，ひとつの意義ある動きをそこに生み出すことができた。ここでも多くの被害者や，事故にかかわった医療者との出会いの中で，学問として自身が取り組んできたいくつかの着想，「紛争は解決しない」「過程こそが解決である」「普遍的価値の抑圧性」「法の限界と歪み」などの思考が個々の人々の体験の語りと循環的に融合し，その結果，進むべき道が開けてきたのである。それらの理念を現実の世界に書き込むこと，具体的には，当事者の「終わりなき対話」を支える機会としてのメディエーション過程の実現と，それを支える人材を養成することが大きな課題となった。この企ては，制度を動かし，また海外にも広がるなど，大きな成果を生み出すことになった。学問と実践が，そこでは，分離されたものでなく，等価の融合態として私の前に現前している。ここに至って，ようやく，自身の逸脱的で，しばしば高踏的な仕事，すなわち，「知の認識論的基礎」，「法と社会理論」，「紛争過程論」，「法専門家論」等が，生の世界への書き込みを通して，何らかの価値を有するとの確信をいささかでも持ちうることになったのである。

　表面的に見れば，それは学問から実践への転換のように見えるかもしれない。しかし，私の認識論的基礎から見れば，それはまさしく循環的融合の帰結であり，学そのものへの懐疑から出発した自身の学の必然的な結果であり，ある意味で私の学問の完成態であったと考えている。

　このような感情やケアへの注目もあって，しばしば，私の政治哲学的基礎は共同体主義であるかのように誤解を受けてきた。この点については論争的な論稿の中でも明示したが，自身の中には，むしろ，あらゆる拘束から自由でありたいという強い自由への意思が存在する。共同体的価値であれ，普遍的価値であれ，あらゆる言説の支配の下で，なお人々が示す抵抗こそ，私が見据えようとしたものであり，そこには，抵抗するしたたかでしなやかな個人の自由と創発性への憧憬がある。「微分化された個人」でありつつ，なおその場で，ローカルなケアと共感を築きうる人間像が，その根底にあり，私自身は，それこそが現実に生きる人々の姿にもっとも近似した人間像であると信じている。それ

xiv

は共同体主義でもなければ，リヴァタリアニズムでもなく，おそらくはそれら
の要素が融合した倫理的立場であると考えている。

　賢明な研究者であれば，自省といささかの満足を伴った，もっと行儀のよい
文を書くのかもしれない。しかし，これが，学問への懐疑と逸脱から出発した
私の素直な「和田仁孝の軌跡についての読み」である。

　最後に謝意を述べさせていただきたい。懐疑と逸脱の中で，「教え」「教育す
る」に値するものへの確信を持てなかった私が後進を指導できなかったのは当
然である。にもかかわらず，一応は還暦記念としての本書を企画してくれた編
者，事務局の友人たち，また年長であるにもかかわらず寄稿してくださった先
輩の皆さん，おそらくは戸惑いながらも寄稿してくださった多くの寄稿者の皆
さんに感謝の意を表しておきたい。また，私の視点に目を留め，共同研究にい
つも誘っていただいているDavid Engel教授も，快く寄稿してくれた。法律文
化社の秋山泰さんは，大学の先輩でもあり，若いころから，私の仕事に注目し
ていただき，有益な助言を与えて続けてくださっているし，この度は出版事情
の厳しい中でこうした書物を企画していただいた。

　そして，それ以外に，研究者としての人生の中で出会った数え切れない人た
ちの声が私の仕事を支え，形作ってきてくれたと考えている。自身に献じてい
ただく書物の中で，私が謝辞を述べるのも不自然かもしれないが，これらすべ
ての方々に心からの謝意を最後に表させていただきたい。

　2015年8月17日

和田仁孝

目　次

緒言　　棚瀬孝雄

序にかえて──逸脱から融合への軌跡　　和田仁孝

第1部　法と社会のメタ理論　　解釈法社会学の地平

アカウントの社会学的解釈
──Florian Znaniecki の社会学方法論を手掛かりにして ……… 樫村志郎　3

　Ⅰ　アカウントとしての社会学的データ　　Ⅱ　アカウントと社会学研
究方法論　　Ⅲ　行為の能動的要素としての状況の定義　　Ⅳ　行為解
明の結果としての学習　　Ⅴ　結論

行為の理論の収斂──解釈法社会学とタルコット・パーソンズ … 久保秀雄　26

　Ⅰ　はじめに　　Ⅱ　原点となるマックス・ウェーバー　　Ⅲ　泣き寝
入りの行為の理論化　　Ⅳ　理論の共通基盤　　Ⅴ　おわりに

密猟主体と第三の波 ……………………………………………… 上田竹志　43

　Ⅰ　はじめに　　Ⅱ　民事紛争処理における人間像　　Ⅲ　外部参照の
諸形式　　Ⅳ　パラドックスの意義と可能性　　Ⅴ　おわりに

何が不法行為法の敷居を高くしているのか
──権利主張が希少であることを説明する
………………………… デイヴィッド・M・エンゲル（久保秀雄：抄訳）　64

　Ⅰ　導入　　Ⅱ　損傷と泣き寝入りについて新たな見方を可能にするた
めに　　Ⅲ　損傷と身体化された心　経験的な知見　　Ⅳ　損傷と環境
　Ⅴ　自伝，フィードバック，再帰性　　Ⅵ　結論

★コメント1-1　解釈法社会学の解体と再生 ………………………… 阿部昌樹　88

★コメント1-2　和田仁孝法社会学における「交渉理論」と「オレンジ紛争」
……………………………………………………… 太田勝造　94

第2部 臨床の法 ナラティヴとケア

痛みと償い——震えの声の前で ………………………………………西田英一 101
 I はじめに II 問題の所在 III 意味づけプロセスとしての喪失 IV 理解から攪乱へ V おわりに 振舞いの即興性

医療とナラティブ …………………………………………………… 斎藤清二 115
 I はじめに II 医療と医学 III 診断 IV 医師の物語 V 物語的行為としての診断と治療 VI 医学の物語の終焉

ナラティヴと感情 …………………………………………………… 野口裕二 135
 I 感情と臨床 II ナラティヴ・メディエーション III オープン・ダイアローグ IV 専門家モデルと感情

リーガル・カウンセリング論の再文脈化 ………………………… 山田恵子 151
 I 技法論の法社会学 II 知識としてのLC 脱文脈化されたレベルでの再文脈化 III プラクティスとしてのLC 微分化されたサイトでの再文脈化 IV 法的諸実践におけるLC論の位置 V 技法論の活性化に向けて

★コメント2-1 けんか別れの作法——人類学者が和田法社会学から学ぶこと
 ………………………………………………………………… 加藤敦典 172

★コメント2-2 解釈法社会学とエスノメソドロジー／会話分析 … 北村隆憲 176

第3部 紛争・交渉 法の声・ひとの声を聴く

臨床的ADR論——個別的なるもの …………………………………中村芳彦 185
 I 問題の所在 II ADRにおける第三者の立ち位置と振舞い III ADRの具体的手続過程 IV ADR制度論への示唆 V おわりに 臨床の向こう側にあるもの

したたかな紛争当事者の紛争解決 …………………………………仁木恒夫 205
 I はじめに 法との接触のあとに II したたかな密漁する主体の

紛争解決　Ⅲ　日常的規範の法的規範への潜伏　Ⅳ　紛争当事者の
解決の模索　Ⅴ　むすびに

アドボケイト活動と「意思決定支援」……………………佐藤彰一　222

Ⅰ　パラダイム転換　Ⅱ　意思決定支援の意義　Ⅲ　ベストインタ
レストとエンパワーメントの中で　Ⅳ　意思決定支援　いくつかの懸
念　Ⅴ　おわりに

契約改訂合意の拘束力と公正感──覚え書き………………山本顯治　249

Ⅰ　はじめに　Ⅱ　再交渉における不履行の威嚇の信憑性　Ⅲ　再
交渉における公正感　Ⅳ　おわりに

★コメント 3-1　**紛争交渉における和解の意義**──和解は未来を創る
………………………………………………草野芳郎　270

★コメント 3-2　**時間と言葉**──医療メディエーションと和田仁孝の紛争過程論
………………………………………………高橋　裕　275

あとがき　山本顯治／西田英一 ……………………………………… 281

和田仁孝先生　略歴・主要著作目録 ………………………………… 287

第1部

法と社会のメタ理論　解釈法社会学の地平

アカウントの社会学的解釈
——Florian Znanieckiの社会学方法論を手掛かりにして

樫村志郎

Ⅰ——アカウントとしての社会学的データ

　社会学研究のなかで利用されるデータを社会学的データと呼ぶと，それらの
なかには，社会メンバーが自他の行為や状況について行った説明や報告が含ま
れる。たとえば，労働紛争の当事者たちは，社会学的インタビュー調査のなか
で，自他が経験した紛争がいかなる背景のもとで生じたのかを説明し報告す
る。また，公式組織の法務部の担当者は，同じくインタビューに答えて，自他
が経験した法務案件がいかなるものであったのかを説明し報告する。この種の
データは，エスノメソドロジーの用語ではアカウントとよばれるものに属す
る。本稿では，社会学的研究においてアカウントをいかに分析できるかをめ
ぐって，Florian Znanieckiが，『ヨーロッパとアメリカにおけるポーランド農
民』（Thomas & Znaniecki 2012 [1918-20]）（以下では『ポーランド農民』と略称する。）
でWilliam I. Thomasとともにまたその前後に独自に発展させた行為理論の2
つの主要な概念（社会学固有のデータとしての社会的行為の実践的文化的概念，その
一部としての「状況の定義」の概念）に着目し，それらがエスノメソドロジーのア
カウントの概念とともに利用されることが社会学研究にとって実践的に有益で
ありうるものとして理解しようとする[1]。このような検討により，エスノメソド
ロジーとある種の質的社会学の間に理論と方法論の点で一定の連続性があるこ
とも示唆したい[2]。

　『エスノメソドロジー研究』（Garfinkel 1967）の冒頭で，Harold Garfinkelは，
日常生活におけるアカウントが，社会学的説明[3]とともに，つぎの性質をもって
いることに注意を促している。

4　第1部　法と社会のメタ理論

「(1)　社会メンバーが，そのアカウントが実際の状況の分析であることを示すように
　　求められると，かれはそのアカウントの合理的性格を示すために必然的に『その他
　　同様のこと』，『〜でない限り』，『それを当面無視すれば』といったカテゴリーに訴
　　えなければならない。
　(2)　報告されることがらの確定的で有意味な性質は，報告のなかで述べられなかった
　　ことがらが何であれ，必要な限りそれを報告者と受け手が互いに補充し合うという
　　義務を負うことにより，実現される。したがって，実際に伝えられることの多くは
　　言及されない。
　(3)　その報告行為の過程を通じて，アカウントは，それまでいわれたことがらの現在
　　の意義が明確にされるために，『聴取者』が，今後いわれるであろうことを待つ準備
　　があることを要求する傾向をもつ。
　(4)　会話，評判，経歴と同様に，アカウントの個別的要素は，それらの実際の使用と
　　それらへの実際の言及の過程を通じて，一歩一歩組み立てられる。
　(5)　アカウントを構成する素材は，それらが系列的に位置づけられること，聴取者の
　　実践的企図へのそれらの関連性，またはそれらの使用の組織的機会の発展方向に
　　よって，その意味が重要な程度に定まる。
　　　要するにつぎのことである。アカウントの『認識可能な』意味，あるいは事実，ま
　　たは方法的性格，または非人格性，あるいは客観性は，それらの使用の社会的に組織
　　された機会から独立的ではない。それらの合理的諸様相は，この社会的に組織された
　　実際のそれらの使用機会において，メンバーがそれをどう扱うか，それをどう『理解
　　する』かにより成立する。メンバーのアカウントに見出されるべき合理的様相は，社
　　会的に組織されたその使用機会に，相互反映的かつ本質的に結びついているのであ
　　る。というのは，それらの様相は，社会的に組織されたその使用機会の様相であるか
　　らだ。」(Garfinkel 1967, pp.3-4)

　社会学方法論を問題にする関心からいうと，つぎの観察ができよう。

　まず，アカウントがもつとされる上記(1)〜(5)の性質は，日常的コミュニケー
ションの通常の様相であることを否定することは難しいだろう。また，科学的
ないし専門的コミュニケーションについても，この様相は，エスノメソドロ
ジーのみならず多くの通常社会科学的研究においても，その存在が認められて
いるといえよう。

　つぎに，上記の引用の後半部分は，上記(1)〜(5)の性質がアカウントの必然的
な性質であること，とりわけ，それらがアカウントの「合理的」で「認識可能な」
意味の基盤たる事情——すなわち，その「合理性」等の機会に拘束された達成

——を証拠立てていると主張する。ところで，その根拠の有無については論じないにせよ，多くの社会学研究者は，あらゆる「合理性」は，その使用機会からの独立性を本質とするという方法論的信念をもっている。そこで，この後半部分は，多くの社会学研究者が，理解しないか，受け入れないかという傾向をもつであろう。[4]

　実際，多くの社会学研究者にとって，アカウントの機会依存性がその合理性の基礎であるというこの主張は，その方法論的信念の正反対を意味している。たとえば，Parsonsは，行為の合理性が科学的合理性を表現する限りにおいて，その行為の合理性を認める。この立場からいうと，科学的合理性は，機会依存的なものではないから，行為の合理性がその使用機会に依存しているという主張は受け入れることができず，せいぜい，これらの事情が行為の合理性を毀損する非合理的影響の源泉であるという判断が受け入れられるにとどまる。しかしながら，この最後の判断は，判断者が恣意的に定立した合理性の概念と現実の差異によって生み出されたものである。そこで，これらの現象の発生や変化を説明するものでないことはあきらかである。[5]

　しかしながら，私の理解するところでは，科学的合理性を合理性の原型とみなすという独断にとらわれない社会学プログラムが存在する。その1つは，Alfred Schutzの社会現象学であり，これは，Husserlの先験的生活世界の解明という課題を社会学またはその基礎学の領域のなかで追求しようとしたものである。もう1つは，Kenneth Burkeのドラマティズムの社会学である。これは，間主観的コミュニケーションの範型としての演劇を社会のモデルへと拡張するものである。また1つは，Znanieckiの文化主義的社会学である。これらの社会学は，いずれも上記のGarfinkelの主張——「アカウントの『認識可能な』意味，あるいは事実，または方法的性格，または非人格性，あるいは客観性は，それらの使用の社会的に組織された機会から独立的ではない。」——をとりこむことが可能かつ有益な研究プログラムであると私は考えている。本稿の課題は，第3のプログラムに関する問題を検討することである。[6]

　社会学的データとしてそれらが利用される場合には，いかなる問題に対処しなければならないだろうか。

　エスノメソドロジーによるアカウントの概念化によれば，記述的データは，

6　第1部　法と社会のメタ理論

社会学的研究という使用機会における，それらの使用を見ることで，その合理的な意味が見出されることになる。社会学方法論を問題にする関心からいうと，この主張にはいくつかの注意すべき点がある。

第1に，すでに述べたように，「その合理的な意味」とは，記述的データが使用されるこの機会が社会学的研究の場面であることから科学的合理性に従う合理的意味と考えられるかもしれないが，そうではないことに注意する必要がある。というのは，今日の科学社会学の知見が一致して示しているように，自然科学的研究であっても，研究活動が従うものとみられる基準は，教科書に書かれる意味での科学的合理性の基準とは異なるものであり，社会的合理性の一種にほかならないからである[7]。

第2に，エスノメソドロジーのアカウント概念に従えば，アカウントが社会学的に利用される場合，社会学研究者の側では，アカウントの聴取とその分析が区別されなけばならない。アカウントの聴取は，アカウントの提供者と聴取者が(1)〜(5)の方法を共有するとき（たとえば，たがいに「そのアカウントで（それまでに）述べられなかったこと」を補充し合うことの可能性を認め合うこと）により，合理的な確定的意味を持ちうる[8]。

第3に，ここで補充されるべきものは何かを実践的組織的諸制約を考慮して決定することが方法論的課題となる。補充されるべきことがらの1つの種類は，インタビュー等それが提供される直接的コミュニケーション環境の詳細にある。この課題に関しては，質的方法論の議論のなかで，インタビューを通じて聴取の成果が構成されることとして，広く合意がみられる。これはアカウントの構築行為とその環境への関心である。ところで対面状況であるインタビュー場面は実証主義的に理解されてはならない。すなわち，語り手と聞き手は個人であるとか，インタビューは直接的に意識される事物からのみ成る環境の中で行われると理解されてはならない。語り手と聞き手は文化的コミュニケーション能力を備えた社会的個人であり，その対面状況に対して超越的なことがらが——その時と場所，時間，空間，参与者の地位，相互の権利義務など——当然のことがらとして，認識される。Gurwitsch (2010 [1984]) は主題化の外にあることがらについての意識を「境界的意識」と呼んで分析している。それらは，「いかなる瞬間にも意識にとって現在する事実のセット」(Gurwitsch

2010 [1984], p.505) であり，意識流，身体化された存在，知覚世界である。それらの事実と意識のされ方は，対面的状況の直接的コミュニケーション環境の詳細の成分である。

　他方，補充されるべきことがらの第2の種類は，インタビューでのアカウントが本質的にその直接的コミュニケーション環境を超えることがらに言及することから生じる。すなわち，アカウントは，時間的には，語り手が経験したその過去および未来のできごとになんらかの仕方で言及でき，また，対面状況という直接世界だけでなく，種々の間接世界のできごとにも同じく言及できる。アカウントの合理性が見出されるには，これらの対面関係に対してなんらかの仕方で超越的ないかなることがらが補充されるべきかが問題になる。アカウント活動のこれらの第2の成分は，アカウントの内容およびその素材——すなわちその主題とその背景——となるものであり，これらがもう一つの補充されるべき種類のことがらとなる。これらは，アカウントの整合的構築のために語り手により加工されることがあるとはいえ，アカウントされるものごとという地位が合理的に達成されるためには，聞き手の存在が制約となるとともに，それ以外にも，対面状況における構築的関心に全面的に従属しないと想定する理由がある。

　第4に，上記のアカウントの概念の(3)・(4)は，アカウントの合理的意味が，つねに時間的および社会的に開かれた地平をもつという点でも，実践的社会組織に組み込まれていることを意味している。これらも，実証主義的かつ経験主義的独断にたつ社会学的研究のモデルには適合しない。これらは，社会学的研究がその実践から切り離されたアカウントを生み出すべきことを主張するものであるが，それは，たとえば，あらゆる科学的研究が歴史性をもつ「パラダイム」への依存性をもつことを強調するThomas Kuhn以後の科学哲学とは両立しない。これに対して，エスノメソドロジカルなアカウントの概念に従うプログラムでは，アカウント概念の5つの性質の制約のもとで，研究によって発見されるアカウントの意味はどのような成果として存在しうるのかを検討しなければならない。

　以上の考察を基礎として，本稿では，Thomas & ZnanieckiまたはZnanieckiの社会学的データの捉え方，つぎに，その捉え方と両立しうる方法的概念とし

8 第1部 法と社会のメタ理論

ての「状況の定義」の概念を考察する。[10] また，アカウントから得られる社会学的知見の成果としての性質を簡単に論じる。

　具体的には，Ⅱでは，Thomas & Znanieckiの『ポーランド農民』の冒頭の「方法論ノート」においてアカウントが「価値」と「態度」という社会学的概念を表現するデータとしてとらえられたことに注意する。また，1930年代に行われた同書の批評会議でのH. Blumerの批判とそれに対するThomasとZnanieckiの応答を見る。Ⅲでは，かれらのもう1つの著名な概念である「状況の定義」が，Thomasの4つの願望理論とZnaniecki の社会的行為論の考え方のもとで，アカウントの社会学の解釈の諸方法として理解できることを示す。Ⅳでは，アカウントの社会学的分析から得られる知見がいかなる仕方で社会学的成果に結び付けられるかを論じる。

Ⅱ——アカウントと社会学研究方法論

1　社会研究という実践機会

　「方法論ノート」(Thomas & Znaniecki 1969 [1918]) によれば，著者たちの関心の1つは，当時の社会を背景に，法をその主要な成分とする社会制御 (social control) をとらえるための社会学の方法論を提案することにあった。

　具体的には，著者たちは，社会制御技術を人間がその環境を制御するという目的や欲求に即して発達したという視角から，法をとらえ，法は「命令と禁止」を特徴とする技術であるが，その1つの重大な欠点は，原因がその結果をどのようにして実現するのかを調べることができず，結局は，試行錯誤を繰り返すしか進歩の可能性がないことだと論じる。著者たちによれば，より現代的な社会制御技術は，実用的社会学と呼ばれるものとそれに基礎を置く社会実践 (裁判，教育，社会改革などをいう) であり，近年はソーシャルワーク，外交術，ビジネス等で発達してきたものであるが，これらも狭い経験主義という限界，実践的関心と認識的関心の曖昧な結合，粗雑な法則主義という限界があるという (Thomas & Znaniecki 1969 [1918], pp.53ff.)。

　著者たちは，それらの欠陥を克服する技術として科学的社会学を構想するが，それは社会研究と社会実践のいずれかの現状に多かれ少なかれ知られてい

るがなお残されているいくつかの誤った考えをしっかりと捨て去ることから始まる。それらの誤謬とは，まずつぎのことである。

⑴　われわれが社会に生きていることから，社会的リアリティを知っているものと考え，それらへの自己の知識に基づいて事物や関係を確実なものとみなすこと，

⑵　社会学が常識的一般化を超えた一般化をめざすときにも，実践的目的への直接の関係を維持して，理論的諸問題へ接近するためにさえも，望ましさにかかる諸標準を基盤とすること，

⑶　いかなる社会的事実の集合も所与の社会の他の部分から恣意的に切り離して，理論的にも実践的にも，取り扱うことができると考えること

　また，社会実践（social practices）は，社会学がすでに廃棄したつぎの誤謬になおとらわれている。それらは，つぎのことである。

⑷　諸個人が，それぞれのまた社会の過去のあり方に無関係に，同一の影響手段に対しては同一の反応を行うと考えること，またそのゆえに，単一の手段がさまざまな諸個人間に同一の行動を呼び起こすことができると考えること[11]，

⑸　諸個人が，外的な影響力がなければ，所与の諸条件からある完全で斉一的な仕方で自己の利益を実現することを可能にする傾向性を自発的に発達させると考えること，またそのゆえに，所与の傾向性を生み出したり抑圧したりするためには，その有利な諸条件を作り出し，その不利な諸条件を抑圧することで十分だと考えること[12]。（Thomas & Znaniecki 1969 [1918], pp.56-62）

2　アカウントの構成成分としての価値と態度

　Thomas & Znaniecki（1969 [1918]）は，それらの誤謬から自由な社会的事実の認識のために，社会的価値（social values）と態度（attitudes）という概念セットを提案し，用いた。それらは，アカウントの構成成分として理解できる。

　社会的価値とは，「何らかの社会集団のメンバーに利用可能な経験的内容と意味をもち，その意味に関連して，活動の対象であるか，そうなりうるあらゆる資料（any datum having an empirical content accessible to the members of some social group and a meaning with regard to which it is or may be an object of activity）」である。食物，貨幣，大学，科学理論等はその例である。つぎに，態度とは，「個々人の意識的過程であって，その社会的世界におけるその人の現実のまたは可能な活動を決定するもの（a process of individual consciousness which determines real or possible activity of the individual in the social world）」である。たとえば，空腹感は食物という価値をもとめる行為を決定する個人的過程であり，浪費傾向は貨幣という価値を消費する行為を決定する個人的過程であり，それが満たしうる欲求とそれが惹起することができる反応は大学という価値に関わる行為を決定し，科学理論を作り，理解し，適用しようとする関心やそれに含意される思考の方法は，科学理論に関する行為を決定づける態度であるという（Thomas & Znaniecki 1969 [1918], pp.69-70）。

　価値と態度の対概念を社会学者が利用するのは，アカウントのなかで述べられなかったものを社会学的に理解しなければならないという方法論的要請にしたがうためである。

　まず「価値」については，アカウントの社会学的理解は社会学的方法論の基準に従うものでなければならないが，この対概念のうち，「アカウントが価値を成分とする」とみなされなければならないのは，そのアカウントの理解が，研究者の実践的価値関心によって設定される標準から自由でなければならず，かつ，そのアカウントが埋め込まれている社会集団の文化的コンテクストから恣意的に切り離されないような仕方で行われなければならないからである。こうすると，価値という概念の利用は，アカウントの理解における上記（Ⅱ-1）の誤謬の(2)〜(3)を防止するものである。

　つぎに，アカウントの理解において，「態度」がその成分であることを認めるべきであるのは，上記の(4)〜(5)の誤謬を回避するという要請にしたがうためだといえる。著者たちの定式化では，態度は「意識的過程」すなわち内的行為とよべるものだが，価値は活動性をもたない資料（datum）といわれている。Parsons (1937) の理論枠組みでは，価値は行為の一要素となるが，ここではそうではない。

　このように，価値と態度は，人々の行為を中心として定義される概念であって，それと無関連に自立的に存在するものではないことに注意を要する。しかし，価値も態度もアカウントのなかから抽象（一般化）されるものというよりは，アカウントが本来もっているものとして理解されるべき背景をそれに補うものとして，社会学者たる聞き手によって供給されるものと見るのが適当である。

3　価値と態度は混乱した概念か？

　Blumer (1979 [1939]) は，Thomas & Znaniecki (1969 [1918]) の方法論を批評して，「著者たちの採用する『態度』と『価値』が曖昧，両義的，かつ混乱したものだ」という Blumer (1979 [1939], p.171)。Blumer によれば，(Thomas & Znaniecki 1969 [1918]) は，価値と態度の双方に「意味」という要素を見ていることが混乱の原因である。しかもその混乱は論理的なものであるという。

　Blumer によれば「ある人を憎むということは，かれを憎まれる対象として見ることである。1つの対象（すなわち価値）として，かれの「憎まれる」特徴は，憎む態度とともに発現するのである」(Blumer 1979 [1939], p.172))。ここでは，データとしての価値と意識的過程としての態度の二分論によるアカウントの理解が批判されている。しかし，この批判は，行為における態度の成分を過度に強調するものであって，その結果，態度とその志向対象の間に設定される方法論的区別——意識と素材，態度形成の時間的構造——を曖昧にしてしまうと思われる。

　価値が主としてその意味にしたがって個人に影響するということと，個人がその意味に対してある意識的過程をよびおこすことは，まさに論理的に別個のことである。Znaniecki が反論しているように，

> 「価値の意味がこの価値へ向かう態度と混同されてはならない。というのは，それ（ある価値の意味）とは，それが行為者にとってその価値の関連性にあるのではなく，かれによって現にあるいは潜在的に経験される，他の諸価値との関連性にあるからである。ある単語の意味は，それが指示する諸対象との間の象徴的関連であるが，この語に対する態度とは，たとえば，それが高級だとか，低級だとか，聖的だとか，俗的だとかという評価のことである。ある敵に対する私の憎む態度は，かれの意味の一部ではない。後者はかれが私が所有するある積極的価値を傷つけたとか，おそらく傷つけようとしていてその能力があるということから成り立っている。私が真にクリスチャンであるなら，私の態度は，かれが依然として敵であるという意味をもつとしても，憎むことではなく愛することになるだろう。」("Comment By Florian Znaniecki" in Blumer 1979 [1939], p.93)

　Blumer の批評は，かれが，社会的行為を，もっぱら個人の意識的（あるいはおそらく無意識的でも）過程のみによって決定されると誤って考えていることによると思われる。[13] この考え方のもとでは，個々の社会的行為への社会からの影

響は，もっぱらおおかれ少なかれ固定的なものと想定される行為者の内的傾向の集合によって，説明されるものになる[14]。このような行為ないし行為者の捉え方は，Parsonsのものにむしろ近い。そこでは，社会的行為の遂行やその企図の段階での社会的環境からの影響は，ひとえに行為者による社会への自己統合を媒介とする限りで作用するものになってしまうことになる。今日の流行では，あらゆる行為は行為者の内面の現れであり，それ以外の要因は状況的要因という無内容な概念であらわされるが，それは無意識のうちに極端な実証主義に立つことである[15]。

　以上の問題は，行為または行為者の個性的理解かそれともタイプ的理解かという問題でないことは注意しておくべきである。価値も態度もタイプであるが，それらの助けを借りて合理的なものとして出現するアカウントは機会的達成にほかならない。社会学においては，特定のタイプの反復される行為または行為関連的アイデンティティの説明が必要であることがむしろ多いが，Thomas & Znaniecki（1969［1918］）の枠組みは，タイプ的理解をより個性的な状況化された行為に結びつけるのであり，おそらくBlumerが好む想定である「人間はものごとが自分に対して持つ意味に従って，そのものごとに対して行為する」（Blumer 1979［1939］, p.4）に基づく枠組みよりも今日においても優れているのである。

4　アカウントの文化的背景

　Blumer（1979［1939］）は，Thomas & Znanieckiが経験的資料を利用する際の方法論的問題についても，包括的な検討を加えている。資料の収集と代表性，資料の対象への適合性，資料の信頼性，およびデータ解釈の妥当性である。これらの問題は，Thomas & Znanieckiが，社会についての法則を発見することをかれらの提言する方法論の目的としたことから選択されたと思われる。しかし，それと同時に，Blumer自身は支持しなかったと思われる，1940年代以降の量的社会調査の興隆へと向かう社会学の潮流も反映していた。かれらの資料たる農民の手紙，教区，社会福祉機関，裁判所等の記録，新聞記事等の収集と，分析方法，結果として与えられた解釈を丁寧に検討した後，Blumerはつぎの点を指摘する。

第1に，著者たちが資料に加えた解釈は，資料そのものからは帰納的には獲得できず，むしろ前もって説明されたポーランド社会やポーランド農民の状況がなければ，生みだされない。資料は，態度や価値を表現するものであり，それらは社会生活全体と結びつけて初めて意味をもつとされているにもかかわらず，資料はそれ自体で態度や価値を表現するものとなっていないのである。しかし，同様にあきらかなことは，それらの資料が著者たちの理論的分析の例示のためのたんに例証的な素材ではないことである。資料は，理論とともに扱われることで，例証や帰納の素材というだけでは片付けられない具体性と鑑識眼のある理解が得られるのだ。なぜそうなるのかについては，よくわからないが，それを科学的価値や用途がないものとして利用を断念するのは，致命的な過ち（fatal blunder）をおかすことになるだろう（Blumer1979［1939］, p.80）。

　第2に，もっとも完全な資料である1人の農民の自伝も，著者たちの分析対象たる価値と態度を媒介とする個人の進化に適合的ではない。また，自伝の信頼性には根拠が示されていない。しかし，それらは，著者たちの理論的主張をわかりやすいものにしており，多くの解釈はまじめで公平で説得力をもっている。

　第3に，著者たちが解明しようとしたものは，空間的にも時間的にも変化する社会の集団的環境と個々人の間の相互作用関係である。価値に対する態度形成のあり方を区別して著者たちは，謹厳なペリシテ人，自由なボヘミアン，創造的個人を区別しているが，それらは，社会生活の主観的および客観的構成，進行性の特質，個人による環境の組織化等の副次理論的構成を通じて，変動と再組織化のなかの社会のあり方を描き出すことに適合している。しかしながら，著者たちが求めるものとした，社会と個人の生成的法則は，資料によってよく裏付けられたとはいえない。

　第4に，今日（1939年）の社会調査は科学的に壮大かもしれないが，変動する社会をとらえるには適していないし，社会制御を改善するという目的にもかなっていない。著者たちの研究は，これに対して，社会変動とともに，社会制御の改善に適合する研究方法をめざそうとしたものであることは評価できる。

　第5に，人間社会の研究に適合する方法は，主観的な要因に注意をはらわなければならない。著者たちは，このことをふまえ，ふさわしい資料を収集し，

14 第1部 法と社会のメタ理論

一般的理論を建設したことによって，アメリカ社会学の発展に寄与したことは疑いがない。

Blumerによる批評に対するZnanieckiのコメント（これは後日行われたものである）（Znaniecki 1979［1939］）には，Thomas & Znaniecki 1967［1918］）以降のZnanieckiの社会学的思考の興味深い発展が見られる。

Znaniecki（1979［1939］）は，Blumerの主張が，結局，社会科学研究において人間的資料が不可欠のものであるとしながら，それが科学的には不適切なものであり，その資料の利用が結局研究者の判断によると示唆することに反対する。Znanieckiによれば，

「こうした資料は，その本質的な特性が客観的に決定できないものでる。というのは，人間の能動的経験の具体的構成部分として，それは無限に変異するからである。それなのに，『ポーランド農民』では，それらは，人間世界における安定的な要素であって，他の諸要素から抽象的に切り離されて定義され分類されることに適したものであるかのように扱われた。……われわれの2つの基本的概念へと論理的に還元できない『規則』，『制度』，『組織』のような他の諸概念を基礎的なものとして用いた。」（"Comment By Florian Znaniecki" in Blumer 1979［1939］, p.94）

Znaniecki自身は，その代替案をつぎのように述べた。

「われわれの2つの要素にさえ，いかなる安定性もないことに気づくべきであった――社会的世界には，人間の『客観的環境』であれ，人間の『主観的性向』であれ，本源的で実質的な安定性はどこにもないのだということ。……その含意は，そうしそういうものが見つかるとすれば，持続，画一性，反復が探求されなければならない――事物本性の中にでも人間本性の中にでもなく，人間経験の無限に変異する資料と，能動的な人間の傾向性がそのなかで適合的に実現され，標準化され，規制され，組織されなければならない，ある動態的秩序，または諸秩序の中に――ということである。もし社会の科学がなければならないとすれば，方法的観察がそれらの秩序を再構成し，方法的帰納がそれらを分析し，比較し，分類し，説明しなければならない。そしてそれは可能なのである。」（"Comment By Florian Znaniecki" in Blumer 1979［1939］, p.95）

Ⅲ——行為の能動的要素としての状況の定義

1 状況の定義

Thomas & Znaniecki(1969 [1918])の「方法論ノート」は，通常はThomas and Thomas (1928)に帰せられる「状況の定義」という概念を論じた部分を含んでいた。

Thomas ("Comment By W. I. Thomas" in Blumer 1979 [1939], p.85)はBlumerの批判に対するコメントの中でこの定理「人が状況を現実であると規定すれば，その状況は結果として現実になる」に言及した[16]。Thomas & Znaniecki (1969 [1918])は，その存在の次元について，より詳細な議論をしている。Blumerの要約によれば，

> 「個人がある態度（願望，動機その他の形式で）をもち，かつ，かれの行動に課される要求に直面するという状況では，その個人は自分の行動を組織しなければならない。これは著者たちが『状況を定義する』と呼ぶことによって行なわれる。『定義』はすでに集団指令の形で手元にあることもあるが，個人が，その状況の中でのかれ自身が行動の図式を発達させるように強いられることもある。いずれの場合も，その状況での彼の行動新しい組織化を含む，意識的反省を通じて，状況の解釈を形成しなければならない。」(Blumer 1979 [1939], p.203)

すなわち，状況の定義とは新しい行為を組織するための意識的考察の段階において行われる作業である。それは，変化する気質と環境の間で，合理的な行動制御の構造化を行うという意識的作業を意味している。したがって，状況の定義は，活動的行為を背景として理解されるべき状況の実践的記述であると理解すべきである[17]。

2 状況の定義の使用機会としての社会的行為

Znanieckiの行為理論の注目すべき特徴は，文化的実在の世界の中で，他者に向けて影響力を行使する行為を，とりわけ「社会的行為」と名付け，社会学の対象とみなしたことである。Znaniecki (1936)は，諸行為を文化的に受け継がれ，個人が利用可能なパターンとみなそうとする，総合化の作業である。そ

16 第1部 法と社会のメタ理論

の中で，大要つぎのような考えが提唱された。

　行為一般は，人間がその自然的環境の素材に働きかけて一定の文化的価値の
あるパターンに従ってそれを変化させるという過程である。そのうえで，
Znaniekiは，社会的行為を，「その客体が，個々のあるいは集合としての，意
識ある存在（conscious beings）であり，その目的が，それらの存在に影響するこ
とであるような，行為」として定義する（Znaniecki 1936, p.65）。行為者は，その
社会的行為を，社会的対象，社会的方法，影響力の社会的媒体等を考慮して，
ふさわしく構成する。多くの場合，社会には，行為のタイプが存在し，それは，
ある一般的な条件のもとで，他者にある変化をもたらす処方箋として利用可能
である。たとえば，行為者は，客を招待するという行為が，その行為の客体が
「友人」であり，「招待状」のような適切な方法を用いることによって，達成可
能であると信じることができる。その企図が失敗するときにも，対処の処方箋
がいくつかあり，その失敗を予防するための処方箋も存在することが多い。こ
れらは，行為というものが，Thomas & Znaniecki 1967 [1918] の用語でいえ
ば，1つの価値であり，他の諸価値との関連性の中で理解されることを示して
いる。

　先に見たように（Ⅱ-4），Znanieckiは，人間行為に安定性が生みだされるか
どうかが社会学の重要な説明課題であることを認識していた。この場合，他者
との対立の回避は，その行為者が，その行為を遂行する限りで，解決しなけれ
ばならない実践的問題として，現れてくる。そして，社会には，そのような問
題に対処するという必要に応じるために，個人が利用可能な価値がストックさ
れているということもできよう。行為者の観点から行為を理解するということ
は，行為者の内心を推測するというものである必要は全くないといえよう。そ
れらは，振る舞い方を知っている人にとっては，自明の，客観的実在として現
れてくる。[18]

　以上のような社会学的企図は，通例的社会学と共通する部分もあるが，別の
部分では鋭く対照的である。通例的社会学においては，他者の存在が仮定さ
れ，内的諸欲求や内面化された諸規範の個人内および個人間の調和がもたらさ
れる条件が探求される。行為は，行為者の欲求性向によって流出論的に決定さ
れ，また，他者の現実的サンクションかその単純な予想によって，制約される。

他方，主観的意味によって企図される行為は，「適切なとき，適切な場所で，適切なやり方で」起こることが要求される。その行為は，誤って行われることもあるが，その誤りは公共的に入手可能な意味と，他者によるその意味に関する反応によって意味的に判定されるものであり，客観的様態は副次的な意義をもつにすぎない。アカウントのいわれないことがらとは，このようなものであり，その行為企図に関係者として関与することによって，観察者に入手可能になるのである。

Ⅳ——行為解明の結果としての学習

社会的行為のあり方には，社会構造的，あるいは文化的な制約が強い。社会的行為者はこのことを創造的関心に即して形成される地平的認識の中で，把握する。比較的に解明が容易であるような社会的行為は，象徴的サービスの儀礼的交換——たとえば，日常的な友人間の挨拶やその他の付き合い行為——である。挨拶が交換されることによる，目に見える相互利益はほとんどない。もっとも，挨拶が交換されないときには，行為関係者の間で，その関係のあり方が変化しているのではないか，またはその他の，不安や懸念が抱かれる。したがって，それは，行為関係者の間で，関係の存在を確認しあうための行為であり，人々は，挨拶の細部を操作することで，関係を一時的に制限したり拡大したりするという相互調整にも役立てている。このように，行為者にとっては，行為に対する諸制約（文化的規範，文化的パターン，人的カテゴリー，行為依存的認識モデル等）は，行為の創造的構造の部分として理解されていることの，解明の可能性を提供している。

このような解明は（すべてのではないが一部の）社会学に特有の特徴を示していると考えられる。社会学の方法論的特質に関わるその意義はつぎのものである。すなわち，それは，人々が他の人々に対して何かの変化を引き起こすために，一定の条件のもとで利用できる，ある方法を特定しているのであり，その目的に類似した目的をもつ人々が，他の条件のもとで，それに類似した方法を用いることを可能にする。つまりそれは一種の学習という結果をもつ。[19]

18 第1部 法と社会のメタ理論

V——結 論

　本報告では，質的方法論を採用する社会研究において直面される3つの問題に即して，Thomas & Znaniecki (1967 [1918])をエスノメソドロジーのアカウントの社会学的使用機会の分析に関連させて検討した。研究の対象が何であり，どのような必然的特徴をもつのか。分析者が行為者の行為やその部分を理解する際に何が重要になるか。行為の解明結果がどのような有用性をもつのか。これらの検討を基礎とすると，アカウントを社会学的データとして利用する際の，望ましいあり方はつぎのものであると主張できると思われる。

　(1)　社会的メンバーが社会学研究者に提示するアカウントは，自然的あるいは自然的実在と同一のリアリティではなく，意味的に入手可能な文化的リアリティとして存在している。とりわけ，社会学にとって意味が深いのは，社会の他者に影響力を行使する社会的行為の構造であり，その企図の実践的背景となる「状況の定義」である。それらは行為者にではなく，行為に属することを認識すべきである。「メンバーの意味」は，一定の行為に関して，メンバーが一定の対象に対して何ができるかという内的地平と，それが他の意味にどう関係しているかという外的地平とをもつ。これらの地平は，コミュニケーションや想像によって，さまざまに変容させることができ，それを手がかりとして，メンバーは多様な行為を行うことができる。

　(2)　社会的メンバーが社会学研究者に提示するアカウントはいかにして研究者に入手できるか。その文化的リアリティのうち社会的行為の理解のために利用できるものには，さまざまな行為タイプの定式，「諸動機」（行為の企図）を表現したり，規制したりするさまざま象徴的な意味の体系，社会的対象として理念化されている行為関連的な他者像——その中には，他者の動機付け様式のメンバーたちによる定義も含まれる——，さまざまな抽象性で入手可能な規範や物語等が含まれる。

　(3)　こうしたアカウントは，いかにして報告されるか。これらは，社会学的報告を行うために有益な理論に結びつけられている限りにおいて，報告ができる。研究者は，既知の，または未知の集団や行為に関して，アカウントの諸成

分がいかに用いられているかについての他の報告から類似の社会的行為のあり方について，一般的知識を得ることができる。社会的事実を尊重する社会学理論化は，さまざまな行為のリストを豊富化し，その項目についての知識を精緻化することで，それらを分析，比較，分類，説明することができる。また，諸アカウントを共有し，報告することで，研究者や読者は，メンバーの意味の使用を学ぶことができる。そうすることで，質的社会学研究を通じて，社会の意識的合理的制御を，コミュニケーションを用いて共同的に行うためのメンバーの能力を増大させることが期待できる。

【注】

1）『ポーランド農民』の「方法論ノート」（Thomas & Znaniecki 1969［1918］）がThomasとZananieckiの緊密な共同作業の成果であることは疑いがないが，両者の相対的な寄与については知られていないことが多い。しかし，「方法論ノート」の原稿がその著作全体の刊行の直前までにThomasとの議論をもとにZnanieckiにより数度にわたり執筆されたこと，ThomasとZnanieckiのそれまでの研究から見てそこに両者の発想が投入されていること，「価値」その他のいくつかの議論がZnanieckiの寄与であり，「態度」に関する議論などがThomasの議論（のZnanieeckiによる理解）からの寄与であることなどがわかっている（Bierstedt 1969）。もっとも，態度の概念は同時期のZnanieckiの単著（Znaniecki 1919）でも「価値－態度」または「図式－態度」というセットとして再説されている（Znaniecki 1919, p.295-297）ので，両者の寄与を機械的に理解することはできない。また，Thomasの研究歴からみた「方法論ノート」の意義については，Thomas 1951に所収版——とくに編者による解説と脚注——を参照。

2）エスノメソドロジーにおけるアカウントの概念は，日常的世界における自他の行為や状況の説明を一般的に指示するものであり，社会学研究やその他の専門的探求の場面におけるそれらに限定されない。（Garfinkel 1967, p.1 なお，A.W.Rawlsは，Harold Garfinkelが1939年に社会学への志を抱いて進学したUniversity of North Carolina時代にZnanieckiの『Social Actions』（Znaniecki 1936）を読んだとしてつぎのように書いている。「ポーランド農民の研究ではなくて，ZnanieckiのSocial Actionsが，行為者の観点に関する正統的テキストだった。Garfinkelによれば，Znanieckiは，社会的行為の適切な記述についてやかましく主張した最初の人だったという」（Rawls 2002, p.13）。

3）ここでは，Helmer & Rescher（1958）が社会学的説明の「擬似法則的」性格の定式化として引用されている。この論文の著者，Olaf HelmerとNicholas Rescherはいずれもドイツ生まれで，Helmerは論理学者，Rescherはプラグマティズム哲学者で，本論文は，両者がランド研究所で協力して発展させていた「未来学 futuorolgy」のために，歴史的事実を予測するための合理的方法を考察したものである。歴史的事実の予測は，かれらによれば，歴史的ないし社会的法則の擬似法則性を考慮しなければならない。擬似法則性とは，確定的予測を行うために，一定の歴史的社会的範囲において存在している「述べられない諸前提」あるいは「通常の」背景を補う必要があるという性質から生じる諸帰結を意味する。

20　第1部　法と社会のメタ理論

4）　それは，部分的には，上記の現象に対する根源的な見方の転換を含むからであり，部分的に
は，社会学が日常生活の諸想定に依然として深く依存していて，その研究者が理論的正当性を
犠牲にしても日常生活の諸想定への信念を基礎として研究を行おうとしているからである。こ
の種の分裂的評価は，『エスノメソドロジー研究』（Garfinkel 1967）やその他のエスノメソドロ
ジー研究への社会学者による批評のいくつかの中で典型的に表明されている。たとえば，前者へ
のJames S. Colemanの書評（Coleman 1968）や後者へのLewis A. Coserの批判（Coser 1975）
である。これらの批評者は，アメリカの経験主義的社会学の方法論的基準への無批判的帰依と
社会の常識的秩序性への信仰，その反面としての，現象学をはじめとするヨーロッパの20世紀
の諸思想の無視ないし軽視，その帰結としての，社会的合理性を科学的合理性に照らして認識
することと，両者の乖離の軽視ないし無視などの特徴を，主流的社会学の方法認識（たとえば，
Lazarsfeld 1972）と共有している。アメリカ社会学の歴史と特質については，Hawthorn 1987,
Hinkle 1994，実証主義社会学とドイツ社会学 については，Fleck 2011 参照。1920年代のアメ
リカ社会の思想状況については，Murphy 2012 参照。

5）　Parsonsは，社会的統合機能を扱う理論的著作（Parsons 2007）のなかで，Weberにしたがっ
てさまざまな合理性の概念がありうることを認めていたにもかかわらず，Weberとは異なっ
て，認知的合理性（cognitive rationality）の概念にあきらかな優先性を認めた。（Parsons 2007,
p.444）これは，合理的な認識の基準――それは経験的妥当性と論理的整合性からなる――へと
行為や記述が志向することを意味している。この観点から，Parsonsは科学を基準として合理
性を認識したのであり，どのようなものであれ，社会的合理性を基準として科学を理解しよう
としたのではなかった。したがって，Parsonsは，社会が合理性をもつ限り，このように理解
された合理性の規範が―行為者に内面化されることで―道徳的規範でもなければならないとい
う結論に至った。（Parsons 2007, pp.446-451）

6）　これらはいずれも多かれ少なかれ，直接あるいは間接に，Garfinkelのエスノメソドロジーの
プログラムの発展を促したものである。これらのほか，Aron Gurwitschの現象学的心理学の
寄与（Gurwitsch 2010［1964］）もある。

7）　この論点については，Garfinkel（1967），とくに第8章参照。また，科学研究実践が科学的合
理性にしたがう活動として適切に把握できないことについては，Lynch（1993）の議論を参照。
なお，社会学的研究の場面におけるアカウントの利用というこの問題にとくに触れているの
は，Garfinkel（1967）第6章である。その量的方法論による社会学的分析活動を取り上げるの
は同書の第7章である。

8）　このことの真実性は，これらの条件を承認しないことを示すことにより，日常生活的実践が
混乱することにより，繰り返し示すことができる。Garfinkel（1967）第2章参照。

9）　社会学的インタビューの成果は，しばしば，その背景報告（background accounts）ないし内
部者報告（insider accounts）といえる。背景報告ないし内部者報告は，社会学インタビューの
みではなく，ルポルタージュ，歴史記述，Thomas & Znaniecki（1918-20）も利用した日記や
自伝などの場合にも利用される。なお。エスノメソドロジーの視角からは，語り手と聞き手が，
この2種のものごとなどをどう区別し管理するかという方法論的活動が，研究対象の1つとな
る（そうした分析として，Garfinkel & Sacks 1967参照）。

10）　Znanieckiの社会学は「忘却された」との評価がある。Hałas（1994［1986］），Hałas（2010），
Stanley（2010）参照。一般に『ポーランド農民』に関する議論およびシカゴ学派またはThomas
を主として検討する議論を除くと，Znanieckiの行為理論・社会学理論に関する考察はきわめ

て少ないように見える。日本においては、森(1954)がZnanieckiの行為理論を紹介している。その後にThomasの共同研究者であり、配偶者でもあったDorothy Thomasも忘却された寄与の一例とされる。Dulczewski, 2008の翻訳は近年における一定の再評価の機運の反映のようである。本稿のような限定された目的での検討のためであっても、こうした研究動向を背景としてZnaniecki理論の検討と評価を行うことが望ましいと思われるが、その検討を行う余裕と準備がない。遺憾であり他日を期したい。

11) これは、行動主義心理学の「恒常性仮説constancy hypothesis」(人は、外界の同一の刺激には生体の同一の行動で反応する)へのゲシュタルト心理学による批判に沿うものである。Znanieckiの行為理論がこの立場に立つという解釈は、森(1954, p.40)がすでに指摘していた。

12) これは、社会的メンバーシップをもつ存在としての諸個人が自己利益実現へと向かう傾向を内在させているという考え方が誤りであるという主張である。この点でこの警告はParsons(1937)と結論的に共通する立場に立っている。すなわち、Parsonsはむしろ諸個人にはこのような傾向が内在しているという考えに立っていたが、このような諸個人が社会を安定的に形成するためには、自己利益追求の傾向が適切な道徳的標準により抑制されることが必要だと論じたのである。Parsonsはこの結果として、社会メンバーである諸個人については、社会化および社会統制のメカニズムによって、すでにまた継続して、自己利益実現傾向の抑制が実現されているはずだとした。Parsonsにおける社会形成と公共性のレトリックについては、樫村(2008a)を参照。なお、「方法論ノート」が社会の意識的合理的制御に関する長い議論から開始されており、その中で法の機能の社会的基礎や社会学の実用的寄与可能性に関して論じられてもいることが、法社会学において十分に注目されていないように思われる。ちなみに「方法論ノート」には、ポーランド移民がアメリカの公式法制度たる裁判へもつ態度の分析を例とした方法論的議論がある(Thomas & Znaniecki 1969 [1918], pp.100-103)。この論文の観点からは、社会学的データとしての法は、集団のメンバーの態度に結びついた行動規則の表現としての意味をもつほか、それに向かう態度をもつ行為の対象としてある態度や行為を引き起こす価値としての意味ももつ。

13) 一方でのBlumerと他方でのZnanieckiとThomasのこの問題に関する立場をより充分に比較するには、各人の社会学理論を検討する必要がある。この作業も遺憾だが本稿の中では行うことができない。ただ、Znanieckiについて述べれば、かれの行為の概念をみる必要があり、それは以下のⅢ-2で検討される。また、「態度の対象が価値である」との定式に含まれる用語法は、今日の「態度」や「価値」の用語法と異なるため、当時の社会学における用語法に照らして、Thomas & Znaniecki(1969 [1918])の用語選択を理解しなければならない。この用語法は、「価値」をデュルケム的な社会的事実ととらえるもの(「価値」の用語法については、Znaniecki 1934, pp.39-41)であり、価値を望ましさと等値する今日の用語法をその一部として定義するものである(Ibid., p.42)。たとえばそれはH.P. Beckerに採用されている(Becker 1950)。また、Znanieckiによる社会的事実の捉え方については、かれがそれを社会メンバーによる行為の文化的創造作用の成果としてとらえたことが注目されるとともに、これに密接に関連すると思われる、かれの「人間係数(humanistic coefficient)」の概念は、文化的事物と文化的経験の自然的事物と自然的存在に還元することができないことを主張するものだが、同時にそれは人間たちが社会的事実を(自然との)共同創造活動の集合的結果とみる見方を表現していると思われる。人間活動(human activities)の概念はつぎのように説明されている——「[文化的]システムの要素を選択し、それらを結合して、侵害的因子を排除して、それを構成してきたのは人間

22 第1部 法と社会のメタ理論

活動に他ならない。一定の人間経験の分野で，繰り返し繰り返しそのシステムを現在化して，それが現れるたびにそれが異なるものになるのを防止するのは，ある類似した種類に属する人間活動である。語のシステムとしての詩は，詩人によって作られるが，詩人は，語を一定の論理的および韻律的な仕方で選択および結合し，ある全体的な美的効果を作り出そうとするのである。それを読む人，朗読する人，それを聞く人はそれぞれ，この結合を，音声や心象により，反復することでこの効果を再生産する。そうすることで，いかなる語も欠落させたりいかなる新しい語を加えたりせず，外的雑音や無関係のものごとや，その詩がかれが読んだり楽しんだりすることを妨げるあらゆる心理的連合を排除することに意を用いるのである。」(Znaniecki 1934, p.43)

14) 態度を個人に心理的あるいは生物的に備わった行為の原因とみなすことは，Znanieckiが明確に否定した主張であった。これがZnanieckiの立場であることは，森 (1954, p.42) が明快に指摘している。

15) ここには当然のことながら，Znanieckiの社会学と現象学的思考との連続性があるかという問題がある。Grathoff (1994) はこの問いにおおむね肯定的に答え，Schutz, Gruwitsch, James らとの思考との異同を検討している。

16) 状況の定義に関する論考は比較的多いが，多くはこの定式化を通じてそれを論じている。その一見すると極端な主意主義的な含みに即して，議論は，それが社会に由来する規範類似の存在か，それとも個人がより自由に構成する主意的要素かという論点に集中するようである。代表的なものをあげれば，藤澤 (2004)，佐藤 (1991)，またそこに引用された文献を参照。これらの検討によれば，Thomas & Znaniecki (1918＝1967) における「状況の定義」は，極端な主意主義的な傾向をもたないものであって，むしろ意識と社会の間で一定のバランスをとろうとするものである。たとえば，この定式化があらわれたThomas & Thomas (1928) ではつぎのように説明されている。そのコンテクストを提示することで，その意図をよりよく知ることができるだろう。

「行動記録 (a behavior document)（事例研究，生活記録，心理分析的告白）は，生活諸状況における経験の連続性を示している。この種の記録の最良のものの中にわれわれが見いだすことができるのは，多様な状況での行動反応，人格特性の出現，具体的行為の決定と人生計画の形成などが発展する仕方である。おそらく行動記録の最大の重要性は，行動形成の影響の源泉としての他者の態度を観察できることである。というのは，人格の発達における最重要な状況は，他者の態度と価値だからである。Shawによって提供された記録のなかに，われわれが見るのは，行動の決定が，状況としてとらえられた諸制度と，状況としてとらえられた他者の行動によって，それぞれ部分的になされることである。

とくに『行動主義学派』の追従者によって，この内観的方法はいかなる客観性も妥当性もないものとして，強く反対されてきた。かれらがいうのは，これらの記録が行動のメカニズム，意識の過程，われわれが考え行為するときにわれわれの内部で起こっていることを開示しないということであり，これにわれわれは同意する。しかし記録の固有の価値は，それが，行動を条件付ける状況を開示することであり，このことについては何の疑いもないのである。

記録の客観性や真実性については疑いがありうるし，それはある。しかし，きわめて主観的な記録であっても行動研究にとっては価値がある。劣等感の補償や迫害妄想をもつ人によって用意された記録は，客観的リアリティからかけはなれたものである。しかし，主体がその状況をどう見るか，いかにかれがそれをみなすかということは，解釈のための最重要な要素である。

というのは，かれの直近の行動はその状況のかれの定義——それは客観的リアリティに即しているかもしれないし，主観的評価に即しているか——「であるかのように」ということに密接に関係しているからである。非常にしばしば，他者に見られる状況と，個人に見える状況との間の広い懸隔が，実際の行動に困難をもたらすのである。1つの極端な例をあげよう。Dannemora刑務所長が最近ある服役者をある特定の目的で施設の外に送り出せという裁判所の命令に従うことを拒否した。かれが述べた理由は，その男が危険すぎるということであった。この男は，道端で話すという不幸な習慣をもっていた何人かの人を殺したのである。その人たちの唇の動きから，かれは，その人たちがかれの悪口をいっていると想像し，それが真実であるかのように行動したのである。人々が諸状況をリアルと定義するならば，それら［の状況］はその帰結においてリアルなのだ。」Thomas & Thomas 1928, pp.571-572)

17) Thomas & Znanieckiの以上の説明では状況の定義が意識的ないし言語的構築物であることが含意されていると思われる。状況の定義は人々のアカウントと研究者の社会学的理論（Thomasの4つの願望やThomas & Znanieckiの3つの人間類型やZnanieckiの社会的役割論など）を適切に社会学的に結びつけるための方法論的中間概念であることにその機能がある。なぜなら，それは持続，画一性，反復という現象（文化的事実）を作り上げるものだからである。アカウントの社会学的理解の方法という本稿の関心からは間接的なものになるが，この言語の機能をより充分に理解するためにはその主要な構築用具である，社会集団に共有された自然言語の役割を検討しなければならない。また，自然言語のもつ時間的次元（たとえば，Schutzの目的動機と原因動機の区別がかかわる次元）が重要である。それは，とくに言語についての洞察がGarfinkelのエスノメソドロジーとThomas & ZnanieckiないしZnanieckiの分析的社会学を区別するものであると思われることから，本稿にとっては重要である。

18) この点で，ZnanieckiとSchutzの関連性を問うこともできよう。

19) 会話分析の分析結果の性質が学習可能性（類型的，反復的行為の可能性）であることについて，樫村（2008b）に述べた。

【参照文献】

樫村志郎（2008a）「公共性——〈私的なもの〉からのアプローチ」『法社会学』68号，p.25-38.

——（2008b）「制度への疑問——ある警察からの電話の分析——」『現代社会学理論研究』2号，p.3-13.

佐藤郁哉（1991）「主体と構造：トマスおよびズナニエツキの『状況の定義』論をめぐって」『社会学評論』41巻(4)，p.346-359.

藤澤三佳（2004）「W. I. トマスと『社会心理学』の形成」宝月誠・吉原直樹（編）『初期シカゴ学派の世界——思想・モノグラフ・社会的背景』恒星社厚生閣，p.27-52.

森博（1954）「ズナニエッキの行為の理論」『社会学研究』（東北大学）8号，p.37-46.

Becker, Howard P. 1950 *Through Social Values to Social Interpretation.* Durham, NC: Duke University Press.

Blumer, Herbert 1979 [1939] *Critiques of Research in the Social Sciences: An Appraisal of Thomas and Znaniecki's The Polish Peasant in Europe and America.* New Brunswick, NJ: Transaction Books.（翻訳「社会科学における調査研究批評 W. I——トーマス，F. Znaniecki 共

著『ヨーロッパとアメリカにおけるポーランド農民』の評価——」inトーマス, W. I. and F. ズ
ナニエツキ (1983)『生活史の社会学——ヨーロッパとアメリカにおけるポーランド農民』桜井
厚訳. 御茶の水書房, 1983., p.169-241.)

——1969 Symbplic Interactionism: Perspectives and Method, Prentice-Hall. (翻訳『シンボリック
相互作用論——パースペクティブと方法』後藤将之訳. 勁草書房, 1991.)

Coleman, James S. 1968 Review of Studies in Ethnomethodology by Harold Garfinkel. *American Sociological Review*, Vol.33 (1) p.126-130.

Coser, Lewis A. 1975 Presidential Address: Two Methods in Search of a Substance. *American Sociological Review*, Vol.40 (6), p.691-700.

Dulczewski, Zygmunt 2008「翻訳『ポーランド農民』の共著者としてのズナニエツキ」(佐藤嘉一訳)
『立命館産業社会論集』139号 p.143〜156.

Fleck, Christian 2011 *A Transatlantic History of the Social Sciences: Robber Barons, the Third Reich and the Invention of Empirical Social Research.* (Translated by Hella Beister) London & New York: Bloomsbury Academic.

Garfinkel, Harold 1967 *Studies in Ethnomethodology.* Prentice-Hall, Inc..

Grathoff, RIchard 1994 "Some Phenomenological Motives in Florian Znaniecki's Early Sociology," in Zygmunt Dulczewski Richard Grathoff and Jan Wlodarek (eds.), *Florian Znaniecki What Are Sociological Problems?* Nakom & Poznan: Wydawnictwo. p.185-197.

Gurwitsch 2010 [1984] "Marginal Consciousness" in *The Collected Works of Aron Gurwitsch (1901-1973). Volume III: The Field of Consciousness,* Springer. : p.451-537.

——2010 [1964] *The Collected Works of Aron Gurwitsch (1901-1973): Volume III: The Field of Consciousness: Theme, Thematic Field and Margin..* Springer.

Hałas, Elzbieta 1994 [1986] "Florian Znaniecki- an Unrecognized Forerunner of Symbolic Interactionism" in Zygmunt Dulczewski Richard Grathoff and Jan Wlodarek (eds.), *Florian Znaniecki What Are Sociological Problems?* Nakom & Poznan: Wydawnictwo, p.165-183.

——2010 *Towards the World Culture Society: Florian Znaniecki's Culturalism.* Frankfurt am Main: Peter Lang GmbH.

Hawthorn, Geoffrey 1987 *Enlightment and Despair: A History of Social Theory,* Cambridge University Press.

Helmer Olaf, and Nicholas Rescher, 1958 *On the Epistemology of the Inexact Sciences, P-1513.* Santa Monica: Rand Corporation. (https://www.researchgate.net/publication/ 251496875_ Obituary_Olaf_Helmer_Futures_Thinker, http://www.iep.utm.edu/rescher/. Both accessed on 2015/8/5)

Hinkle, Roscoe C. 1994 *Developments in American Sociological Theory, 1915-1950,* SUNY Press.

Lazarsfeld 1972 *Qualitative Analysis: Historical and Critical Essays.* Boston: Allyn & Bacon.

Lynch, Michael 1993 *Scientific Practice and Ordinary Action: Ethnomethodology and Social Studies of Science.* Cambridge England New York: Cambridge University Press.

Murphy, Paul V, 2012 *The New Era: American Thought and Culture in the 1920s.* Rowman & Littlefield.

Parsons, Talcott 1937 *The Structure of Social Action.* New York: McGraw-Hill.

——2007 *American Society: A Theory of the Societal Community.* Boulder and London: Paradigm

Publishers.

Rawls, Anne Warfield. 2002 "Editor's Introduction" in *H.Garfinkel The Ethnomethodology's Program: Working Out Durkheim's Aphorism*. Rowman & Littlefield, p.1-64.

Stanley, Liz 2010 "To the Letter: Thomas and Znaniecki's The Polish Peasant and Writing a Life, Sociologically," *Life Writing*, 7 (2), p.139-151. (online/10/020139-13 # 2010 Taylor & Francis DOI: 10.1080/1448452090344271. Accessed on line 2015/8/5)

Thomas, William I. 1951 *Social Behavior and Personality: Contributions of W. I. Thomas to Theory and Social Research*. (edited by Edmund H.Volkart). New York: Social Science Research Council.

Thomas, William I. and Florian Znaniecki 1969 [1918] "Methodological Note" in Robert Bierstedt (ed.) *Florian Znaniecki: On Humanistic Sociology: Selected Papers,*. Chicago and London: The University of Chicago Press, p.53-124.

――2012 [1918-20] *The Polish Peasant in Europe and America: monograph of an Immigrant Group 5 vols*. Memphis. General Books LLC（部分訳トーマス，W.I. and F. ズナニエツキ1983『生活史の社会学──ヨーロッパとアメリカにおけるポーランド農民』桜井厚訳．御茶の水書房，1983.

Thomas, William I. and Drothy Swaine Thomas 1928 *The Child in America: Behavior Problems and Programs*. New York: Alfred A. Knopf. (Accessed online on 2015/8/12: https://archive.org/stream/childinamerica00thom#page/n9/mode/2up).

Znaniecki, Florian 1919 *Cultural Reality*. Chicago: University of Chicago Press.

――1934 *The Method of Sociology*. New York: Rinehart & Compay, Inc. (翻訳『社会学の方法』下田直春訳．新泉社, 1978.)

――1936 *Social Actions*. New York: Farrar and Rinehart.

――1948 "William I. Thomas as a Collaborator." *Sociology and Social Research* 32: 765-767 (https://www.brocku.ca/MeadProject/Znaniecki/Znaniecki_1948.html. Accessed on 2015/8/11)

――1951 *Cultural Sciences: Their Origin and Development*. Urbana: University of Illinois Press.

――1965 *Social Relations and Social Roles: The Unfinished Systematic Sociology*. San Francisco: Chandler Publishing.

行為の理論の収斂
——解釈法社会学とタルコット・パーソンズ

久保秀雄

Ⅰ——はじめに

タルコット・パーソンズは，自身にとって最初の大著となる『社会的行為の構造』で次のように記している。「社会科学の研究者たち，とりわけ自ら社会学者と任じている人々の間に近年ペシミズムの強い潮流が認められている……（中略）……社会学者の数だけ社会学理論の体系があり，共通の基盤などは一切存在せず，すべては恣意的であり主観的であるといわれている」（パーソンズ1937＝1989：198-199）。このような状況認識は，ミニ・パラダイムの乱立が指摘される現在でも通用しそうである。とりわけ，さまざまな分野の知見が入り乱れて摂取されている法社会学においてはそうであろう。

しかし，パーソンズ自身はそのような状況認識に抗して一般理論を生みだそうとした。なぜなら，パーソンズによれば，相互に関連なく個々別々に発展してきた研究であっても「表面上そう見えるほどに相互の違いは大きなものではない」し，「もしわれわれが十分に掘り下げる労を厭わないのであれば，理論には実質的な共通基盤」が存在することを確認できるからである。しかも，マックス・ウェーバーやエミール・デュルケム，さらにはヴィルフレード・パレートなど，理論の定礎者が偉大で「あればあるほどその間の共通基盤は大きなもの」になるという（パーソンズ 1937＝1989：199）。

では，上記のようなパーソンズの言明は，はたして現在でも妥当するのであろうか。ミニ・パラダイムが乱立しているようにみえる現況においても，十分に掘り下げる労を厭わないのであれば，理論の共通基盤を探り当てることができるのだろうか。本稿は，法社会学の重要な一翼を担ってきた解釈法社会学の

近年の展開を掘り下げることで，パーソンズの言明が現在においてもたしかに
妥当することを示す。そして，パーソンズの一般理論を目指した取組みが依然
として高い価値を有することを示す。

　かつてパーソンズは，ウェーバーやデュルケム，さらにはパレートといった
巨匠たちの理論が収斂することを発見し，彼らの共通基盤に依拠して一般理論
を「行為の理論」として打ち立てようとした。そして，広く学界において高い
評価と大いなる期待を集めた。しかし，同時に数々の誤解と批判を招いたこと
により，一般理論への期待は間もなく撤回されミニ・パラダイムの乱立が生じ
た[1]。世界中のパーソンズ研究者たちによって誤解の多くが正され再評価が進ん
だパーソンズ・ルネサンスの後も，パーソニアンを除けば，一般理論への期待
は依然として撤回されたままであるといえよう（進藤 2006：14-16）。

　まさにこのような状況のなかで解釈法社会学は発展してきた。解釈法社会学
は，パーソンズに依拠することなく，法意識や紛争処理を対象とした調査研究
を積み重ねてきた。ところが，そうした積み重ねの末に生みだされた最新の成
果は，意図せざる結果として，パーソンズの理論と共通の基盤を有するにいた
る。この事実は，解釈法社会学をリードしてきたD・エンゲルの研究を対象に
するとはっきりと確認できる[2]。エンゲルは，数々の調査研究を踏まえて，権利
主張を断念し訴訟を回避する"泣き寝入り"の行為について理論化を行ってい
る。そして，パーソンズの行為の理論に裏付けを与えるような成果を生みだし
ている。本稿は，そうした解釈法社会学とパーソンズの理論上の収斂を明らか
にする[3]。

II——原点となるマックス・ウェーバー

1　解釈法社会学の原点

　まず解釈法社会学（interpretive sociology of law）の概要を示しておこう。解釈
法社会学は，ここ数十年に渡って法社会学の主要な研究潮流の１つでありつづ
けてきた。その主な特徴は，人類学的な質的調査に依拠して人々の法意識を明
らかにする点にある。また，主たる淵源は人類学者クリフォード・ギアツの解
釈主義アプローチにあり，さかのぼればマックス・ウェーバーの理解社会学が

28 第 1 部 法と社会のメタ理論

原点となる（コリアー 1996：110-112, Ewick & Silbey 1992：734-735）[4]。

したがって，冠に戴く「解釈」(interpretive) という用語自体は，ギアツがハーバードで師事したパーソンズに由来することになる。なぜなら，パーソンズこそが，マックス・ウェーバーを合衆国に紹介した第一人者として，ウェーバーの理解社会学 (verstehende Soziologie) を解釈社会学 (interpretive sociology) と翻訳し普及させた仲介者だからである (Swedberg 2005：131)[5]。とするなら，解釈法社会学とパーソンズが理論的に収斂を示すのは，その名称からいって不思議なことではないのかもしれない。パーソンズも自らの行為の理論をとりわけウェーバーを中心として組み立てているように，ウェーバーが重要な原点となる。

しかし実際のところ，解釈法社会学では，ウェーバーとの関係については言及されることがあってもパーソンズに注意が向けられることはなかった。解釈法社会学の冠する「解釈」がパーソンズに由来するにもかかわらず，パーソンズは蚊帳の外に置かれていた。

2　D・エンゲルの調査研究

ところが，興味深いことに，結果として解釈法社会学の成果はパーソンズの理論と収斂する。その典型例となるのが，解釈法社会学をリードしてきたD・エンゲルの研究である。エンゲルはLaw & Society Associationの会長を務めた経験もあり，法社会学の世界ではよく知られた研究者である (北村 2000)。彼は，北タイをフィールドとした初期の業績 (Engel 1978) 以来，特定のコミュニティを舞台として日常生活と法の関係を具体的に探る調査研究を行ってきた。とりわけ日常生活のなかで「人々が被害をうけたときに彼らはどのようにそれに対応するのか，彼らは加害者あるいは政府に対して何を期待するのか，そして彼らが法を利用しようと考えるのはいつなのか」といったことをリサーチ・クエスチョンとしてきた (エンゲル 2001＝2001：239)。

その一連の成果は，次のようにまとめられている。すなわち，日常生活における人々の被害経験に着目すると，法の世界で想定されているものとは違って，人々の捉え方は場に応じて多様であることが見えてくる。また，人々の捉え方が多様であるからこそ，法の想定と人々の実際のふるまいにズレが生じる

ようになる（エンゲル 2001 = 2001[6]）。

　このように，エンゲルは人々の被害経験をエスノグラフィーのように個別具体的に記述することを重視している[7]。そうした特徴は，特定の個人の語りを詳しく描き出す記述が頻出するところに表れている[8]。

　もっとも，「どうであるか」を"記述"するだけでなく，「どうしてそうなるのか」を"説明"する作業もエンゲルは行っている。つまり，個々の調査対象に即して多様性を描きだすだけでなく，調査対象全般に共通する法則性がなぜ成り立つのか説明する作業も行っている。

3　方法の異同

　たとえば，エンゲルの近年の調査研究を取上げてみよう（Engel 2005[9]）。舞台となるのは，エンゲルが30年以上に渡ってフィールドとしつづけている北タイのチェンマイとその周辺地域である。また，リサーチ・クエスチョンも従前と同じで，人々の被害経験を調査対象としている。

　まずエンゲルは，チェンマイの地方裁判所の訴訟統計から，グローバル化によって都市化が進み交通事故が増加しているにもかかわらず，訴訟率が逆に劇的に低下していることを明らかにする。さらに，以前よりも事故被害者は訴訟回避を選択するようになっていることを明らかにする。では，どうしてこのような奇妙な現象が生じるのか。

　エンゲルはその謎を解くために，交通事故被害者の語りに着目し，語りの内容から「どうしてそうなるのか」（なぜ以前よりも訴訟回避が選択されやすくなっているのか）を説明する。統計的に確認できる"客観的"な大量現象（訴訟率の低下）を生じさせる主要因を，当事者である被害者たちの"主観的"な意識（「被害者としての自己をどう捉えているのか」といった自己意識や「法をどのように捉えているか」といった法意識を含む）から探るというわけである。つまり，大量現象を成り立たせている法則性を説明するために，当事者の意識が「解釈」されている。

　このような方法は，エンゲル自身はまったく意識していないものの，まさにウェーバーの理解社会学と同一である。たとえば，ウェーバーの代表的研究といえる『プロテスタンティズムの倫理と資本主義の精神』を取上げてみよう（ヴェーバー 1920 = 1989）。同書においてウェーバーは，職業統計で確認できる

30　第1部　法と社会のメタ理論

“客観的”な大量現象（プロテスタント諸派が近代的商工業の担い手となる比率が高い）を生じさせる主要因を，当事者たちの“主観的”な意識（とりわけ宗教意識）を「理解」＝「解釈」することから探ろうとした。つまり，ウェーバーにおいても，理解・解釈という方法は大量現象を成り立たせている法則性を説明するために用いられている。さらに，解釈の対象として宗教意識に着目している点も共通している。エンゲルも宗教意識と法意識の連関を手がかりにして，ウェーバーに比肩するような知的刺激に富む謎解きを行っている。[10]

　ただし，エンゲル自身は謎解きに際してウェーバーを参照していない。解釈法社会学の原点がウェーバーにあるといっても，それは系譜・由来を示す上で言及される程度にとどまっており，実際の研究の作業では登場しない。そして，この点にこそ，解釈法社会学の方法上の弱点が顕著に表れていると考えられえる。[11]　というのも，重要な先行業績にあたるウェーバーを参照しないことで，ウェーバーの壮大な理論を活用せずに終わってしまうからである。

4　厚みのある理論

　ウェーバーの理解社会学は，理解・解釈を場当たり的ではなく系統的に進めていく作業を可能とするために，厚みのある理論を付属させている。そこに大いなる魅力がある。それがよく知られた理念型群である。理念型群は，古今東西の歴史から抽出されたさまざまな法則が一般概念の形式で系統的に整理されたものである（折原 1996：3）。したがって，理念型を用いれば調査対象に対してより深い考察を加えることができる。実際，拙稿（久保 2009）で示したように，理念型のカタログであるウェーバーの宗教社会学や法社会学をエンゲルの調査研究に適用すると，説明のレベルを格段に向上させることが可能となる。

　ところが，解釈法社会学はウェーバーを原点としながらも，古今東西の歴史を踏まえたウェーバーの理論を活用することが不十分であった。また，エスノグラフィックな記述を重視していたこともあり，経験的調査の成果を自ら理論化することにあまりエネルギーが注がれてこなかった。[12]　他方で，パーソンズは，原点であるウェーバーだけでなく，デュルケムやパレート，さらにはフロイトやマリノフスキーらの理論を大いに活用した。つまり，社会学に限らず経済学や精神医学・心理学・人類学など諸学の業績を貪欲に摂取した。また，

「不治の理論病患者」を自称したパーソンズは，そうした先行業績に依拠して自ら理論を体系化することにエネルギーを注ぎ込んだ（パーソンズ 1951＝1974）。

このように，ウェーバーを準拠点にすると，解釈法社会学とパーソンズの方法上の志向は対照的になる。にもかかわらず，解釈法社会学が積み上げてきた成果は，結果的にパーソンズの理論と収斂する。分岐して独自の発展をとげた両者が，再び合流するのである。そうした事態は，本書にも訳出したエンゲル自身の理論研究（Engel 2012）によって確認できる。

Ⅲ——泣き寝入りの行為の理論化

1 解釈法社会学の理論的展開

エンゲルは人々の被害経験に着目して，数々の調査を実施してきた。[13]また，他にも類似の調査研究が，解釈法社会学の内部でも外部でも実施されてきた。そうした蓄積を踏まえて，エンゲルは次のような一般化された経験的命題を新たに打ち立てる。すなわち，国や文化の違いによって程度の差はあるものの，「一般的に被害者は権利を主張せず泣き寝入りを選択し，不法行為法の敷居を決してまたがない」という経験的命題である。

では，なぜこのような経験的命題が成り立つのか。その説明を行うために，エンゲルはこれまでの研究の蓄積を活かして理論化に乗り出す（Engel 2012：293-294）。理論病患者のパーソンズに比べるとまだまだ素朴で粗削りな理論化ではあるが，従来の解釈法社会学ではみられなかった新たな次元へと研究の歩を進めたのである。[14]

注目すべきは，エンゲルが理論化を行うにあたって，認知科学や脳神経科学など，解釈法社会学にはあまりなじみのなかった分野の研究成果を積極的に摂取しているという点である。これまで，解釈法社会学は人類学やポストモダニズムといった人文学系からの影響を強く受けてきた。ところが，エンゲルは理論化に乗り出すにあたって，認知科学や脳神経科学といった自然科学系に近い知見を取込む。[15]まずはその経緯からみていこう。

2　経済的説明と文化的説明

エンゲルによれば、「被害者が泣き寝入りを選んで訴訟を利用しない」ことを説明する方法には、大きく分けて次の2種類がある。1つ目が経済的な説明である。そしてもう1つが文化的な説明である。エンゲルは、この2種類の説明を統合するために、認知科学や脳神経科学の知見を取込む（Engel 2012：294-297）。

まず文化的な説明についてである。その典型例として、「被害を受けても泣き寝入りを選択するのは、泣き寝入りを促すような慣習や規範の影響が働いているからだ」といった説明がある。こうした説明は、解釈法社会学にはなじみ深いものである。もっとも、「文化が大きく異なっていても、同じように泣き寝入りが選ばれるのはなぜなかのか」といった点については説明できないところに限界がある。つまり、文化横断的にみられる訴訟回避現象一般を説明する段階になると、文化的説明は困難をきたす（Engel 2012：296-297）。

他方で、経済的な説明はどうであろうか。その典型例として、「合理的に費用と便益を慎重に検討して泣き寝入りを被害者は選択している」といった説明がある。しかし、こうした説明は前提としている人間観に問題がある。というのも、被害者は被害を負って苦痛や不安・恐怖・無力感に苛まれているので、合理的な熟慮などなかなかできないからである。また、有名なダニエル・カーネマンなどの認知科学的な研究によれば、そもそも人間の認知や思考の大半は熟慮の末の産物でなく無意識に生じている（Engel 2012：301-305）。

3　統合への突破口

では、どちらの説明にも限界があるのであれば、どうすればよいのか。エンゲルは、何と認知科学や脳神経科学とエスノグラフィーの接合に突破口を見出す。

解釈法社会学は、被害者に密着するエスノグラフィーを通して、彼らが被害体験をどう認知し"解釈"しているのかを詳らかに記述してきた。他方で、認知科学や脳神経科学は認知のしくみやバイアスの働きについて研究を積み重ねてきたので、生物有機体としての人間が自己の体験をどう認知し"解釈"しているのかについて、豊富な知見を提供してくれる。だから、いずれの研究も「人

間（被害者）が自らの体験（被害経験）どう認知し解釈するか」という同一の経験的問題にアプローチしていることになり，アプローチの方法は異なっても，各々の成果の統合が可能となる（Engel 2012：297-298）。[16]

しかも，認知科学や脳神経科学を接点にすると，合理的選択を前提としてしまいがちな経済的説明の問題点を克服した上で，経済的説明を取込むことが可能になる（とエンゲルは主張しているように理解できる）。なぜなら，経済学だけでなく法学をも席巻しつつある行動経済学は，まさにカーネマンに代表される認知科学の成果に大きく依拠しているからである（Engel 2012：312）。また，そうした行動経済学的な説明の摂取によって，文化横断的に訴訟回避が生じることを説明できない文化的説明の問題点を克服できるようになる。逆に，エスノグラフィーのような文化的説明は，人間のリアルなふるまいについて詳細な知見を提供するので，合理的選択を前提としない行動経済学的な説明を補強し拡充することに役立つ（Engel 2012：297）。つまり，行動経済学的な説明が古典経済学的な説明よりも優れているという裏付けを与える（とエンゲルは主張しているように解釈できる）。

こうして，エンゲルは経済的説明と文化的説明の統合をはかる。もっと具体化していうと，文化的説明（の側に立っていた解釈法社会学）に新たに経済的説明（行動経済学）を取込むため，従来よりも射程の広い新たな概念枠組を彫琢する（Engel 2012：333）。[17]まさにその概念枠組に，パーソンズの理論との収斂を見出すことができる。

Ⅳ——理論の共通基盤

1 原子論と文化決定論の克服

パーソンズの行為の理論も，基盤となる諸概念は，いわば経済的説明と文化的説明の統合から生みだされたものである。パーソンズの用語でいえば功利主義と理念主義の統合であり，その統合によって生みだされる概念枠組が主意主義的行為理論にあたる（パーソンズ 1937＝1989：91-132）。[18]

まず功利主義は，アングロサクソン系の古典経済学が典型例であるように，原子的個人を前提とした原子論に陥るという問題を抱えている。他方で理念主

34　第1部　法と社会のメタ理論

義は，ドイツ歴史学派の流出論が典型例であるように，文化決定論に陥るという問題を抱えている。そして，主意主義行為理論は，双方を相互補完的に統合することによって双方の問題点をともに克服する理論だと要約できる（鈴木2005：33-35）。

　こうした主意主義的行為理論の特徴は，エンゲルの理論にも共有されている。つまり，エンゲルにおいても，パーソンズとまったく同じように相互補完的な統合を通して原子論と文化決定論が克服されている。しかも，両者ともにシステム論の採用によってそれを実現している。このように，理論の骨格を抽出すれば，両者は驚くほど一致する。

　もっとも，長らく経験的調査を本業としてきたエンゲルの場合，理論病患者のパーソンズに比べると理論の厚みや精緻さに欠ける。また，一般理論を打ち立てようとしたパーソンズとは違って，エンゲルの理論化は“泣き寝入り”という特定種類の行為に限定されており，広がりや深みの点でどうしても劣る。そのため，エンゲル自身は自分の理論の基盤についてまで十分に詰めて議論ができているわけではない。そこで以下では，パーソンズの理論に準拠してエンゲルの理論を読み込むことで，エンゲルの理論にパーソンズの理論と共通するどのような基盤が存在しているのか浮き彫りにしていこう。

2　システム論

　エンゲルが認知科学や脳神経科学などの最新の知見に依拠して理論化をはかる際，鍵を握るのが「身体化された心」という概念である。「身体化され心」という概念は，もともと生命システムをオートポイエーシスの概念で捉えることを提唱した生物学者・認知科学者のフランシスコ・ヴァレラなどに由来するものである（ヴァレラ他 1992＝2001）。それは心身二元論の哲学と異なり，人間の認知・解釈・思考が無意識のうちに身体の状態から多大な影響を受けていることを強調する。[19] 実際，被害者を対象としたエスノグラフィーは，被害者の認知・解釈・思考が傷つけられた身体によって大きく影響されていることを報告している。つまり，認知科学や脳神経科学もエスノグラフィーも，同一の経験的問題に同一の知見を提供するという収斂を示す。[20] だからこそ，エンゲルはそうした諸学の収斂を統合の突破口としている。

しかも,「身体化された心」という概念を用いれば,身体を傷つけられた被害者が精神的不調やトラウマに苦しみ合理的選択などなかなかできないことを把握できるようになる。[21] さらに,「身体化された心」という概念は,(要約していうと)身体を媒介として心と周囲の環境が有機的に接合し相互に影響しあっていることも把握可能にする。つまり,行為者が自らを取り巻く環境によって構成されている一方で,逆に周囲の環境を構成してもいる相互構成的な事態を視野におさめられるようになる (Engel 2012：305-306)。[22]

たとえば,エンゲルが自らの調査研究を引用して指摘しているように,被害者は社会的文化的環境の影響を意識的・無意識的に受けて,被害の救済を求めて訴え出ることを「賠償金目当ての貪欲な行為」だとマイナスのイメージで捉えてしまい,自発的に泣き寝入りを選択しがちである (Engel 2012：323-324)。と同時に,被害者は泣き寝入りすることで,そのようなマイナス・イメージのさらなる流通に意図せずとも加担してしまう。つまり,世間 (という社会的文化的環境) で流通している「裁判沙汰など避けるべきだ」という規範を支持する実例を提供してしまう。[23] このように,行為者と環境は相互構成的に規定しあっている。パーソンズに準拠していえば,行為者と状況 (環境) の間で「相互浸透」が生じており,行為者は切り離されて孤立しているわけではない (パーソンズ 1951＝1974：9-31)。エンゲルもまた,そのような事態を把握できる概念を導入しているのである。

こうして,行為者を「孤立した原子的個人」と想定してしまう原子論を克服できるようになる。古典的な経済学は,行為者をそれ以上分解不能な原子のように一個の孤立した実体として扱っていた。しかし,パーソンズが詳細に論じたように,それでは社会秩序の発生を説明するにあたって原理的な困難を抱え込む (パーソンズ 1937＝1976：145-202)。つまり,「貪欲な行為はよくない」といった反功利主義的な規範が人々の間で共有され,自発的に規範に則った行為がなされることを説明できない。そこで,行為者 (とその行為) を,負傷した身体や精神的苦痛はもちろん社会的文化的環境から摂取 (内面化) された規範などが組み合わさった構成体として,つまりさまざまな構成要素からなるシステムとして,捉える必要性が出てくる。すなわち,認識論としてシステム論の採用が要請される。エンゲルも,「身体化された心」という概念を持ち込むことで,

36 第1部 法と社会のメタ理論

認識論としてシステム論を採用している。しかも，それが文化決定論の克服に
つながる。

3 多次元的説明

エンゲルは，文化というものを一枚岩では捉えない。システム論的な認識に
もとづいて，宗教や法，そしてマス・メディアなど，次元の異なるさまざまな
要素によって構成されていると捉える (Engel 2012 : 305-306)。だから，被害者
の訴訟回避は権利主張をよしとしない固有の伝統文化に由来するのだ，といっ
た説明はしない (Engel 2012 : 324)。そのような説明は，民族文化の本質なるも
のを想定してそこからすべてが流出すると考えたドイツ歴史学派のように，文
化決定論に陥る。かわりに，伝統だけでなくさまざまな要素が相互に影響し
あって，「裁判沙汰にするのはよくない」というマイナス・イメージが流通す
るようになるとエンゲルは考える。たとえば，復讐よりも「ゆるし」に価値を
おく宗教の教えであったり，賠償に上限額を設ける法であったり，マクドナル
ドのホット・コーヒー事件をめぐるマス・メディアのネガティヴ・キャンペー
ンであったり，次元の異なるさまざまな要素の存在を視野におさめている
(Engel 2012 : 324-326)。

しかも，そうした流通の背後には，保険業界や既得権益層などの利害が複雑
に絡んでいることにもエンゲルは注意を促している。ウェーバーに即していう
と，「裁判沙汰にするのはよくない(ので権利主張は控えるべきである)」という
"理念"は，関係者たちの"利害"によっても規定されている。パーソンズに即
してもっと一般化すると，"規範"(理念)と"条件"(利害)の相互浸透(一方向で
はなく双方向の規定関係)に目を配る必要がある。つまり，孤立させるのではな
く相互に関連づけてシステム論的に認識する必要がある。だからこそ，理念の
働きに着目する文化的説明と利害の働きに着目する経済的説明の統合が要請さ
れる。[24]

このように，エンゲルはパーソンズと同じく，排他的に何か一つの要因に還
元して説明を行う還元論・決定論を拒否している。パーソンズの方針は「複雑
な現象(それには自然現象，社会現象などあらゆるイベントが含まれる)は，ひとつ
の理論体系で説明し尽くすことができない。複雑な現象を説明するためには，

複数の理論体系を相互に関連づける必要がある」というものであった（鈴木2005：32）。つまり，説明される側と同じく説明する側も，システム論的に次元の異なる複数の要素から成り立つものと考えていた。だからこそ，パーソンズの理論は自然科学・社会科学を問わずさまざまな分野の知見を統合する多次元的な説明を志向する。そうした志向は，エンゲルの理論にも見出される。以上のように，両者の理論には驚くほど共通基盤が存在することを確認できる。

V──おわりに

　本稿は，泣き寝入りの行為について理論化をはかったエンゲルの研究を掘り下げた。そして，エンゲルの行為の理論にはパーソンズの行為の理論と共通する基盤が存在していることを明らかにした。と同時に，パーソンズの理論が決して古びておらず，時代を超えて現在の研究の最先端においても通用することを明らかにした。したがって，パーソンズの理論は一般理論を主張するだけの価値をたしかに有しているといえよう。また，パーソンズに準拠してその精緻で厚みのある考察を活用すれば，まだ萌芽段階にあるエンゲルの理論化は，さらには解釈法社会学の理論化は，もっと実り豊かなものとなるであろう。

　もちろん，パーソンズの理論だけではなく，エンゲルの理論にも大いなる価値がある。エンゲルの理論には，パーソンズの理論と異なり，認知科学や脳神経科学などさまざまな分野の最新の研究成果が取込まれている。それゆえ，共通基盤を介してエンゲルの理論を新たに組み込めば，パーソンズの理論（それはパーソンズが自認している通り未完である）をアップデートし拡充できる。つまり，さまざまな分野の古典の蓄積から成り立つパーソンズの理論と，さまざまな分野の最先端の成果を摂取したエンゲルの理論をうまく関連づけることができる。

　このように，共通基盤の存在がたしかめられたことで，理論と理論の，古典と最先端の，ひいてはさまざまな分野の，対話を可能にする通路が開かれる。それは，まさにパーソンズが理論と理論の収斂を見出すメタ理論的な考察によって実現しようとしたことである（鈴木2005：32）。そうした対話を通してこそ，さまざまな知見を孤立させず相互に関連づけて研究をさらに発展させるこ

38　第1部　法と社会のメタ理論

とが可能となる。今やわれわれは，相互に孤立したミニ・パラダイムの乱立を乗り越え研究をさらに発展させるための「正しい理論的基盤をこの手中に収めている」といえるだろう（パーソンズ 1937 = 1989：200）。

【注】

1）誤解のなかには「収斂を見出す議論は無意味だ」といったものもある（ゴールド1991 = 1995：121）。

2）本稿では立ち入らないが，日本で解釈法社会学をリードしてきた和田仁孝においてもそれはまったく同様であると，著者は考えている。たとえば，医療の現場を主たるフィールドにし役割期待の相互補完関係に着目して合意という観点から秩序問題を解決しようとする点で，和田とパーソンズとの間には共通基盤が存在していると捉えることが可能である。

3）したがって，本稿は単にパーソンズの理論を要約して復唱するわけではない。パーソンズが『社会的行為の構造』において用いた収斂を見出すという方法にならって，新たに解釈法社会学とパーソンズの理論上の収斂を見出す。それは，パーソンズがかつて見出した収斂の範囲を，現在の研究の最先端にまで広げる取組みとなる。そして，パーソンズの理論が現在の研究の最先端においても通用することを示す。

4）さらに，解釈法社会学という名称は，ウェーバー研究も行っているデヴィッド・トルーベックが普及させたという事情もある（Trubek 1984）。

5）この点については，合衆国におけるウェーバーの導入と解釈社会学の展開を取り扱ったKivsto & Swatos, Jr（1990）も参考になる。

6）たとえば，イリノイ州のサンダー・カントリーをフィールドとした調査研究では，訴訟記録の精査と100件を超えるインタビューや参与観察にもとづいて，次のような実態を明らかにしている（Engel 1983）。すなわち，不法行為法では損害賠償の対象となるような被害であっても，地域コミュニティの伝統では「嘆かわしくも受け入れるべきこと」だと捉えられ，訴訟回避が通常になってしまう。

7）たとえば，ADA（Americans with Disabilities Act）の影響を明らかにするために，インタビューを通して障がい者のライフ・ストーリーを描き出した調査研究では，次のような点を強調している（Engel & Munger 1996）。すなわち，「権利を主張する人と主張しない人」のような単純なグループ分けは不適切で，個々人は日々出会う障壁・被害にどう対応するかその都度心の中で議論しており，そうした内面の声の多様性にまで目を配る必要がある。

8）エンゲルを中心とした解釈法社会学の特徴を，北村（2000）は下記のように概括し，構成主義の発想に立つものとしている。「一方で，研究対象に関して，既存の意味を基礎にして常に世界を意味的に構成し，偶有的な諸制約や構造的諸前提を引き受けながらも世界と自己を解釈的行為を通じて不断に刷新する能動的な行為者達による意味の局地的な産出を強調すると同時に，他方で，研究方法としては，客観的で確実な普遍的方法への欲望に代えて，研究者の「解釈」を通じてのみ接近可能な世界の認識における多元的で自省的な観点を深める」。このように，当事者たちによってその都度ごとに多種多様に意味が産出されていく有様に寄り添っていくことを重視する姿勢は，さかのぼればポストモダニズムの影響があると考えられている（和田1996）。

9 ） ここで Engel (2005) を取上げるのは，それがエンゲルの近年のどの業績においても土台となる調査研究だからである。同じ調査対象が他の論文でも頻出するように，Engel (2005) は数々の業績を派生させている。その代表例として，より詳細な記述を付加し内容を拡充させた Engel & Engel (2010) がある。

10） さらに，エンゲルの研究もウェーバーの研究と同じく，対象となる大量現象はある特定の時空間を占める特定の地域で生じた歴史現象として捉えられている。それがよく分かるのが，Engel (2005) の派生作の 1 つにあたる Engel (2011) である。

11） 北村 (2000) が指摘するように，解釈法社会学は「客観的で確実な普遍的方法への欲望に代えて」当事者たちによってその都度ごとに多種多様に意味が産出される有様に寄り添うことを重視してきた。そうすると，その都度限りのアドホックな調査研究にとどまってしまい，個々の調査対象・調査研究を総括するようなかたちで理論が発展することもあまり望めないだろう。

12） 解釈法社会学に理論が欠如していた，というわけではない。カントの認識論にもとづけば，どんな経験的観察も一定の理論に準拠してなされたものとなる。「このことは，洗練された科学的観察において真実であるのみならず，事実の最も単純な常識的言明についてもあてはまる」（パーソンズ 1937 = 1976：54）。たしかに，解釈法社会学には，ポストモダニズムや構成主義からの影響が指摘されているように，一定の哲学的・理論的背景が存在している（和田 1996）。ただ，ポストモダニズムや構成主義にみられる雑多な混淆性を問題視しない姿勢の影響があったからなのか，理論を精緻化したり洗練させたりする志向が比較的薄弱だったといえるだろう。

13） エンゲルの調査研究は，さまざまなかたちで関連づけることが可能である。たとえば，Engel (2009) は，Engel (2005) と同じ交通事故被害者の訴訟回避現象を対象としている点で，Engel (2005) から派生した研究の一つとなる。と同時に，Engel (2009) は，Engel (2005) とは違って国家法と慣習法の相互影響関係に焦点をあわせて考察を行っている点では，初期の調査研究 (Engel 1978) の延長線上で実施されたものと位置づけることが可能である。

14） パーソンズに準拠すると，一般化された経験的命題を新たに打ち立てたことで問題関心の再定式化が生じ，理論の発展が促進されたといえよう（パーソンズ 1937 = 1976：38）。

15） この事実は，解釈法社会学とポストモダニズムの関係を考える上でも興味深い。これまで，解釈法社会学にスポットライトがあたる際，ポストモダニズムに影響を受けつつもそれを批判的に継承する一派という理解が強く打ち出されてきた。たとえば，モダンの理念とされる科学主義や普遍化志向への批判をモットーとしている学派だと捉えられてきた (Trubek & Esser 1989, 和田 1996)。しかし，現時点でふりかえってみると，そうした思想的スタンスが，実際の研究においてずっと前面に打ち出されつづけていたとはいい難い。エンゲルの研究であれば，むしろ統計データがより頻繁に登場しているくらいである。

16） たとえば，被害者が自己を無力な存在と認識したり，被害の責任を自分にも帰属させたりする（結果，泣き寝入りを選択して権利主張を断念し訴訟を回避する）ことが，認知科学とエスノグラフィーの組み合わせから，より深く理解できるようになる (Engel 2012：307-311)。

17） パーソンズに準拠していうと，手つかずの残余カテゴリーに該当する「巨大な暗闇の大海」を新たに光に照らし出すために，「サーチライト」となる新たな概念枠組が必要になるわけである（パーソンズ 1937 = 1976：37）。

18） 主意主義的行為理論も，もともとはウェーバーやデュルケム，パレートなどの理論の収斂から見出され，パーソンズによってその概念枠組が彫琢されたものとなる（パーソンズ 1937 =

40 第1部 法と社会のメタ理論

1989：91-132）。本稿はさらにその上の段階に進み，巨匠たちの理論を摂取しつづけたパーソンズの理論と，経験的調査の積み上げから立ち上げられたエンゲルの理論との間に，収斂を見出すことになる。

19) パーソンズも，とくに収斂テーゼやシステム論の採用という点で，生物学から多大な影響を受けていたのは周知の通りである。また，無意識への着目に関しては，『社会的行為の構造』より後ではあるがフロイトから圧倒的な影響を受けている。こうしたパーソンズの方法論については大黒（2008）を参照。

20) つまり，エンゲルの理論自体も，パーソンズの場合と同じくさまざまな分野の収斂から生成されたものとなる。ただし，パーソンズはそうした生成の方法自体も自覚的に理論化していたが，エンゲルはそこまで詰められていない。

21) 合理的選択モデルを全否定していないことに注意が必要である。エンゲルは，カーネマンがいうシステム1（無意識的な「速い思考」）とシステム2（熟慮して選択を行う「遅い思考」）の並存を踏まえて，あくまで合理的選択モデルの妥当範囲を限定しているだけである（Engel 2012：304）。パーソンズに準拠していうと，合理的選択モデルを不当に拡張適用して被害者の行為を説明しようとするのは，「具体者取り違えの誤謬」に該当する（パーソンズ 1937＝1976：54-57）。したがって，被害者の行為を理論化する作業においては，合理的選択モデルの適切な妥当範囲を画することが要請されるのである。

22) もともと構成主義的な志向を有していた解釈法社会学からすると，こうした発想はなじみ深いものだろう。

23) この記述もまた，「シンボリック・メディアの流通」を概念化したパーソンズの理論に準拠したものとなる。ただし，本稿では初期の『社会的行為の構造』に代表される行為理論を主対象としており，その後展開された議論にまで深入りする余裕はない。

24) ここにきてようやく，パーソンズの行為理論がなぜ主意主義的行為理論になるのか理解できる。主意主義的とは，行為が“規範”と“条件”の双方向から規定されることによって有する（双方が組み合わさって創発的に生みだされる）属性をいう。注意すべきは，“規範”と“条件”では行為の規定の仕方が異なるということである（パーソンズ 1937＝1989：140-141）。

　　　たとえば，エンゲルが引用するところによれば，身体に障がいを抱えることになった被害者は，もはや自分の思い通りにはコントロールできなくなった身体の感覚に圧倒されて無力感に苛まれ（まさに「身体化された心」である），しばしば泣き寝入りを選ぶ（Engel 2012：308-309）。つまり，パーソンズに準拠していうと，障がいだけでなく遺伝や利害欲求も含めて身体的な“条件”のサイドから行為が強く規定されていることになる。このような場合，行為者の能動的な努力をとくに要することなく半ば自動的・無意識的に行為が実現してしまうため，行為が主意主義的（voluntaristic）である程度は限りなく低い。

　　　しかし，他方でエンゲル自身の調査によって明らかにされているように，「ゆるし」を求める宗教上の“規範”などに規定されて，自らの欲求に反していても訴訟回避を努めて選びとろうとする場合もある（Engel 2005：502-508）。このような行為は自動的には実現しないため，主意主義的である程度が限りなく高くなる。以上のように，“規範”に規定される場合は能動的な努力が必要とされるが，“条件”に規定される場合はそうではない。そして，程度の差はあれ，行為は“条件”だけでなく“規範”に規定されているので，すべからく主意主義的な属性を（程度の差はあれ）有することとなる。

25) 多次元的な説明を行うための概念枠組が，パーソンズにおいては「パーソナリティ／文化／

社会」の多次元的な区分になる（パーソンズ 1951＝1974：9 -31）。それが，エンゲルにおいて
は「身体化された心／文化／社会」となっており，見事に一致している（Engel 2012：305-
306）。

【参照文献】

ヴァレラ，フランシスコ他（1992＝2001）『身体化された心──仏教思想からのエナクティブ・ア
　　プローチ』（田中靖夫訳）工作舎.

ヴェーバー，マックス（1920＝1989）『プロテスタンティズムの倫理と資本主義の精神』（大塚久雄
　　訳）岩波書店.

エンゲル，デイヴィッド・M（2001＝2001）「被害とアイデンティティー：三つの文化における傷
　　ついた自己」（橋本聡・北村隆憲訳）東海法学26号.

大黒正伸（2008）「パーソンズ学の方法的深層：方法論と〈メタ理論〉をめぐって」Sociologica 32巻.

折原浩（1996）『ヴェーバー『経済と社会』の再構成──トルソの頭』東京大学出版会.

北村隆憲（2000）「日常生活と法の相互構築──エンゲル教授の解釈主義」法社会学53号.

久保秀雄（2009）「法意識の文化的解釈──「訴訟回避」と「神義論」──」角田猛之・石田慎一郎編
　　『グローバル世界の法文化：法学・人類学からのアプローチ』福村出版.

コリアー，ジェイン F.（1996）「紛争パラダイム以後の北米法人類学」（佐藤憲一訳）棚瀬孝雄編『紛
　　争処理と合意』ミネルヴァ書房.

ゴールド，マーク（1991＝1995）「『社会的行為の構造』──時代を少なくとも60年先行していたも
　　の──」（清野正義訳）ロバートソン＆ターナー『近代性の理論』恒星社厚生閣.

進藤雄三（2006）『近代性論再考』世界思想社.

鈴木健之（2005）「パーソンズ社会学の本質──カント，ホワイトヘッド，パーソンズ」比較文化研
　　究年報15号.

パーソンズ，タルコット（1937＝1976）『社会的行為の構造 1』（稲上毅他訳）木鐸社.

──（1937＝1989）『社会的行為の構造 5』（稲上毅他訳）木鐸社.

──（1951＝1974）『社会体系論』（佐藤勉訳）青木書店.

和田仁孝（1996）『法社会学の解体と再生──ポストモダンを超えて』弘文堂.

Engel, David M. (1978) *Code and Custom in a Thai Provincial Court: The Interaction of Formal
　　and Informal Systems of Justice*, University of Arizona Press.

──（1983）"Cases, Conflict, and Accommodation: Patterns of Legal Interaction in an American
　　Community," 8 *Law and Social Inquiry*.

──（2005）"Globalization and the Decline of Legal Consciousness: Torts, Ghosts, and Karma in
　　Thailand," 30 Law & Social Inquiry.

──（2009）"Landscapes of the Law: Injury, Remedy, and Social Change in Thailand," 43 Law &
　　Society Review.

──（2011）"Uprooted Justice: Transformations of Law and Everyday Life in Northern
　　Thailand," 29 Wisconsin International Law Journal.

──（2012）"Perception and Decision at the Threshold of Tort Law: Explaining the Infrequency
　　of Claims," 62 DePaul Law Review.

42　第 1 部　法と社会のメタ理論

―― & Frank W. Munger (1996) "Rights, Remembrance, and the Reconciliation of Difference," 30 Law & Society Review.

―― & Jaruwan Engel (2010) *Tort, Custom, and Karma: Globalization and Legal Consciousness in Thailand*, Stanford University Press.

Ewick, Patricia & Susan S. Silbey (1992) "Conformity, Contestation, and Resistance: An Account of Legal Consciousness," 26 New England Law Review.

Kivisto, Peter & William H. Swatos Jr. (1990) "Weber and Interpretive Sociology in America," 31 *The Sociological Quarterly*.

Swedberg, Richard (2005) *The Max Weber Dictionary*, Stanford University Press.

Trubek, David M. (1984) "Where the Action Is: Critical Legal Studies and Empiricism," 36 *Stanford Law Review*.

Trubek, David M. & John Esser (1989) ""Critical Empiricism" in American Legal Studies: Paradox, Program, or Pandora's Box?" 14 *Law & Social Inquiry*.

密猟主体と第三の波

上田竹志

I──はじめに

1 本稿の問題意識

　1990年代前半に，和田仁孝教授から，民事訴訟法理論に一連の重大な問題意識が投げかけられた（和田 1994，和田 1996）。そこでは，民事訴訟をはじめとする，法的正義を標榜する紛争解決制度の社会的意義が問われた。訴訟によって紛争は解決しない，法は社会紛争を強引に切り詰めた形でしか扱えず，訴訟制度はかつてどこにも実在したことのない理念的な，虚構としての近代市民社会にのみ適合する制度である，等々がそれである。これは，社会的紛争処理制度であるはずの民事訴訟を規律する民事訴訟法理論にとっては，理論内で正しい（正義に適う）と判断されることと，実際に社会紛争が適切に処理されることとの間に，乗り越え難い断絶がある，ということを意味する。その主張は，理念的な法からではなく，現実の社会に生起する具体的な紛争から考察を開始する限り，たしかに一定の説得力を持っているように思われる。

　その後の民事訴訟法理論は，和田理論からの問いを放置したまま，正統性担保を追い求める精緻な解釈論の内側，すなわち正義の内側に自閉してしまったかのような印象も受ける。しかし，和田理論の問題意識に応答すべきか，排除すべきかも明確にしないまま，単に問題を忘却・風化させることは適当でないと思われる。

　そこで本稿では，特に和田理論のキーワードの1つである「密猟主体」概念に焦点を当てて，和田理論の意義および民事訴訟法理論との関連可能性を探求する。この作業は，民事訴訟法理論にとっては，和田理論と強い親和性を持ち，和田理論自身がそこに属すると目された，いわゆる「第三の波」理論の現代的

44　第1部　法と社会のメタ理論

意義を再考する作業にもつながる。[1]

2　本稿で用いる理論的な道具立て

　本稿では，筆者の専門とする民事訴訟法学以外の分野での研究業績も，必要に応じて参照するが，そこには多くの誤解や無理解が含まれているものと思われる。あらかじめお詫びしつつ，大方の御批判・御教示を請いたい。[2]

　民事訴訟法理論の中心は解釈論であり，その議論を抽象化すれば，「解釈Ａと解釈Ｂのどちらが正しいか」に収斂できる。この問いの解決を憲法学や民法学などの他の法領域に全面的に委ねない限り，次に，解釈論自体を議論の対象とする民事訴訟法理論の方法論，すなわち「『解釈Ａと解釈Ｂのどちらが正しいか』をいかに判断するか／するべきか」が問題となる。[3]「方法論Ａと方法論Ｂのどちらが正しいか」の問題と言ってもよい。一般に法解釈論の方法論の課題には，解釈の価値的統一性，論理的整合性，社会的妥当性，歴史的一貫性の維持などが含まれようが，より具体的に，かつての民法学方法論論争など，基本的な思考枠組みの優劣が問われる場合もある。

　さらに，「『方法論Ａと方法論Ｂのどちらが正しいか』をいかに判断するか／するべきか」の問題となると，明示的な基準を打ち立てるのは困難である。このレベルで安易な信仰告白や空中戦に陥らないためには，ひとまず一般的な議論の作法や理論定立のあり方を参照すべきと思われる。

　本稿が提案する立場（これも信仰告白の一種に属する）は，「なるべく少数の，大方の賛同が得られるであろう命題に基づく」というものである。具体的に本稿は，①論理階型の区別を用いる，②民事訴訟法理論や法全体が1つの自律した言説体系として存在することを承認する，という2命題に基づく。この2命題は，上記の「民事訴訟法理論において解釈Ａと解釈Ｂのどちらが正しいかをいかに判断するかをいかに判断するか」という問いそのものの構成要素とも言え，議論は循環的である。

⑴　**論理階型**　論理階型は著名な思考の道具立てだが，思考に「オブジェクトレベル／メタレベル」の区別を導入する。本稿では，オブジェクトレベルにおける個々の要素をテクスト，オブジェクトレベルの要素全体＝メタレベルにおける個々の要素をコンテクストと呼ぶこともある。

ところで，論理階型の区別の用法には，少なくとも以下の3種類があるように思われるので，筆者の頭の混乱を防ぐという意味合いも兼ねつつ，区別を行う。

　第1に，概念の階層化としての論理階型があり，これは通常の解釈論でも用いられる。たとえば，「証拠を申し出る権利→弁論権→審尋請求権→手続保障」のような概念の階層化とその俯瞰を，その例として挙げることができる。民事訴訟の目的論における通常の理解のような，ピラミッド型の概念構造の最上位に何を据えるかの問題も，この用法に属する。

　第2に，議論の階層化があり，たとえば先ほど示した「解釈論→方法論→メタ方法論……」などの形として現れる。この用法では，任意の言説体系内において何かを論じる以上，論者は必ず特定の論理レベルに定位しなければならず，解釈論／方法論等の区別は，論者にとって時に俯瞰しがたい。とはいえ，論者はまだ解釈論，方法論，メタ方法論等の論理レベルの間を自覚的に移動できる。

　第3に，論者が相対化できないコンテクスト（たとえば，哲学で問題となる「自己」「言語」「存在」「時間」など）をオブジェクトレベルとした場合，論者は論理レベル間を移動できず，そのメタレベルや下位レベルは，論者にとって積極的に言及できないものとして示されるのみである。異なる論理レベルへの言及を試みようとすれば，パラドックスが現れる。パラドックスを当該論理レベル内で扱うためには，特殊な理論上の道具立てを要しよう。

⑵　**自律した言説体系**　　言説体系が自律的とは，裏返せば言説が他律的でないこと，すなわち，その言説内における最終的な価値判断を，言説の外側にある判断基準に依存させないことを意味する。たとえば，法言説は「法的に正しい／法的に正しくない」という判断基準を用いて諸々の社会事象を判断するが，その根拠を「経済的に得だ（から法的にも正しい）」「経済的に損だ（から法的にも正しくない）」とは言わない[4]。

　民事訴訟法は憲法の下位法に属し，さらに実定法の中でも，上位概念として実体法由来の概念（私的自治など）が用いられることも多い。しかし，現在の民事訴訟法解釈論の水準では，「解釈Aと解釈Bのどちらが正しいか」を判断するに当たって，憲法条項や実体法からの要請は，事後的な正統化のロジックに

はなり得ても直接の判断の決め手とはならず，より微細な手続法独自の価値判断が必要と思われる。そこで以下，民事訴訟法理論が自律した言説体系であるとの評価に基づいて議論を進める。

ところで，ある言説体系が自律的であり，最終的な価値基準が外的に与えられないからには，それは内的に調達しなければならないが，それは言説体系の中にパラドックスを導入することにつながる。たとえば，法システム理論における「法は法的に正しいか，正しくないか」などの問いは，自己言及のパラドックスの典型例である。パラドックスは，論理階型との関係では第三の用法に属し，その解決は容易ではない（I 2(1)）。したがって，民事訴訟法理論も自律的ならば，通常の議論の枠組みでは解決困難な問題をも，その内部に引き受けなければならない。

II──民事紛争処理における人間像

法言説は通常，権利主体や統治客体などの属性から人間を捉え，その要件（内包や外延）や効果（結び付けられる法状態や権利義務等）を問題にする。これに対し，折に触れて「法における人間」が議論される場合[5]には，既存の法の言説体系が必ずしも十分に概念化してこなかった新しい社会現象を，「人間」という言葉を通じて問題化してきたようである。この「人間」という言葉が担う機能のことを，本稿では便宜的に「外部参照」と呼ぶ。外部参照から得られるものは，さしあたり「家族」「労働者」「女性」「消費者」概念など，時代状況に応じて様々である。

実体法学においては上記のように，人間像の検討を通じて，その時々の社会状況に応じた新たな法領域の開拓が行われてきた。では，民事訴訟法理論をはじめとする民事紛争処理の文脈で，同様のことは行われてきたか。

まず，実体法が複数の主体概念を創造し，それに応じた実体法体系を整備する以上，権利保護を伝統的な制度目的とする民事訴訟制度が，実体法に対応した手続を用意すべきことは当然の要請となる。たとえば，民事紛争処理は，財産事件と家事事件で手続を大きく異にし，家事事件を処理する人事訴訟手続および家事審判手続においては職権探知主義が妥当し（人訴20条，家事56条1項），

当事者の自己責任原則が修正される。[6] このことは，利用者たる「家族／取引主体」の区別に応じた手続の使い分けがなされた例と言えなくもない。[7] また，近時成立した「消費者の財産的被害の集団的な回復のための民事の裁判手続の特例に関する法律」は，消費者のための権利実現負担を大幅に軽減した手続を用意しており，これも実体法における消費者概念に対応した手続法上の手当てと考えることもできる。その他，労働委員会による集団労働紛争処理，労働審判による個別労働紛争処理等における手続上の手当てを挙げることもできよう。[8]

　ここでなされているのは，実体法を通じた間接的な外部参照と言えよう。すなわち，「家族」「労働者」「消費者」等の主体概念は，まず実体法において創造され，その内実や実現すべき正義も主に実体法が決めているといえる。手続法独自の外部参照機能は，あるとしても二次的である。

　次に，民事訴訟手続内においても，訴訟代理人弁護士がついた当事者と，本人訴訟の当事者とでは，事実上，異なるものとして見られているようである。また，必ずしも人間概念そのものではないが，田辺公二判事による「商業訴訟」「人格訴訟」の区別（田辺 1964：353）もある。これらは，立法でなくその運用において，異なる人間像を想定した多様な実務が行われていることを示唆している。

　しかし，民事紛争処理論において人間像を大きく強調したのは，新堂幸司教授の理論体系と，それを先鋭化させたいわゆる「第三の波」理論であろう。井上治典教授（井上 1993：29）に従えば，わが国の手続保障論には3つの歴史的段階があるとされるが，そこで想定される人間像も変遷してきたように思われる。

　手続保障の第一の波としての審尋請求権の保障において，審尋請求権の主体としての当事者は，通常の権利主体である。民事訴訟法理論上正統に設計された審尋請求権が自己責任を負う合理的主体に付与され，実際の権利行使やその難易などはひとまず問われていない。[9]

　手続保障の第二の波としての「当事者のための民事訴訟」では，新堂幸司教授は「もしも私がこの事件の当事者だったら……」という仮想を行いつつ，硬直的な最高裁判例を批判し，民事訴訟法理論の発想を根本から転換する（新堂 1993）。ここでは，（仮想的な）新堂教授自身が準拠点となって，利用者の目から見た訴訟制度のあり方を批判している点で，一種の外部参照を行っている（上

48 第1部 法と社会のメタ理論

田 2013：30)。ただし，新堂教授の批判的視点と現実の制度利用者との一致を
保障する理論的根拠はない。

　第三の波においては，「当事者のための訴訟法理論」から「当事者による訴訟
法理論」への転換が提唱され，「当事者の顔の皺までつぶさに見える」訴訟法理
論を志向しているとされ，個別事件における事件の経過をたどって，当事者の
思考や感情を丹念に追う研究もなされた (新堂他 1983など)。

　和田理論は第三の波に親和的とされ，ミシェル・フーコーの権力論を克服す
るという問題意識の下，ミシェル・ド・セルトーの議論 (セルトー 1987) を参考
に，民事紛争処理の文脈に「密猟主体」という新たな人間像を導入する (和田
1996：174)。それによれば，密猟主体はしなやかに，したたかに，プラクティ
スの次元において創発的に無数の手法をあみだすことで，脱中心化・遍在する
ミクロ権力の支配を出し抜き，法言説の解釈を解放してゆく。この密猟主体概
念が，第三の波の想定する当事者と親和性を持つ可能性も十分にある。

　しかし，密猟主体概念やその提唱の意図は，そのレトリカルな説明やポスト
モダン的文脈との関連で，決して理解が容易ではないと思われる。たとえば，
密猟主体が単に脱法的な当事者であるという理解や，またはそのような脱法的
な当事者が現に社会に多数存在する (がゆえに，その存在を指摘することが有益で
ある) との主張と受け止められるおそれもあるが，これは提唱者の本意ではな
いであろう。また，Ⅰ1の問題意識からすると，密猟主体の存在が民事訴訟法
理論に対して持ち得る意義を，現在改めて検討する必要もあるように思われる。

　そこで，和田理論における密猟主体概念の理論的意義，および第三の波をは
じめとする民事訴訟法理論との関連を，以下分析したい。

Ⅲ──外部参照の諸形式

1　合理的主体と自省 (パラドックスＡ)

　すでに見たように，民事訴訟法理論における人間像への目配せは，私見で
は，新堂教授の「民事訴訟法理論はだれのためにあるか」(新堂 1993) の中にそ
の萌芽を認めることができる。

　しかし，当時の批判理論の準拠点としての当事者は，概念的にやや不安定で

あり，その後の利益衡量論を基調とする新堂理論の中で，後見的な解釈論の準拠点としての「使い勝手のよい親切なサービスの受け手」と，合理的な解釈論の準拠点としての「手続保障と自己責任が帰属する合理的主体」の二方向へと分岐してきたように思われる。その後，民事訴訟法理論は，特に後者を強調しながら精緻な解釈論を先鋭化させる傾向にあり，そこでは前者の要素を残す新堂理論が，一種の過剰規制として批判の対象にすらなり得る。

　合理的主体は，当事者権や自己責任，判決効，訴訟経済等の諸価値を承認しており，民事訴訟法理論に何か新しい価値や社会的視点をもたらすわけではない。また，そのような合理的な主体が社会現象として多数実在すると主張されているわけでもない。そう考えると，合理的主体は，解釈論自身の合理性を代理表象し，それを自省的に高めるための，民事訴訟法理論内の補助的な道具として利用されているように思われる。

2　人間像と相互言及（パラドックスB）

　すでに述べたように，法はこれまでも「人間」の外部参照機能を用いて，そこから一定の社会現象を法的に観察しようとしてきた。観察された社会現象には，「労働者」「消費者」等の概念が割り当てられることによって，新たな法領域が生まれたり，立法がなされたりしながら，法体系が正統なものとして維持されてゆく。

　しかし，法言説が新たな社会現象を概念化することで，上記の営みが尽きるわけではない。たとえば，法にとって「労働者」という新たな人間像が見出され，それに対応して生まれた労働法が，労働者の権利保障にとって有益な制度となったのと同時に，そうした労働法の整備が資本主義の論理による労働者の訓馴手段に堕するとの批判（修正主義批判）がされた例などは，この事態をよく反映している。その他，「消費者」は，権利のための闘争をも消費者市場の俎上に置いて，そのサービスとしての質の低さを批判するだろうし，「女性」は，女性に一定の権利を付与することは問題の解決とならず，諸々の権利を成り立たせる法的原理自体が，ジェンダーの多様性に対する抑圧や排除を暗黙の前提にしているとの根源的批判を示唆する。法における新たな人間像は一般に，法の存続を脅かす契機をも孕むように思われる。

50 第1部 法と社会のメタ理論

このような根源的批判は,「労働者」なり「女性」なりが,独立の終局的な価値基準をもった社会的な観察視点として法制度や法言説を観察し,法が観察客体となっていることを意味すると思われる。たとえば,法による「労働者」の観察成果が労働法であるならば,それに対する修正主義批判は「観察の観察」である。

とはいえ,法は法で,そのような根源的批判を行う「労働者」「女性」等をも観察できる。敷衍すると,新しい人間像や社会的観点が既存の法制度や法言説を批判し(観察1),法言説がそれに応答して一定の人間像を概念化し新たな法領域を拓くなど,法の正統性を再編し(観察2),その成果を諸々の人間像がどのように評価するか(観察3)を,当の法言説は再び分析できる(観察4)。

ここで問題となっているのは,複数の社会観察視点間の相互言及構造であると思われる。そして,法とその他の観察視点の間に優劣関係がないならば,相互言及に終わりはなく,法言説が把握できる相互言及の連鎖(「観察1,観察2,観察3……観察k」,最後の「観察k」は法言説による能動的観察)には,常にその次の「観察k + 1」(相互言及の相手方が法言説を観察する,法言説にとっては受動的な観察)を想定できる。この意味で法言説は構造的に受動的な地位に置かれるが,相互言及の相手方となる観察視点も,まさに同じ相互言及構造に従って,法言説との関係で受動的な地位に置かれると法言説自身が想定してよい点で,上記の受動性は相対的なものである。

3 密猟主体の非対称性 (パラドックスC)

密猟主体を,上記で挙げた人間のいずれかに当てはめることは困難であるように思われる。密猟主体は,常に脱法行為を試みる超合理的主体として提唱されていないし,和田教授自身,密猟主体が社会現象として実証的に存在すると主張しているわけでもない。では,密猟主体を提唱する意義は何か。

密猟主体は,確かに一定の存在である人間たちを参照するが(セルトーは,常に複数の「民族」「民衆」「消費者たち」について語る),個別の例示はあるものの,一般に密猟主体が法をどのように観察しているかは明らかでない。むしろ,法の側から密猟主体を一般性の次元で定義できず,その観察を観察できないというところにこそ,密猟主体導入の意義があるように思われる。

したがってここでは，法言説が何らかの社会現象を法的に観察する，という認識の図式が成り立たない。むしろ，何者であるか分からず，その数も数えられない密猟主体たちが，法を一方的に観察し，どういう物差しを使っているか分からない—法にとっては不気味な—やり方で法を評価しているという，認識論上の転倒がある。[11]

「法が見ることなく，一方的に見られる」非対称性においては，法の側からは立場の交換を想定できないという意味で，受動性は絶対的である。本稿は，和田理論における密猟主体の「したたかさ」「創発性」が，法言説による社会事象の概念化と別のレベルで，認識論上の絶対的な非対称性に基づいて行われるプラクティスを表現する際の修辞であると解釈する。密猟主体は，法的にしたたかで創発的なのではなく，[12]法が認識できないやり方で法の作動や言説を利用し，正常に作動しているはずの（としか法自身からは観察できない）法を，いつの間にか法自身の想定とまったく異なる社会的文脈に置いてしまう。[13]そのような新しい理論的可能性を指摘したことが，密猟主体の意義であると筆者は考える。

Ⅳ——パラドックスの意義と可能性

本節では，前節で分析した外部参照の諸形式を，一で配した議論の前提に従って分析することで，密猟主体概念の意義を検討する。

1　パラドックス分析の前提問題

外部参照の諸問題は，Ⅰ2(1)で挙げた論理階型との関係で言えば，第三の用法に属すると思われる。たとえばⅢ2で挙げた「労働者」等の人間像は，法言説の外部からこれまでの法のあり方全体に対して疑問を呈しているのであり，「労働者の権利について新たな権利概念や，それを正統化する上位概念を構想するほうがいいか（第1の用法），従来の権利論的アプローチではうまくいかないから，解釈論全体のあり方にまで立ち返って考えるのがいいか（第2の用法）」といった法言説内部での区別は，人間像が提起する問題を法言説内部に回収した後の，分節化の当否問題であろう。

そうすると，外部参照問題は自律的な法言説にとって，パラドックス問題と

52　第1部　法と社会のメタ理論

関連する。論理階型のパラドックスは論理的に語り得ず，示されるのみなのだ
から，それをあえて語るためには工夫を要することになろう。そこで以下，ま
ずはパラドックスの示され方について，準備的な考察を行う。

(1)　**外部参照と概念との関係**　　本稿では，先行業績のある「法における人間」
問題に引きつけて，「人間」という言葉の用いられ方や，密猟主体との関係か
ら，外部参照問題を析出した。しかし本来，「人間」という言葉でなければこ
の問題を提起できないというものでもない（たとえば，「紛争」といっても問題の本
質は変わらない）。むしろ，任意の概念が外部参照機能を持ち得ると考えるべき
である。[14]　したがって，本稿はここで「人間」という言葉の拘束を理論的に廃棄
できる。外部参照に際して特定の言葉を用いることの有用性は，問題を具体的
にイメージしたり，法言説内部に問題を回収した後の議論を容易にする点にと
どまる。

(2)　**外部参照とカテゴリーの関係**　　外部参照が，未だ法言説が適切に定義し
ていないものを問題にする運動であるとするならば，それはいわゆる「他者」
問題に属するのではないか。どうしてそれが「自己」言及のパラドックスと関
連するのかという疑問もあり得る。

　しかし，外部参照をⅠ2(1)で挙げた論理階型の第3の用法と結びつける限
り，パラドックスによって示される問題構成が何であるか（たとえば，「自己」か
「他者」か）をオブジェクトレベルで区別することはできない。ここには，論理
階型の侵犯という1つのパラドックスがあるだけであり，それを事後的に自己
／他者（あるいは言語／認識／存在／時間）等の諸々の思考のカテゴリーへと無根
拠に分岐させ，そうしてようやく，上記侵犯が思考可能な問題であるかのよう
にかろうじて扱える，と考えるべきである。

　すると，任意の思考カテゴリー内で得られたパラドックス問題から，思考の
カテゴリーを経由する前の思考不能な侵犯へと仮想的に遡行することで，問題
を他の任意のカテゴリーへ転換することも許されそうである。そこで，本稿は
ここで「外部参照」という問題構成を廃棄し，Ⅲ1～3で述べた外部参照の諸
形式を，以後はより抽象的に，括弧書内の「パラドックスA～C」と呼ぶこと
にする。パラドックスA～Cはそれぞれ自省，他者，認識等の特定のカテゴリー
への拘束を離れて，任意の思考カテゴリーと結びつき得る。ただし，本稿では

そのごく一部しか触れ得ず，また問題の理解のしやすさを優先するため，特定の問題構成を強調することがある。

⑶　**論理階型の2つの方向**　　パラドックスA～Cのいずれも，それが論理階型を用いる限り，そこで指示される論理レベルには2つの方向性が考えられる。

　第1に，オブジェクトレベル全体を任意の概念で代理させつつ，メタレベルを指示する方向性がある。自己言及のパラドックスは，伝統的にこの方向性を念頭に置いていたものと思われる。法言説でいえば，たとえば「正義」の観念が法全体を統御する最終審級の概念であると考えた上，その内実を相対化して，法言説内部での解釈論等とは異質の議論を展開することなどが考えられる。ここで問題となるのは，オブジェクトレベルにおける言及不可能性である。

　第2に，オブジェクトレベルにおける任意の概念が，下位レベルのコンテクスト全体を代理表象する論理階型侵犯と結びつくと考えて，下位レベルを指示する方向がある。論理階型を導入する際，オブジェクトレベルとして定位された論理レベルが最下層であると考える合理的な根拠がない限り（第3の用法についてこれを示すことは不可能である），オブジェクトレベルに対する下位レベルが想定されなければならない。ここではオブジェクトレベルにおいて言及可能な（したがって，表面上は問題が存在しない）任意の言葉が，下位レベルにおける言及不可能性と結びついているという点で，第1の機能と比べると問題への意識や具体的問題の想像が難しいが，これまでの人文社会科学においてそのような例がなかったわけでもないと思われる。

　オブジェクトレベルにおける任意の言葉（Ⅳ1⑴）は，メタレベルへの指示も下位レベルへの指示も行うことができるため，両者の区別はしばしば困難であり，混同も起きやすい。ただし，メタレベルへの指示を行う際には，オブジェクトレベルのコンテクスト全体を代理表象する必要から，そこで用いられる言葉は通常の定義がなされないのに対して，下位レベルへの指示を行う際には，そこで用いられる言葉の概念定義を前提とし，その条件が下位レベルのコンテクスト全体によって問われる，という差がある。

2　パラドックスの機能

　パラドックスA～C（Ⅲ1～3）が論理階型の第3の用法と結びつく限り，そ

こで提起される問題はいずれも，法言説のオブジェクトレベルにおいて，解決や排除という判断ができない（Ⅰ1への回答）。一方，パラドックスA〜Cは，パラドックスの準拠点となる言葉に対して，自律した言説体系がどの程度積極的・確定的な定義を与えているかという点で異なり，その程度に応じて，諸々の思考のカテゴリー内での問題の示され方も異なる。なお，パラドックスA〜Cのいずれが重要かという価値判断を，当の法言説ができないことは言うまでもない。

(1) **パラドックスA**　パラドックスAは，抽象化すれば，所与の実質を持つ言葉によるパラドックスの指示である。それがさしあたり（Ⅳ1(2)の留保付きで。以下同じ）意味するのは，たとえば法制度自身の絶えざる合理性チェックであり，その準拠点となる合理的主体像は，解釈論を終わりのない合理性の探求へ駆り立てる批判的視点であると同時に，その都度の合理的解釈論を正統化する機能さえ有する。

　しかし，パラドックスの準拠点となる概念に実質を持たせることに反比例して，言説全体は独我論的な性質を帯びやすく，自己相対化が困難になる。すでに挙げた例に引き付ければ，合理的主体は民事訴訟法理論全体の合理性を代理表象するが，それによって，「民事訴訟法理論はなぜ合理的であればよいのか」という問いを隠蔽する機能も持つ。

(2) **パラドックスB**　パラドックスBは，抽象化すれば，未確定・暫定的な実質を持つ言葉によるパラドックスの指示である。それがさしあたり意味するのは，たとえば社会にある諸々の観察視点との相互言及であり，それが法の存続にとって避けがたい課題ということは，実感も容易であろう。法は他の観察視点と同様，その相対的な受動性に応じて，諸々の社会問題への応答を繰り返し，自らの社会内での妥当性に対する疑義を回避し続けなければならない。いわば，法は社会の中で，他の様々な観察視点と社交し続けなければならず，その中で動的に自己を相対化・刷新する。

　相互言及は常に現実に遂行されているありふれた営みであるにもかかわらず，正しい相互言及のあり方は存在せず，まして法言説自身がそれを内的に一般化・正統化する（正義の問題に収斂させてしまう）ことはできない。

(3) **パラドックスC**　パラドックスCは，抽象化すれば実質を欠いた言葉に

よるパラドックスの指示である。それがさしあたり意味するのは，たとえば密猟主体による非対称的な法の観察である。

パラドックスCでは，パラドックスBのように応答しないことが法言説にとって致命的な結果をもたらすというおそれも，応答を維持したことで何とか破綻を避け続けているという結果も観察できない（おそれや結果がないのではない）。いわば，法は密猟主体たちが住む異郷に放り込まれた余所者（他者）であり，そこで法がいかに行儀よく振る舞えるかが問題となっている。そして，パラドックスCへの「正しい」顧慮をいかなる方法でも，その都度にも明らかにできないのであれば，法にとって可能なのは，具体的な顧慮の実体を定義することなく，その可能性の条件（態度，場所，リソースなど）を，合理性からははみ出る形で確保することにとどまるだろう。[15]

3　密猟主体と第三の波

密猟主体は，本稿の解釈が正しければ，ミクロ実践に着眼した法の絶対的な受動性を示唆している。これに対して，和田理論に近接する第三の波理論は，あくまで民事訴訟法理論内部における，マクロの規範理論として展開された。[16]

まず，第三の波が，本稿の解釈する密猟主体の理論的可能性に自覚的であったと考えることが許されれば，第三の波は論理階型の用法（I 2(1)）で言えば第3の用法，およびパラドックスC（Ⅲ3）の水準まで視野に入れて分析されなければならない。少なくとも，第三の波を，手続主義的な上位概念を設定した解釈論や，方法論の1つにとどまると捉えるべきではない（ただし，それらの側面も持っていたことを否定するものではない）。

第三の波の主唱者とされる井上正三教授，井上治典教授は，民事訴訟法理論が，多様化した現代社会の紛争や当事者にどのように対応するのか，という問題意識を共通に持ち，手続保障・行為規範の整備を基本軸に考察を行った。しかし，その語り口において，両者には著しい差異がある。井上正三教授が論文をほとんど公表せず，特に第三の波に関するテクストは，シンポジウム等での発言記録等しか残っていないのに対して，井上治典教授は第三の波へのコミットメントを明確にした後もきわめて饒舌で，解釈論についても多数の論文を残している。そこで，相当に紋切り型ではあるが，井上正三教授と井上治典教授

56　第 1 部　法と社会のメタ理論

の理論的態度を対照して分析してみたい（実際には，両者が混合している部分もある）。

(1)　**井上正三理論**　　井上正三教授が目指す対論的正義は，多様化した現代社会の中であっても一貫して実現されるべき裁判の目的や機能として，それ自体は単一的に考えられているようである。ただ，井上正三教授の発言を追う限り，民事訴訟法理論が対論的正義を自律的に定義できるとは考えられていない。井上正三教授が説く手続保障を通じた関係整序・自助能力の回復も同様である。社会の中に，対論的正義の実現とされるものが，個々のエピソードを超えて社会に実証的に存在すると主張されているわけでもない。井上正三理論の諸理念は，きわめて抽象化されたメタレベルへの参照であって，端的に法的には定義不可能と考えるべきであろう（パラドックスC，Ⅳ1(3)におけるメタレベルへの指示）。

　また，法言説の中で個々の規範を評価するに際しては，対論的正義は内面化された批評眼として自省の準拠点ともなり得る（Ⅳ1(2)）。しかし，その批評眼は抽象度の高さゆえに，特定の議論を積極的に正統化する契機に乏しく，これまでの積極的な規範（訴訟物―既判力論にせよ，要件事実論にせよ）がその自省の中で否定されるのはもとより，自ら試みるいかなる積極的な規範定立も対論的正義への応答として足りず，循環的な自己批判の中で，自らの応答が廃棄され続けなければならない。仮説として，井上正三教授は，「正しい対論的正義」の積極的定立という課題の前に，寡黙となっているように思われる。[19]

(2)　**井上治典理論**　　他方，井上治典教授は理論の実践化／実践の理論化を志向し（高橋他 2007：15），解釈論と運用論を混在させることもある（井上治典 2005など）。もっともその言説は，今日の解釈論の水準から個々に見れば，反駁にさらされているものもあり，個々の解釈論における結論は，画一的な要件効果[20]の定立を否定して，多様な可能性を挙げるにとどまる場面も多い。

　しかし，本稿が着目するのは，井上治典教授の個々の解釈論上の主張ではなく，その方法論である。すなわち，井上治典教授は，第三の波へのコミットメント前後を通じて一貫して，問題となる制度に関する膨大な事例を渉猟し，その中から妥当な手続を探究する方法論を採用している（たとえば，井上治典1981：309, 1992：39, 2003）。一部の特定事件については，訴訟経過まで詳細に追

いながら，当事者間の利害関係や交渉過程を分析する（たとえば，井上治典 1993：141）。ケーススタディは通常の解釈論の方法としても承認されるが，井上治典理論においては，判例法理や裁判所の法的判断の傾向よりも，当事者の多様な訴訟追行態様や制度の利用状況に検討の焦点が当てられ，判例法主義的な発想は見られない。

　他方で，井上治典教授は，実定法の個々の文言や制度を，複雑多様な個別事件に対応できるほど具体的でも網羅的でもなく（井上 1993：221），その解釈が開かれた，権利義務や手続の大枠を定めたものにとどまり，個々の実践において具体的規範が形成されると主張する（井上 1993：249）。

　だとすれば，井上治典理論においては，個々の事件における実践が民事訴訟法解釈論のオブジェクトレベルに先行しており，個々の実践あるいはその総体による充填を知らなければ，解釈論のオブジェクトレベルは空疎な言説に過ぎないことになると考えられる。[21] そこで本稿は，Ⅳ 1(3)において示した下位レベルへの指示が，井上治典理論に見られるとの仮説を立てる。そのように考えると，井上治典理論は，従来の民事訴訟法解釈論が存在することを前提として，その個々の概念の内包／外延に対し，固定化された概念理解を攻撃してその空疎な実質を批判しつつ，下位レベルに位置する豊富なケーススタディからの意味充填を行う理論的営為であると理解できる。対論的正義は，井上治典理論においては，下位レベルにあるものと想定されていると解釈することも許されようか。[22] 以上のように考えると，従来の民事訴訟法解釈論の存在（大まかな意味を定めた概念の集積）を前提にする井上治典理論において，語るべきことがあるのは必然であり，井上治典教授の饒舌も，理論的に説明可能である。

　ただし，Ⅰ 2(1)で述べた論理階型の第3の用法およびパラドックスCを前提とする限り，井上治典理論において先行されている下位レベルは，オブジェクトレベルから積極的な言及ができない。本稿の用語法に従えば，密猟主体や対論的正義その他のパラドックス準拠点は，パラドックスC機能を有する限り下位レベルにおいても定義不能である。井上治典理論において挙げられる個々の具体的ケースの可能性は，批判理論として示唆に富むが，それは時として実証的な裏付けを欠くし，仮に現行制度の機能不全を示す多くの実証可能な現象記述があれば，それは実証的な解釈論の論拠ないし立法事実として把握されるべ

きである（Ⅲ2）。しかし，定義不能なパラドックス準拠点がオブジェクトレベルの個々の概念解釈において参照される結果，むしろ個々の概念解釈は確定不能に至り得る。

井上治典理論は「多様な社会紛争において貫徹されるべき正義は何か」という，対論的正義を単数的に構成する井上正三理論が直面せざるを得ない同一性問題を回避して，個別ケースの破片を拾い上げる戦略を可能にし，それによってパラドックスがもたらす下位レベルへの指示を，ある種の卓越したセンスによって遂行する（たとえば，巧みな例を挙げて「なるほど」と思わせる）。この点が，井上治典理論が達人の技芸のように評される所以であると筆者は考えている（高橋他 2007：19）。

Ⅴ——おわりに

以上まとめると，和田仁孝教授が提唱した密猟主体の意義の少なくとも一部は，論理階型のパラドックスから整理が可能と思われる。密猟主体概念が，フランス現代思想から抽出されたことを考えると，論理階型のパラドックスを積極的に主題化する，いわゆる大陸哲学的な分析装置を用いることは妥当と考えるが，基礎法学の分野においてはともかく，民事訴訟法理論をはじめとする実定法学の文脈においては，しばしばそのことが見失われがちなのではないかとの疑念を筆者は抱いている。

他方で，論理階型のパラドックスを積極的に主題化する考え方は，第三の波の2つの極，井上正三理論と井上治典理論[23]の理論枠組みを分析する道具をも与えると解する。井上正三理論と井上治典理論は，密猟主体のような，法からは認識し尽くせないような多様な紛争のあり方に対する，可能な2つのアプローチを採用したと筆者は考えている（言い換えれば，密猟主体は論理レベルにおいて二重化し得る）。この2つのアプローチによって，民事訴訟法理論は，メタレベルと下位レベルという2つの語り得ない領域に挟まれ，完結した言説体系としての安定化が不可能になる。これは，社会状況に応じて忘却したり無視したりできる問題ではなく，民事訴訟法理論を1つの自律した言説体系と捉えて論理階型のパラドックスを引き受ける限り，必ず取り組まなければならない問題で

ある。

　本稿の枠組みを仮に正当なものとすれば，和田理論や第三の波が示した膨大な問題は，その多くが十分な検討を経ないまま放置されており，これらを１つずつ再検討することは，筆者を含め今後の課題となろう。

　さしあたり，和田理論や第三の波が提唱した問題は，常に先鋭的な形式でのみ応答されなければならないものではない。すでに見たとおり，論理階型の用法やパラドックス処理には段階やバリエーションがあり，言説体系の内部で何事かを積極的に語るためには，問題をより先鋭的でない形で（したがって，根源的な批判が常に留保されるという形で）定式化する必要がある。[24] 特に第三の波は，このような積極的な定式化を飛び越えて，一挙に問題の核心を突いてしまった感がある。そのため，対論的正義がおおよそどのようなものであるべきか，多様な紛争行動を念頭に置いた場合，個々の解釈論はおおよそどのように変容されるべきか，一部の論者による積極的な解釈論の展開を除けば（たとえば，安西2014），伝統的な解釈論にも理解可能な形での議論の提示が不十分となってしまったように思われる。しかし，そのようなパラドックス処理も必要なことは，Ⅳ２で述べたとおりである。

　和田仁孝先生は，15年前に，修士課程限りで大学を去るつもりだった筆者の修士論文を活字化するよう勧めていただき，それがなければ今日の研究者としての筆者は存在しなかった。また，筆者が九州大学の博士課程に戻った後も，さまざまな局面で多大な御学恩をいただいた。にもかかわらず筆者の怠慢から，本稿のような，15年前からほとんど進化していない（あるいは後退した）論考を先生の還暦記念に上程せざるを得ないことは慙愧に耐えない。お祝いの気持ちのみお汲み取りいただければ幸いである。

【注】

　1）　筆者が考える，訴訟法理論における第三の波理論への最も適切な反論は，「第三の波」の諸理論は裁判理論であって規範理論と次元が異なるというものである（山本克己 1997：1，特に同9頁注25）。そこで次に問うべきは，裁判理論と規範理論が理論的になぜ／いかに区分できるか，あるいはいかに連結可能かである。

　2）　なお，本稿で用いる理論的な道具立てについて，筆者の主宰する九州大学民事訴訟法演習に

60　第1部　法と社会のメタ理論

おいて，喜友名朝之君，押田育美さんから貴重な助言をいただいた。

3）　民事訴訟法学の方法論を意識的に論じたものとして，高田他（2002：299）がある。

4）　以上，ニクラス・ルーマンの社会システム理論（ルーマン 2003）を参考にしている。

5）　法における人間の問題については，ラートブルフ（1962），小畑（2007），矢崎他（1983）など
を参考にした。

6）　とはいえ，人事訴訟手続や家事審判手続における職権探知主義と当事者の自己責任原則との
関係は単純ではない。たとえば，畑（2004），高田（2007），本間（2008）。

7）　たとえば，家事手続全般における職権探知主義の採用は，平時家族実体法が妥当する社会領
域（紛争状態にない家族関係）において，将来の紛争発生に備えた証拠保存責任の負担を軽減
する機能があるように思われる。家事手続における職権探知主義採用の規範的根拠について，
山田（2005）など。

8）　労働委員会による調整・審査手続では，労働組合と使用者が当事者となり，個人間の権利義
務関係に回収されない紛争解決を志向する。また，労働審判における労働審判員の指定（労審
10条2項）は，実務上労働者側から一名，使用者側から一名，平等に指定される。

9）　現在では，実質的手続保障としてのインフォームド・シチュエーションなどが論じられるに
至っている（山本和彦 2008）。

10）　その一例として，高田裕成教授の相対的既判力理論（たとえば，高田 1991：175）等を挙げ
ることも可能であろう。高橋宏志教授は，高田理論を「完全な情報のもとに完璧な法的判断力
を持つ人間像を基にした理論モデル」と評する（高橋 2014：355）。このような方法論は高田教
授一人のものではなく，今日の民事訴訟法理論全体を概観しても有力な立場と思われる。

11）　認識論上の非対称性については，デリダ（2007：29）における「バイザー効果」を参考にした。

12）　和田教授が主たる研究領域の一つとする医療事件においては，当事者はしたたかで創発的ど
ころではなく，やむにやまれぬ切迫した思いで紛争行動を採り，その中で訴訟を選択するので
あろう（上田 2006：143）。

13）　和田教授自身，密猟主体はディスコースの旋回的支配（ここでは，中期フーコーにおけるミ
クロ権力論が念頭に置かれる）を許容すると留保を付ける（和田 1996：204）。

14）　このことをシステムの個々の作動レベルで考察したのが，ニクラス・ルーマンのダブル・コ
ンティンジェンシー理論と思われる（ルーマン 1993：158）。ルーマンにとっては，個々の作動
レベルにおけるダブル・コンティンジェンシーが，すべての個別ケースについて一挙に同時に
顕在化することがありそうにない，という現実主義的な感覚（だけ）がシステムを存続させて
おり，むしろ局所的なダブル・コンティンジェンシーを，システム動態性の資源として活用す
る。が，ルーマンの「ありそうのなさ」問題の重大さは，いくつかの概念を鍵にしつつ「一つな
らずの」否定神学を展開したジャック・デリダ（時期区分は乱暴で暫定的だが，前期デリダに
おける「差延」概念が個々の言語使用を問題としたこと，また中期デリダの解読困難なテクス
トが，複数性・潜在性を前提とした「郵便的脱構築」を企図していたとの指摘（東 1997）があ
ることも想起すべきである。この理論的推移を下敷きにする限り，後期デリダを「正義」や「民
主主義」等の単一概念を用いた否定神学論者と捉えることは，一面的理解となろう。複数的な
否定神学については，デリダ（2005）を参考にした）とさほど変わりがないことになる。いわ
ば，「ありそうにない／排除できない」のどちらを強調するかの問題にとどまる。

　　和田教授自身は，ミクロレベルにおける実践が権力を「無効化」（和田 1996：201）し，同時
に法言説の支配も「常に新たな創造のプロセスに開かれている」として，ダブル・コンティン

ジェンシーによるシステム動態性の確保を「抵抗」の文脈から肯定的に評価しているようにも思われる。

15）　この点，第三の波が，被告側欠席の場合の続行期日指定や，実定法上の根拠や手続の厳格性が弛緩した弁論兼和解の実務などに可能性を見出していたことが想起される。

16）　第三の波に属する安西明子教授は，第三の波がマクロでない理論化を目指すと説く（高橋他2007：16）が，個別事件におけるミクロな価値判断も，それが要件効果構造等に収まらない視点や指標であっても，ともかくマクロな規範の次元で何らかの意味を抽出できると考えるからこそ援用されるのであろう。したがってそこでは，「マクロでない」の意味が探求されるべきであり，本稿もこれを試みる。また，第三の波の中には，もっともラディカルな立場と思われる水谷暢教授の一部の論考など（さしあたり，水谷1991），記述理論との区別が難しいと思われるものもある。第三の波は決して一枚岩といえない。

17）　井上正三理論の実相を把握するのは困難だが，さしあたり，井上正三（1981），井上正三他（1983, 1993a, 1993b, 2002），ペーター・ギレス他（1983），新堂他（1974）などを参考にした。

18）　この考え方は，和田教授における紛争処理モデルに近似していると思われる（和田1994：101）。しかし問題は，いったん規範理論の外側で得られたその紛争処理モデルを，再び民事訴訟法理論においていかに再規範化するかである。また，第三の波における対論的正義は，ある意味で即自的に存在すると考えられているように思われるのに対して，和田理論における密猟主体は，あくまでも法言説の支配に対する存在として構想されている。この点で，両者の理論は具体的なレベルにおいて違いが生じるように思われる。さらに考えたい。

19）　この問題は，「第三の波」に属するとされる複数の論者に共通の問題状況ではないかと，筆者は推測する。なお，筆者のかつての第三の波分析（上田2001，以下「前稿」）は，以上でとどまっている上，井上治典理論を井上正三理論と混同して分析したため，その点において説を改める。

　　近時，垣内秀介教授から，前稿に対して言及をいただいた（垣内2015：141）。そこでは前稿に対し，民事訴訟目的論は筆者の主張する「法の一般性と紛争の個別性・多様性の問題」に尽きるものではない，目的論的問題が解決不可能としても，目的論的問題に対する選択やその意味を解明する議論の価値は否定されないと指摘される。

　　ご指摘はいずれも正当と考える。前者について言えば，前稿は，民事訴訟の目的を制度内在的に論じたものではなく，目的論（「民事訴訟の目的とは何か」と問い，それに何らかの応答をする営み）を外在的に分析し，そこに筆者自身の問題意識を読み込んだものである。したがって，民事訴訟の目的をADRも含めた紛争処理制度全体から，しかし制度内在的に位置づける垣内説から見れば，前稿は目的論の本質を過不足なく捉えたものでないと映るだろう。ともあれ，前稿は理論構成や説明の点で不十分な点が多く，本稿ではその再論・補完を試みた。また，垣内教授の目的論的立場についても，さらに考えたい。

　　後者については，筆者も同意見である。もし通常の解釈論上の問題が解決不可能であれば，その問題に固執することの適切さが疑われるが，逆にもし目的論的問題が解決可能とされ，または解決不可能のゆえに放棄されれば，筆者から見ればそれこそが最悪の事態である。そして本稿において，内在的に解決不可能な問題（パラドックス問題）に対する選択がどのような問題構造の下でなされなければならないか，きわめて抽象的であるが解明を試みたことをもって，垣内教授からのご指摘に対するひとまずの応答とさせていただきたい。

20）　たとえば，控訴の利益に関する井上説に対する高橋（2014：605），訴訟参加要件に関する畑（2005），菱田（2008）等。

21) 井上治典教授が伝統的な解釈論と最も激しくぶつかった，まさしくエキサイティングな対論のやり取り（井上・髙橋 1993：22）も，本稿の文脈から理解が出来るように思われる：

「あり得るという話はいくらでもできるのです。あり得るというばかりで，どうするかという議論がないのです。」（山本克己発言）

「それは，具体的ケースから離れて頭の中だけで考えるから，そういう議論になるのです。」（井上治典発言）

22) 後期第三の波がコミュニタリアニズムに近いとの山本克己教授の指摘（山本 1997：14）は，この分析からも理解できるように思われる。

23) 本稿では，第三の波に属する，他の論者の議論を十分に分析することが出来なかった。その課題への取組みは，他日に期したい。

24) 和田教授はその後，医療紛争や家事紛争の領域で，調停理論との接合を図りつつ，具体的な提言を行っている。和田・中西（2006），和田・大塚（2014）など。調停理論と本稿のいうパラドックスとの関係について，兼重（2012）。

【参照文献】

東浩紀（1997）『存在論的・郵便的』新潮社

安西明子（2014）「審判権の限界——審理・判決の限界から，当事者の争い方の規律へ」新堂幸司監修『実務民事訴訟講座［第３期］』日本評論社，97-115頁

井上正三（1981）「訴訟内における紛争当事者の役割分担」民事訴訟雑誌27号，185-194頁

——他（1983）「〈シンポジウム〉民訴法理論の動向を探る」法学セミナー 336号，36-58頁

——他［1976］（1993a）「〈座談会〉紛争解決と裁判」法生態学研究会編『裁判活性論　井上正三ディベート集Ⅰ』信山社，135-201頁

——他［1981］（1993b）「〈研究会〉嫌煙権」訴訟をめぐって」法生態学研究会編『裁判活性論　井上正三ディベート集Ⅰ』信山社，211-289頁

——他［1998］（2002）「〈座談会〉民事紛争解決システム・理論の新しい風——これからの裁判実務と法律家」加藤新太郎編『民事司法展望』判例タイムズ社，339-408頁

井上治典［1978］（1981）「参加『形態論』の機能とその限界」同『多数当事者訴訟の法理』弘文堂，307-334頁

——［1982］（1992）「独立当事者参加」同『多数当事者の訴訟』信山社，31-62頁

——（1993）『民事手続論』有斐閣

——（2003）『民事手続の実践と理論』信山社

——（2005）「当事者論の外延と内実」民事訴訟雑誌51号，1 -31頁

——・髙橋宏志編（1993）『エキサイティング民事訴訟法』有斐閣

上田竹志（2001）「民事訴訟の目的論に対する現代思想的考察」法政研究68巻３号，55-96頁

——（2006）「紛争処理プロセスと目的概念」法の理論25，137-161頁

——（2013）「民事訴訟法入門——その学問としての魅力——」法学セミナー 699号，27-31頁

小畑清剛（2007）『法における人間／人間における倫理』昭和堂

垣内秀介（2015）「民事訴訟制度の目的とADR」髙橋宏志ほか編『伊藤眞先生古稀祝賀論文集　民事手続の現代的使命』有斐閣，127-153頁

兼重賢太郎（2012）「調停者の〈弱さ〉が意味するもの」法政研究79巻３号，525-548頁

ギレス, ペーター・井上正三・小島武司 (1983)「弁論主義とリラチォーンス・テクニック (上)
　　(下)」判例タイムズ491号, 22-33頁, 492号, 7-18頁
新堂幸司 [1968] (1993)「民事訴訟法理論はだれのためにあるか」同『民事訴訟法制度の役割』有斐
　　閣, 1-45頁
──他 (1974)「〈座談会〉民事訴訟法学の過去・現在・未来」法学教室 (第二期) 5号, 2-22頁
──他 (1983)『民事紛争過程の実態研究』弘文堂
── (2014)『新民事訴訟法〔第5版〕』弘文堂
セルトー, ミシェル・ド／山田登世子訳 (1987)『日常的実践のポイエティーク』国文社
高田裕成 (1991)「いわゆる『訴訟共同の必要』についての覚え書」中野貞一郎他編『三ケ月章先生
　　古稀祝賀　民事手続法学の革新 (中)』有斐閣, 175-204頁
── (2007)「家事審判手続における手続保障論の輪郭」判タ1237号33-47頁
──他 [2000] (2002)「民事訴訟法学の方法論とその展望」加藤新太郎編『民事司法展望』判例タイ
　　ムズ社, 229-326頁
高橋宏志他 (2007)「井上治典先生追悼座談会　手続保障の第三の波について」判タ1235号, 4-22
　　頁
高橋宏志 (2014)『重点講義民事訴訟法 (下)〔第2版補訂版〕』有斐閣
田辺公二 (1964)『民事訴訟の動態と背景』弘文堂
デリダ, ジャック／小林康夫・西山雄二訳 (2005)『名を救う』未来社
──／増田一夫訳 (2007)『マルクスの亡霊たち』藤原書店
畑瑞穂 (2004)「人事訴訟における職権探知主義について」家月56巻3号, 1-58頁
── (2005)「多数当事者における合一確定の意義」高田裕成他編『福永有利先生古稀記念　企業紛
　　争と民事手続法理論』商事法務, 125-152頁
菱田雄郷 (2008)「独立当事者参加について」伊藤眞他編『小島武司先生古稀祝賀　民事司法の法理
　　と政策 (上)』商事法務, 689-715頁
本間靖規 (2008)「職権探知主義について──人事訴訟手続を中心に」河野正憲他編『井上治典先生
　　追悼論文集　民事紛争と手続理論の現在』法律文化社, 121-145頁
水谷暢 (1991)『呪・法・ゲーム』信山社
矢崎光圀他 (1983)『岩波講座　基本法学1─人』岩波書店
山田文 (2005)「職権探知主義における手続規律・序論」法学論叢157巻3号, 1-26頁
山本和彦 (2008)「手続保障再考」河野正憲他編『井上治典先生追悼論文集　民事紛争と手続理論の
　　現在』法律文化社, 146-166頁
山本克己 (1997)「いわゆる『第三の波』理論について」法学論叢142巻1号, 1-14頁
ラートブルフ, グスタフ／桑田三郎・常盤忠允訳 (1962)「法における人間」『ラートブルフ著作集
　　第5巻』東京大学出版会, 1-26頁
ルーマン, ニクラス／佐藤勉監訳 (1993)『社会システム理論 (上)』恒星社厚生閣
──／馬場靖雄・江口厚仁・上村隆広訳 (2003)『社会の法 (上) (下)』法政大学出版局
和田仁孝 (1994)『民事紛争処理論』信山社
── (1996)『法社会学の解体と再生』弘文堂
──・中西淑美 (2006)『医療コンフリクト・マネジメント』シーニュ
──・大塚正之 (2014)『家事紛争解決プログラムの概要』司法協会

何が不法行為法の敷居を高くしているのか
——権利主張が希少であることを説明する

デイヴィッド・M・エンゲル (David M. Engel)
〔久保秀雄：抄訳〕

Ⅰ —— 導　入

　なぜほとんどの被害者が不法行為法の敷居を決してまたがないのか。これは不法行為に関する最も興味深い問題である。泣き寝入りは権利主張よりもはるかに多い (Galanter 1996)[1]。また，世間で思われているのとは違い，損害が生じても訴訟はめったに起こらない。

　デボラ・ヘンスラーらによって実施されたRAND研究所の調査がよく引用されるが，その調査によれば，損傷を受けた被害者のうち弁護士に相談したのは14人のうち１人にも満たず，訴訟を提起したのは50人のうち１人である (Hensler et al. 1991)。そして９割の人は，加害者とのコンタクトも，加害者の保険会社とのコンタクトも，法律相談も，まったく行わない。彼らは金銭的かつ心理的な被害を受け入れたままでいる。このような選好は，程度の差はあれ，国や文化を超えて見られる。

　もっとも，これほどまでに権利主張が希少である理由を説明するのは，非常に難しい。この問題について，さしあたり２種類の説明がなされてきた。１つは経済的な説明である。つまり，合理的なアクターである被害者が，コストと便益を慎重に検討して泣き寝入りを選択していると考えるのである (Ellickson 1991)。そして，もう１つが文化的な説明である。つまり，泣き寝入りや訴訟に独特の意味を与える規範や慣習によって人々が導かれていると考えるのである。こうした考えから，日本や韓国やタイでは法的主張が好まれないのに，合衆国は文化的には違う，と言われたりする (Kagan 2001)。

しかし，経済的説明については，その前提とする人間観に対して多くの専門分野から異議が唱えられている。最新の研究によれば，トラウマになる損傷を負った後に熟慮して合理的に選択することなど考えられない。それどころか，人間の認知に関する研究によれば，人間の思考の大半は無意識に行われており，無意識の思考が意識的な思考のすべてをかたちづくるとされている。また，認知言語学者のジョージ・レイコフと言語哲学者のマーク・ジョンソンによれば，合理的な選択は単なるメタファーであり，現実の行動を経験的な妥当性をもって記述しているわけではない（Lakoff & Johnson 1999）。しかも，経済的説明は，権利主張よりも泣き寝入りの方がなぜ便益が上回るのかを説明できていない。

文化的説明についても同様に問題がある。文化的説明は，泣き寝入りが広く行き渡っていることを説明できない。文化が大きく異なっていても，同じように泣き寝入りが選ばれるのはなぜなのか（Barzilai 2003）。また，デイビッド・ネルケンが指摘する通り，文化は説明要因としても被説明要因としても循環論法的に使用されてしまう場合がある（Nelken 2009）。さらに，文化は固定されていないし，不変でもない。だから，文化という一言で片づけてしまう大ざっぱな一般論ではなく，特定の局面で文化が具体的にどう影響を与えているのか，もしくは与えていないのか，というところまで詳しく説明する必要がある。

では，どうしたらよいのか。本稿は，経済的説明の非現実な想定や文化的説明の一般論とは異なり，実際に人間が身体的な苦痛にどのように反応しているのかという点に着目する。そして，人間の実際の反応に着目する経験的な研究の成果を踏まえて，経済的説明と文化的説明を統合する。これまでの経済的説明では，ディシジョン・ツリー（決定木）のように段階を踏んで熟慮のうえで意思決定が行われることを前提としてきた。しかし，そうしたモデルに代替する別様のアプローチを，心や認知・意思決定に関する最新の研究に依拠して新たに示す。また，その別様のアプローチは，大ざっぱな一般論とは異なり，生身の人間が苦しみや痛みを現実にどう生きているのかをエスノグラフィーや文化的解釈によって明らかにする経験的研究にも依拠する。

まずⅡ節では，ディシジョン・ツリーのように段階を踏んで合理的選択がなされると想定するのではなく，新たに別様のモデルを示す。そのモデルでは，

人間の心は身体そのものと有機的に接合されており（いわゆる「身体化された心」
である），慎重に熟慮するだけでなく迅速で自動的に反応する二重の局面から
成り立つものとなっている。また，身体化された心は，物理的な環境や社会的
文化的環境とも有機的に接合されている。Ⅲ節ではこうした見方に基づいて，
身体化された心が苦痛に満ちたトラウマになる損傷の体験をどう記憶しどう解
釈しどう反応するのかを描きだした経験的研究について考察を加える。そし
て，Ⅳ節では，物理的社会的文化的な環境からの影響に注目する。さらにⅤ節
では，被害者の語りが他者に伝わり，その他者の反応によって被害者の反応に
変化が生じる再帰的なプロセスを明らかにする。最後にⅥ節では，泣き寝入り
が広がっている理由について暫定的な結論を下すとともに，今後の課題を示す。
　泣き寝入りを新たなアプローチから検討し直すにあたって，本稿が身体的な
損傷をまず取り上げるのは，認知・解釈・意思決定のプロセスにおいて人間の
身体が中心的な役割を演じることをとりわけ豊かに示す例だと考えられるから
である。もし，心理学者ダニエル・カーネマンの言葉どおり「脳だけではなく
身体とともに考えている」のなら，身体的なトラウマや被害を取り上げるのは
精神的損害や名誉毀損などよりも有益なスタート地点になるはずである
（Kaineman 2011：51）。

Ⅱ——損傷と泣き寝入りについて新たな見方を可能にするために

　これまで，被害者の意思決定はピミッドを一段ずつ登っていくモデルで示さ
れるのが一般的であった【図1】。ピラミッドの土台には損傷の発生があり，被
害者は救済を求めて権利主張や法律相談，それから訴訟提起へと階段を上がっ
ていく（Galanter 1996）。
　もしくは，先ほど述べたランド研究所の調査研究では，【図2】のように，ピ
ラミッドではなく水平方向に伸びたディシジョン・ツリーとして段階モデルが
描きだされている（Hensler et al. 1991）。
　こうしたモデルは，人間の行動や心に関する独特の考え方を前提にしてい
る。それは，人間は区別が明確な選択肢の中から熟慮したうえで，最も適切で
あるか報われるか道徳的であるか正しい道を求める，といった想定である。し

【図1】 不法行為法システムのピラミッド・モデル

【図2】 不法行為法システムのディシジョン・ツリー・モデル

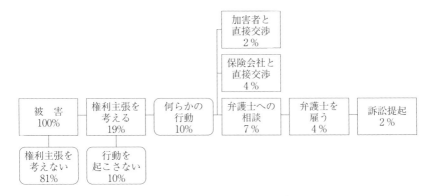

かし、現在の研究はこうした想定の妥当性について疑問を投げかけている。

　まず、損傷を受けた被害者は、多種多様なブランドの歯磨き粉の中から冷静沈着に選択を行う消費者のような存在ではない。彼らは苦痛と恐怖と無力感にさいなまれ、震えながらトラウマに苦しんでいる場合が多い。彼らはもろく、効用の最大化を思慮深くめざすようなことなどとてもできない。

　また、トラウマとなるような被害がない場合でも、人間は選択肢を合理的に衡量して意思決定を行っているわけではないようだ。経済学者リチャード・セイラーと法学者キャス・サンスティーンの言葉を用いれば、「エコノ」（ホモ・

68　第1部　法と社会のメタ理論

エコノミスクス）ではなく「ヒューマン」である人間は，衝動や誤解やバイアスや歪曲に基づいて意思決定を行うのが普通で，そうした諸要因に左右されていることに無自覚なのである（Thaler & Sunstein 2008：6-8）。

　われわれは「考えること」を純粋に知性的なプロセスだと体験するものの，実際には神経や筋肉や呼吸系など身体を構成する諸要素が多重に機能して「考えている」。したがって，人間の認識や解釈というものは，驚くほど身体の状態から導かれている。たとえば，心理学者ダニエル・カーネマンによれば，笑っている人はこれまで経験したことがない事態に直面しても，無表情やしかめ面の人よりも緊張せず楽観的にものごとを捉える傾向がある（Kaineman 2011：59-60）。このように，身体的な「先行刺激」の効果はとても強力であるから，トラウマになるような傷を負った被害者の身体が彼らの認識にどれほど大きな影響を及ぼすかは容易に想像できる。

　脳神経科学者アントニオ・ダマシオの仮説によれば，自分が個体であると脳がイメージするのは，外在する物体との身体的な関わりを通してである（Damasio 2010）。だから，脳と身体の密接なつながりを通して，徐々に自我は「思い浮かべられる」ようになる。さらにそこから，過去の記憶の蓄積だけでなく未来予想も含んだ自伝を紡ぐように，自我は徐々に発達していくという。つまり，自我はまずは無意識的に，それから意識的に生みだされる。したがって，ダマシオの仮説に基づくと，人間は損傷を負うと生物有機体としてまず反応するし，自分に何が起こったのかを解釈しようとする怒涛のような脳の働きが，意識する間もなくただちに生じる。と同時に，このトラウマとなるような出来事を自伝的な語りのなかに位置づけることになる。

　強調すべきは，こうした認知的・解釈的なプロセスの大半が無意識に生じるという点であり，熟慮の末の選択によって生みだされているのではないという点である。人は比較衡量して意識的に意思決定を行う場合もあるが，そうした場合でも無意識のプロセスに強く影響されている。注意深い合理的な選択にみえても，それはしばしば錯覚である。

　したがって，身体的な損傷を負った場合に人は理知的に思案したうえで対応を決めている，と考えるのは誤りである。自我と環境との関わりのなかで身体と心がともに損傷を体験し，両者が一体となってその体験を無意識的ないし前

【図3】 損傷についての認識と反応に関する代替モデル

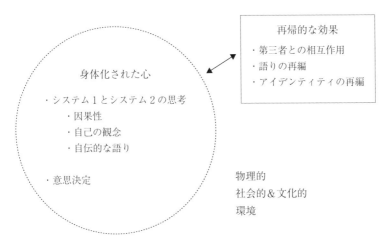

意識的に解釈していると考えなければならない (Johnson 2007)。身体が傷つけられると、カーネマンなどが言うところのシステム1がただちに作動し、素早く自動的に印象や感情を生みだす。そして、こうして生じた「印象や感情に基づいて、システム2が熟慮した選択やはっきりとした信念を生みだすようになる」。「速い思考」であるシステム1は、「遅い思考」であるシステム2を準備しかたちづくるのである (Kaineman 2011)。だから、ディシジョン・ツリーのピラミッドではなく、【図3】のような別様の代替モデルに依拠する必要がある。

このモデルでは、身体化された心は、肉体の痛みの感覚に迅速かつ自動的に反応するし、その苦しい出来事を自我の内なる自伝的な語りに統合するし、慎重な意思決定も行う。さらにこのモデルでは、身体化された心は物理的な環境や社会的文化的な環境の下に置かれており、そうした環境こそが認知や反応のあり方を左右する重要な役割をはたす。したがって、自我と環境は互いに互いの構成要素となっているので、双方をくっきりと区分するのは誤りである。だから先ほどの図では、身体化された心の周囲は実線ではなく破線を引いている。また、環境を構成する要素のなかでは、メディアと法の2つが鍵を握る。2つとも、傷ついた自我による認知や意思決定のあり方に決定的な影響を及ぼす。

傷ついた被害者は，自分だけで認知し解釈し熟慮するのではない。【図3】で描いているとおり，自我や環境だけでなく，その個人が所属しているソーシャル・ネットワークも重要である。個人にとっては自然な解釈であっても，それは他の人（とりわけ友人や家族や同僚など）がどのように捉えるかによって左右される。他者との相互作用が，被害者の無意識的ないし意識的な反応を特定の方向に導くよう，お膳立てする。

Ⅲ──損傷と身体化された心　　経験的な知見

　前節では，これまでよく用いられてきた段階モデルに代わるものを示した。しかし，問題は残っている。不法行為の原告となりうる大半の被害者が，権利を主張するのではなく泣き寝入りを選ぶ。その理由を説明するために，新たなモデルは役に立つのだろうか。この節では，重傷を負った人たちを取り上げた多様な経験的研究の知見を参照する。そして，重傷を負った人たちの共通点として，彼らの意識的な思考や決定が自動的で無意識に生じる認知や解釈に規定されている点を確認する。たとえば，自己認識が変わり自分はもはや同じ人間ではないと感じること，自分自身の肉体から疎外感さえ感じること，親しい友人や家族に対してさえ今の認識や考えを伝えることに困難を覚えること，あまり他人のせいにはしようとしないこと，「現状維持バイアス」として知られる不作為を選ぶ傾向が強いこと，などが身体的な損傷を負った被害者に共通して見られる (Thaler & Sunstein 2008：34-35)。以下では，こうした共通の特徴によってどのように泣き寝入りがもたらされるのか示す。

　おそらく，被害者にとって何よりも大きいのは，自分自身の変わり様にショックを受けることである。自分の肉体がまるで自分のものでないように感じ，人類学者ジーン・ジャクソンの言葉によれば「自分の肉体なのに自分を苦しめるので，異物にみえる」ようになる (Jackson 2011：370, 381)。切断した手足がまだそこに幻のように存在すると思ったり，逆にまだくっついている手足がもう失われていたりするように感じる。脊髄を損傷した文学者レイノルズ・プライスは，「私はいつになったら自分の肉体を取り戻せるのだろうか。私は今どこにいるのだろうか。私はまるで怪異譚に出てくる幽霊のようだ。肉体か

何が不法行為法の敷居を高くしているのか　71

ら唐突に理由も告げられず追い出されてしまったので，そこに戻ろうと周りを
うろついている」と述べているそうだ (Wilde 2003 : 170)。

　また，自動車事故で負傷した人の50％が，鬱や頭痛などだけでなく，PTSD
に苦しんでいることを示す研究もある (Lucas 2003)。さらに，損傷を負ってか
ら何年もの間，事故を起こしていない運転手と比べて，運転への不安感や虚脱
感，また何らかの身体的な症状を訴えるようになりやすいという。このよう
に，負傷するという経験によって，心と肉体に変化が生じる。

　その結果，他者とコミュニケーションをとることがより困難になる。「苦痛
がもたらすものは何であれ，他者と共有不可能である。何よりも苦痛を言葉に
できないことが大きい」と，文学者エレーヌ・スカーリは指摘する (Scarry
1985 : 4)。こうして，伝えられないという経験を通して，被害者のアイデンティ
ティが変わってしまう。もはやかつての自分ではなく，親しい友人とも疎遠に
感じるようになる。そのような状況下では，大事故の被害者であってもなかな
か救済を求めようとしないのは納得がいくだろう。自分自身や友人と引き離さ
れ，言葉に頼ることができないようでは，権利を主張するのは困難である。

　また，どうして負傷したのかという因果関係の認識も，権利の主張をはばむ
障壁となる。レイコフとジョンソンによれば，人間の心は，歩いたり走ったり
押したり引いたり投げたり抱えたりするといった「日々の身体的な経験」に由
来するメタファーを用いて，意識せずに自動的に因果関係を把握する (Lakoff
& Johnson 1999 : 171)。そして，どのメタファーで因果関係を捉えるかに応じ
て，被害者の心理も変わってくる。とりわけ重傷の場合は，ある特定の因果関
係を連想することが自動的に生じる。ジーン・ジャクソンによれば，もっとも
よくある連想は運命の仕打ちのせいだという考え方である。「何といっても，
"pain" のラテン語源は罰である。だから，次のように推論してしまう。公正
で秩序立った世界では，罪なき人々はこのように苦しむことはない。だから，
自分は何か過ちを犯したに違いない，と」(Jackson 2011 : 378)。

　苦痛によって無意識のうちに自己帰責が生じる点については，他の研究者も
同意している。たとえば，原因不明の筋骨格の痛みに苦しむスウェーデンの女
性たちにインタビューした研究によれば，彼らの間には自己帰責的な考え方が
広まっていて，苦痛を自分の過ちや欠点への罰だと捉えているという

72 第1部 法と社会のメタ理論

(Johansson 1999)。同様に，脊髄を損傷した人にインタビューした研究によれば，43％もの人が原因は何らかのかたちで自分にあると自分を責めている。さらに，56％もの人が，それは避けられなかったことだと信じている (Schulz & Decker 1985)。このように，自己に帰責したり不可避なことだと認識したりすると，他人への責任追求は生じにくくなる。

　以上のように，あちこちで見つかる先行研究の知見に基づけば，人はしばしば因果関係を運命のなせるわざであり天罰が下ったというイメージで捉えてしまうようである。そうしたイメージは，どうやら個人の認知に深く根づいているようで，負傷した瞬間に意識することなく生じてしまう。そうすると，無意識のうちにシステム1が因果関係を運命だと捉えてしまい，他人に責任があるという考えの入り込む余地がなくなってしまう[2]。

　また，たとえ被害者が責任を他者に帰したとしても，現状維持バイアスが権利主張を妨げるかもしれない。人間の認知や意思決定は慣性に従う。費用と便益を天秤にかけると状況を変えるのが合理的な行いだったとしても，われわれは現状にとどまる方を好む。だから，セーラーとサンスティーンは，現状維持バイアスはあまりにも強力なので「ソフト」な政策実践に活用できると説く (Thaler & Sunstein 2008：34-35)。つまり，政府はわざわざ特定の行動を命じなくても，望ましい選択肢をデフォルトとして設定し，あとは個人の選択にまかせたらよいと主張する。多くの人が慣性によって，わざわざ他の選択肢を選ぶことなどせず公的に設定されたデフォルトをそのまま受け入れるようになるからである。負傷した被害者の場合，もし負傷後の状況を現状だと捉えてしまったら，状況を積極的に変えようとするよりも，泣き寝入りを選ぶ方向に導かれてしまうだろう。

　カーネマンは「人も含めて動物は，何かを得るためよりも，損失を防ぐために，より一生懸命に戦う……損失を嫌うことは，制度においても個人においても現状からの変化を最小限にしようとする保守的な力を強大にする」と言う (Kaineman 2011：305)。サミュエルソンとゼックハウザーは，よく引用される現状維持バイアスの論文のなかで，損傷を負った被害者のように特定の状況が押し付けられたような時でも慣性が働きつづけることを明らかにしている (Samuelson & Zeckhauser 1988：39-40)。こうした望まない状況においてさえ，

変化を求めようとしない「非合理的」な選択がなされる傾向にある。したがって，現状維持バイアスによって泣き寝入りがもたらされる，と言える。

Ⅳ——損傷と環境

Ⅲ節では，合理的選択のモデルに代わって，傷つきトラウマを抱えた身体が「主体性の台座」となっており，認識や反応の大半は意識せずに起こっているという新たな見方を提示した (Csordas 1994 : 1)。しかし，どんなモデルであっても，自我を孤立して捉えるようであれば，それは根本的に不完全である。そこで，次のステップとして，損傷を負った自我を物理的な環境や社会的文化的な環境のなかに位置づけていく。マーク・ジョンソンが指摘するように，心身二元論だけでなく自我と環境を切り離す二元論も支持できないと批判するのが現在の研究潮流である。

「環境なしに身体は存在しない。有機体である身体が存在するためには，環境とのたえざる相互作用が必要である……有機体と環境を独立したものとして切り離す二元論は誤った想定をしている。心と身体の関係も同じであるが，有機体と環境は1つの連続的なプロセスの別の局面だと考える必要がある……したがって，直観に反するようなところがあるが，身体と環境の間にひかれる境界は，われわれの関心に即した人為的なものにすぎない」(Johnson 2007 : 276)。

環境は，人間の身体や自己理解のあり方を規定する。ちょうど同じように，人間の主体性は，その環境をどのようなものであるか規定する (Merleau-Ponty 1945 = 1958)。この節では，環境が泣き寝入りをどのように促すのかについて取り上げる。環境を物理的または社会的文化的な局面に分離しているのは便宜的な理由からであり，われわれの認識はすべて文化によって規定されているので，純粋に物理的な環境は存在しない。この点は注意が必要である。

1　物理的環境

なぜ被害者は損傷を負ったことを，この世界の当然のなりゆきだと捉えるのか。なぜ不法行為の被告になるはずの加害者を非難しないのだろうか。それは，当然のように存在する物理的環境から影響を受けているためである。だか

74　第1部　法と社会のメタ理論

ら，損傷を負うのが当然で自然であるように思えてしまい，他者の故意過失の
せいだとは解釈しないのである。

　階段を考えてみよう。低い場所と高い場所との間を移動することは，生活の
なかで「自然」なことのように思える。もちろん，階段は自然どころではなく
完全に人間の創作物である。ある視点からすると，階段は移動を可能にする。
しかし，別の視点からすると，階段は移動を妨げる。車椅子の利用者にとって
は，階段は移動を不可能にする障壁である。しかし，階段を取り除き傾斜路を
設けることで移動が可能になるように，物理的環境は変化しうる。このよう
に，物理的環境の大半は人間の選択の産物である。

　そうした選択が，負傷を生みだしたり防いだりする。たとえば，アメリカで
はおよそ年間100万人もの人が階段の昇降で負傷すると安全技術者たちは見積
もっている (Jackson & Cohen 1995)。では，こうした負傷は，傾斜路やエスカ
レーターではなく階段を採用した設計者の最初の決定によって引き起こされた
のであろうか。それとも，階段から落ちるのは，本人自身の身体的な問題や不
注意によるのだろうか。物理的環境の一部として階段があまりにも普通に自然
に存在するので，負傷した人が設計者を非難することはめったに起こらないだ
ろう。むしろ自分の災難を，純粋に事故（運命）か，自身の過ちや失態（自己帰責）
と捉えるだろう。

　しかし，安全技術者たちや人間工学の専門家たちは，階段事故のリスクは不
可避ではなく有意に減らせると気づいている。たとえば，段をより広くし，段
の高さをより低くすれば，事故は起こりにくくなる。また，事故防止には寸法
を均等にしなければならない。技術的な観点からは，階段での負傷を引き起こ
す最も重要な原因は，当人の不注意や年齢や体の弱さなどではなく，階段のデ
ザインにある (Cohen et al. 2009)。

　そうした事情が被害者にわからなければ，訴訟も起こりにくい。実際，こう
した話は，アメリカの不法行為法の歴史ではよくある (Freidman 2005 : 362)。
19世紀に工場や鉄道が激増した際，労働者たちが危険な機械や製造過程に接し
て負傷するケースが，前代未聞の規模で大量に発生した。しかし，こうした負
傷は人間の選択によって生みだされたものと考えることができるのに，『コモ
ン・ロー』の著者であるホームズのような第三者には，雷に打たれるような自

何が不法行為法の敷居を高くしているのか　75

然のリスクとしてイメージされていた (Holmes 1881：96)[3]。負傷が仕方のないこ
とだとみられてしまうと，不法行為法にできることはあまりないと思われてし
まうだろう。

　製造物責任の分野では，数えきれないほどそうした例がある。かつては通常
の事態で自然なことだと思われていたのに，異なるデザインを採用すれば技術
上のリスクとして避けられるものだったと判明するのである。たとえば，ひど
い衝突によって車やフロントガラスから飛び出てしまうのは不可避だとかつて
は思われていたが，今ではシートベルトやエアバッグが装備されていない車は
欠陥があるとみなされている。また，車の後退によって毎年おおよそ200人以
上が亡くなり17000人ほどがケガをしているが，これまで一般大衆が自動車
メーカーを非難することはなかった。しかし今では，そうしたリスクを防止す
るためにリアビューカメラを装備していないと欠陥があり安全ではないとする
合意ができつつある。そして，悪名高いマクドナルド事件もそうである。被害
者が自分でホット・コーヒーをこぼして火傷したのに，店を非難したのは非常
識なことだと広く信じられていた。しかし，後になって判明したのだが，尋常
ではない高温でコーヒーを売るという決定があったために火傷が生じていた。
より安全な製造を行っていれば防げたのに，リスクを冒す決定をしていた
(Haltom & McCann 2004：183-226)。

　したがって，消費者向けの製品によって生じる身体的被害で，消費者に一方
的に押し付けられたものは事故とみなすべきでない。デザインは，リスクにさ
らされるのが誰の生命や身体であるのかを密かに決めている。しかし，人間に
とって環境は自然なものと映るので，多くの負傷が避けられない結果だとみな
されてしまう。負傷したのは運命や不運や自分自身のせいだと思われてしまう。

2　社会的文化的環境

　個人にとって負傷する経験は，物理的空間や物体だけでなく，文化的な意味
や実践によっても規定される。よく引用される人類学者クリフォード・ギアツ
の定義が，とりわけ示唆に富む。「マックス・ウェーバーと同じく，人は自ら
紡ぎだした意味の網の目によって支えられている動物だと考えることができ
る。私は文化をそうした網の目だと捉える」(Geertz 1973：3-5)。すでに述べた

通り，物理的環境も文化的な意味に染まっているし，部分的には社会的文化的環境といえる。しかし，ここでは必ずしも環境の物理的ではない側面を取り上げ，それが負傷についての解釈をいかに規定し，泣き寝入りをもたらすのかを示す。

　負傷は客観的な事実というよりも，ある概念枠組のなかで人間が認識し解釈する出来事である。多くの負傷は苦痛をともなうので，背景となる文化や社会の違いにかかわらず，苦痛の感覚は普遍的なものだと人は考えるだろう。しかし，社会的文化的文脈が異なれば，異なるかたちで経験され解釈される。だから，苦痛それ自体が文化的産物で，個人の心や身体は社会的環境とつながっている。

　2つの例を通して，特定の社会的文化的枠組がどのように同じ出来事を傷害と定義したりまったく異なったものと定義したりするのか示してみよう。伝統中国の風習である纏足は，若い子女に苦痛と身体整形を押しつけきた (Levy 1966)。これは，一生涯に渡って歩行を不自由にするので，見方によっては傷害にあたる。しかし，纏足は美しいものだし高貴であることの象徴とみなされてきた。たしかに，従者たちが搬送するかぎり，歩行できないことは障がいにはならない。もう1つはもっと現代的な例で，男子割礼である。ユダヤ教やイスラム教によれば，割礼は少年たちに宗教共同体の一人前のメンバーとなる資格を授ける神聖な伝統である。しかし，異なる文化からすると，残酷で痛みをともなう身体毀損を弱者へ強制することになり，不法行為でもあるし人権侵害にもなる (Brigman 1984-1985)。したがって，傷害が生じているということ自体が，所与ではなく，特定の社会的文化的背景においてはじめて認識可能となる。

　社会的文化的文脈は同時に，損傷をどう理解するかにあたっての解釈枠組も提供する。骨折や裂傷は事務職や教師にとっては非常に重大なことであろうが，農夫やラグビー選手にとっては日常的な活動のなかで普通に見込まれる危険なので，それほどでもない (Engel 1984, Howe 2001)。第二次世界大戦の際，アメリカの兵士たちは負傷を「名誉の帰還のためのチケット」と肯定的に捉えていたので，痛み止めの使用量が通常よりも少なかった (Jackson 2011：372)。

　因果関係についての認識も，ある世界観に埋め込まれているので，社会的文化的背景に応じて劇的に変わる。身体が空間内を動くメタファーだけでなく，

宗教的であったり哲学的であったり科学的であったりする明確にパターン化された説明に基づいて，なぜ負傷したのか，その因果が把握される。たとえばタイでは，自動車にひかれて足が折れた女性は，同時に様々な因果を語る。前世で自分が運転手にケガをさせた報いだから，自分が犬をぶって犬の足を折ったから，悪霊が自分を犠牲者に選んだから，自分の星の配置がひどかったから，運転手の不注意，運転手が健康状態を維持していなかったから，自分が近づいてくる車をよけそこなったから，自分が功徳を積むことができていなかったから，といったように (Engel & Engel 2010：21-32)。こうした因果の説明は特定の文化に根差したものであるが，語彙は違っても似たようなものがどこでも見つかるだろう。

　因果の把握は，責任の把握と切り離せない。もし癌患者が環境汚染の責任をもっと厳格に工場主に負わせるべきとの考えをもともと持っていたら，本人は自分の病気の原因を製造工場から排出された有毒物質と結びつけようとするだろう。他方で，もし同じ癌患者が多くの病気は個人の精神的不安定や食事の問題に由来するという考えをもともと持っていたら，本人は自分の病気が自分自身の不摂生によって引き起こされたと判断しやすくなるだろう。しかも，加害者の道徳的資質がどうであるかによって非難するかどうかが変わることを示す研究もあり，善い人であればあまり非難されない (Nadler 2012)。つまり，負傷の原因や責任帰属は，社会的文化的な価値観とからみあって把握されている。

　因果関係や責任の把握は，世界観の違いだけでなく，社会的地位や権力の違いによっても変わりうる。マーク・ギャランターは，「なぜ「持つ者」が勝つことになるのか」という論文のなかで，たとえば家主と店子の場合はリピート・プレイヤーとワン・ショッターの間の訴訟であるし，離婚訴訟はワン・ショッター同士の訴訟であるのに対して，不法行為はワン・ショットの原告がリピート・プレイヤーの被告を訴えるという点であまりない形式の訴訟だと指摘している (Galanter 1974：107-110)。こうした不法行為訴訟の特徴は，お金のない「持たざる者」は一般的に被告となることがないのに，「持つ者」は何度も被告となりリピート・プレイヤーになるという明白な事実に由来するところがある。しかし，負傷の配分が不均等であるのも確かである。富のない者はより負傷しやすく，リスクをともなう事業を行う富裕層の手にその命運を握られている場合

78 第1部 法と社会のメタ理論

が多い。したがって，社会構造上の地位の違いから，「持つ者」と「持たざる者」は因果関係や責任について異なった見方をもつ傾向がある。「持つ者」は負傷を避けられないものであったり，誰にも責任がなかったり，負傷者自身の不注意によるものだという見方をとろうとする。「持たざる者」は，自分では避けられないと感じたり治療費を払えないと感じたりするので，負傷は他者によって不必要に引き起こされたものと見なすようになる。

もし社会的地位や権力が因果関係や責任についての想定に根本的な影響を与えているとしたら，誰の見方がその社会状況で支配的であるかに応じて，泣き寝入りが生じる頻度も異なると考えられる。たとえば，イリノイ州の田舎にあるサンダー・カントリーを調査した私の研究では，権利主張よりもストイックに耐えることが適切な対応であると強調する「持つ者」の見方が，法律家や判事や陪審員の間に広がっていた (Engel 1984：560-567)。その結果，負傷した被害者はめったに権利を主張せず，法律家にも相談しなかった。しかし，社会的政治的環境が変わったため，これまで支配的だった見方もゆらぐようになる。1970年代には既に予兆があり，新しくできた製造所に職を得たブルーカラーの労働者たちのような「部外者」の流入によって，負傷しても自分で善処しようとするエートスへの挑戦が生じ，説明責任や対人的な責任を強調する対抗的な見方が台頭するようになった。ニューヨークでのそうした変化を明らかにした研究によれば，因果関係と責任について異なった見方がもたらされたため，1870年から1910年にかけて不法行為訴訟が劇的に増加した (Bergstrom 1992：168)。

もちろん，社会的に周縁化され抑圧されている人たちが，個人的・社会的な帰結を恐れて，本当はしたいのに権利主張を回避する場合もある。職場で負傷した人は，苦情を申し立てるより泣き寝入りする方が，自分の職を守るためにはよいことだと判断するかもしれない。こうした懸念は，被害者が自分のジェンダーや人種や文化的差異や性的志向などによって偏見のあるリアクションがあるのではないかと恐れる際に，とりわけ大きなものとなる (Hebert 2007)。職場でのレイプを泣き寝入りするのは，こうした懸念や，自分のことを信じてもらえず嘘つきでトラブルメイカーと見られてしまうのではないかと被害者が怖れてしまうからである。同様の事態は，他の社会状況でも起こる。サンダー・

カントリーでも，ラテン系の女性が負傷した夫が法的救済を求めようとするの
に反対して，次のように発言した。「私たちのような人間はただできる限り金
を手に入れようとしているだけだ，と思われてしまうのを私は怖れている」
(Engel 1984：568)。このように，社会的環境のなかで生じる不平等や差別は，
認知や意思決定に影響を与え，訴えることが可能な被害に対して泣き寝入りす
るように導く。

　社会的文化的環境を考慮するにあたっては，価値観や世界観を支えている地
理上の特定の場所にも注意を払う必要がある。といっても，国民国家のような
境界をもつアメリカ文化や日本文化について言及すれば十分だ，というわけで
はない。特定のコミュニティで見出される「ローカル・ナレッジ」も考慮しな
ければならない (Geertz 1983)。にもかかわらず，現代の大衆社会では，コミュ
ニティを横断して特定のイメージと理解を生みだす環境の力がある。その最も
強力なものが，メディアと法である。

　マクドナルドのコーヒー事件が劇的な例だが，不法行為法を取り上げたメ
ディアの報道は個人の認識に重大な影響を与えうる。ウィリアム・ホールトン
とマイケル・マッキャンが示したように，新聞でのコーヒー事件の報じ方は独
特で恣意的なものとなっていた (Haltom & McCann 2004：203-206)。メディア
は，保険業界が実質的に後押ししていた不法行為法の改革運動にあわせて，訴
訟好きで無責任な個人という語りを特別に好んでいた。最初の報道から社説や
風刺画，トークショーやシットコムまで，ホット・コーヒーの話は何百万もの
アメリカ人だけでなく海外にも広く行き渡った。その影響は，原告サイドで仕
事をするアメリカ中の弁護士たちにすぐに明白なものとなった。彼らは，不法
行為法改革のメッセージに対処し，陪審員たちの先入観や原告に対する偏見に
打ち勝つ必要があった。ホールトンとマッキャンによれば，メディアは誤った
歪んだ話を伝えることで，リスクの減少や企業責任ではなく，個人責任を強調
する側に一貫して加担し，「法についての知識が社会的に生みだされる」にあ
たって重要な役割を果たした (Haltom & McCann 2004：1-6)。そうして生みださ
れた見方は社会的文化的環境になり，被害者も含め多くの人々にとって自明で
「真実」のようになる。

　最後に，負傷が経験され解釈される環境に法自体が重大な影響を与えてい

る。マーク・ギャランターが何年も前に「法廷の放つ効果」について書いているが，問題認識や紛争行動へ法がどのような効果を与えているのかという点については，経験的な研究があまりなされてこなかった (Galanter 1983)。と同時に，法学者や裁判官や政策担当者は，法の影響を無批判に信じるか，過大評価しがちであった。しかし，今では，法がいつどのように問題になるかを説明する重要な調査や理論がいくつも存在する。すなわち，法と社会は互いにそれぞれの構成要素となっている。したがって，法自体が社会的文化的環境にあわせて作られているとしても，少なくとも一定の状況では法は社会的文化的環境を強力にかたちづくっている。たとえば，苦しみや痛みの感覚そのものへの賠償に上限額を設けるキャップ制は，間違いなく訴訟抑制が支配的となっていた社会的文化的環境の産物である。と同時に，キャップ制は「実体のない損傷への賠償は実体のある損傷への賠償よりも問題があり重要ではない」というメッセージを伝えることで，社会的文化的環境に影響を与えている (Chamallas & Wriggins 2010)。そして，このようなネガティブなメッセージは，損傷を経験した瞬間から無意識に発動する認知や解釈のプロセスに浸みこむ。

　まとめると，身体化された心を取り巻く環境は，負傷の後に生じる認知や意思決定のプロセスで重要な役割を果たす。そのいくつかは，負傷が自然化されることやリスクをもたらす選択が隠されていることにかかわっていた。また，法や宗教やコミュニティの規範に支えられた支配的な価値体系に関するものもあった。さらに，社会的政治的な権力の格差や，責任の概念や規範を定めたり広めたりする能力の不均等にかかわるものもあった。

Ｖ——自伝，フィードバック，再帰性

　「身体化された心」の鍵を握る要素となるのは自伝を紡ぎだす自己であり，内的な語りがつけっぱなしのテレビのように絶えず流れている (Damasio 2010: 210)。自伝を紡ぐ自己は無意識かつ自動的に作動するが，もっとゆっくりでもっと意識的なシステム２の思考の対象にもなりうる。たとえば，それは自分たちの経験をよく考えて説明するような時である。したがって，自伝を語る自己は社会的で相互作用的な側面をもつ。

そうした自己の語りは決して固定されない。新しい出来事に応じて常に変化する。さらに目的や聴き手や心の状態にあわせて語りも変わる。自分や他者のために生みだす自伝的な説明は単なる過去の記録ではなく，未来に向けての地図でもある。もし私がこうした種類の人間だと自分のアイデンティティを強化する語りをうみだせば，私はその語りに沿って行為する心構えをもつことになる（Engel & Munger 2003：45）。

では，泣き寝入りが広がっていることを説明するのに，上記の見方はどう役に立つのか。負傷の被害を受けることは間違いなく，多くの人にとって自伝を語る上で重要な出来事になるだろう。友人や家族や同僚や専門の援助者に対して語るたびに改訂が生じ，聴き手のコメントや反応によって当初の認識が再帰的に変わるだろう。社会心理学者のケネス・ガーゲンは次のように述べている。「よくあることだが，誰かが傍にいるだけでも，人は自己認識を変えてしまう。他者からの反応があれば，なおさらである」（Gergen 1994：17）。

社会的な相互作用は，カーネマンなどが「認知バイアス」としてまとめた諸現象と結びついているので，解釈のプロセスに影響を与える場合がある。たとえば，その１つである先行刺激効果によって，人々は最初に触れたイメージや考えに影響を受けて認識したり判断したり行動したりしてしまうようになる（Kaineman 2011：52-54）。賠償請求に否定的な見方を被害者が周囲とのつながりから既に吹き込まれているような例が，容易に想像できるだろう。

また，単純接触効果というものもある。これは，前に接触した経験があるという事情だけで，よく知っている言葉やイメージに対し好意的な反応をするようになる現象である（Kaineman 2011：66-67）。たとえば，周囲とのつながりからストイックな倫理観念を繰り返し注入されていると，そうした考えに沿った行動をとるようになるだろう。

さらに，利用可能性ヒューリスティックという認知バイアスもある。これは，自分の記憶から具体例を取り出しやすいかどうかに基づいて，その事象の頻度を判断してしまう現象である（Kaineman 2011：129）。したがって，もし強欲な被害者について繰り返し語っている友人がいれば，ばかげた訴訟がとてもありふれているのだと，誤った見方をしてしまうようになる。

第三者との相互作用は，認知的バイアスを引き起こすだけではない。負傷の

ような重要な出来事が生じた後には道徳的判断がなされるが，その理由づけや構成も第三者との相互作用によって変化する。社会心理学者のジョナサン・ハイトは次のように述べる。「われわれは判断をすぐに下してしまう。それから，判断を下した後に反証となるような証拠が見つかるのを恐れる。しかし，友人が自分ではできないことをしてくれる。友人は異議を唱え，理由や論拠を示すことで……われわれが最初の判断を変えるのを可能にする場合もある」(Haidt 2012：47-48)。

　では，なぜ社会的相互作用は，泣き寝入りを助長するだけの非対称な影響を及ぼす傾向があるのだろうか。意識すべきは，自己責任を強調するイデオロギーが支配的となっている社会的文脈で相互作用が生じているという点である (Haltom & McCann 2004：28-29)。社会学者ピエール・ブルデューは「相互作用と相互調整」の具体的な出来事は，社会的に孤立して生じているのではなく，強力なイメージや価値観や規範などによって構造化されており複製される傾向にあると指摘する (Bourdieu 1972＝1977：81)。

　したがって，被害者が第三者との相互作用を通して泣き寝入りをもたらす価値観に影響を受けると考えるのは理にかなっている。残念ながら，この仮説はまだ検証されていない。しかし，コミュニティを舞台としたエスノグラフィーが示すところによれば，負傷した被害者の社会的文化的環境は，賠償請求よりも自立を賞揚するような道徳的エートスを強力に生みだしている (Greenhouse et al. 1994：128-129)。さらに，エスノグラフィーは次のような推測ももたらす。

(1)　被害者は，すでに泣き寝入りを決めている場合，第三者とあまり話さない。しかし，どうするか決めかねていたり，権利主張を考えていたりする場合は，よりコミュニケーションをとろうとする。したがって，権利を主張しようとする決定を覆す機会は第三者に「開かれている」ものの，泣き寝入りの決定を覆す機会は第三者に「閉じられている」傾向がある。だから，総体としてみれば，泣き寝入りの頻度が増えるのだろう。

(2)　すでに述べた通り，第三者は支配的な規範を共有していて，権利主張を好意的には見ない場合が多い。したがって，第三者は被害者の怒りにまかせた衝動的な反応を落ち着かせようとする傾向がある。

⑶　被害者は第三者と話し合うことで，訴えた被害者を否定的に捉えるステレオタイプに気づくようになる。なぜなら，第三者は自分のことだけを注視しがちな被害者と違って，もっと客観的で「外からの」視点をとるからである。
⑷　第三者が親友や家族である場合，おそらく被害者に対して保護的な態度をとり，被害者が汚名を着せられたり報復を受けたりすることから守ろうとして，権利を主張しようとすると警告を発するだろう。

　語りと反応のダイナミクスを明らかにするためにはさらに研究が必要であるが，一般的に第三者との相互作用が重要であるのは疑いない。

Ⅵ──結　論

　負傷した被害者の10人のうちおおよそ９人が権利を主張するよりも泣き寝入りを選ぶ。この事実は，大半の被害者が救済を放棄していることを意味する。とすると，被害者たちは賠償を受けずに，つまり友人や家族にお金を借りたり個人的に借金を負ったり破産したり政府の福祉に頼ったりして，やっていかなければならないことになる。こうした社会的な帰結が泣き寝入りにはともなう。また，泣き寝入りが優勢であるため，不法行為法の敷居をまたぐ事件の種類に影響が出る。階段での負傷被害が自動車事故での負傷被害よりも泣き寝入りが多いという事態によって不法行為法の輪郭が規定されてしまい，不法行為法が特定のタイプの被害には開かれていても他のタイプの被害には閉じられてしまうようになる。

　本稿が示してきたように，合理的選択論か文化決定論のどちらかに依拠するだけでは，泣き寝入について理解できない。そこで本稿では，合理的選択論と文化決定論を幅広い概念枠組の下に統合するために，人間の認知・意思決定に関する最新の研究成果や社会的文化的な影響を大ざっぱではなくもっと洗練したかたちで解釈する手法を取り入れた。

　また，個人が損傷を負ったケースでの泣き寝入りを対象とすることで，苦痛に満ちトラウマになる出来事に，「身体化された心」が意識的かつ無意識的にどのように反応するのかを明らかにした。しかも，身体化された心は脳と肉体

84 第1部 法と社会のメタ理論

の両方と有機的に結びついている環境のなかで作動している。だから，環境の物理的社会的文化的な特徴を考慮しながら，被害者が損傷をどう解釈していると考えられるのか示してきた。メディアや法を含む環境が，損傷を自然で不可避で運命づけられていて被害者自身の落ち度によるものだといった認識を与える限り，泣き寝入りはただベターな選択であるだけでなく考えられる唯一の対処法のように思えてしまうのだろう。また，社会的ないし政治的な取り決めによって，被害者は権利を主張しないよう求められる場合もある。

さらに，被害者と被害経験について話す相手との間で生じる相互作用についての考慮も，概念枠組を十分に発展させるために必要であると示した。「身体化された心」の鍵となる特徴には自伝の語りがある。語りを他者と共有することで，個人は自己について定義し，行動を起こしたり差し控えたりするようになる。また，そうした語りはフィードバックや被害を捉えるフレームの変更に開かれているので，再帰的な効果も考慮に入れなければならない。権利主張を否定的に捉える社会の価値観を意識した親友が，被害者をスティグマ化から守ろうとするかもしれない。

現状では包括的な説明を与えることまではできないものの，より見込みのある理論的モデルと探究方法に向かっているのは間違いない。社会学的な法の研究は不法行為法システムのたくさんの特徴について明らかにしてきたが，被害者が行動を起こすにいたらない大半のケースについては謎につつまれたままである。幅広い方法に基づく考え抜かれた説明こそが，社会のなかで不法行為法がどう作動しているかについて，また不法行為法が届かない社会生活について，多くのことを教えてくれるだろう。

【注】

1）本稿で用いる「権利主張」は，賠償などを加害者だけでなく保険会社などにも請求することを言い，必ずしも訴訟をともなうものではない。また，本稿で用いる「泣き寝入り」は，Felstiner（1974）によって知られるようになった用語で，被害者が権利主張を行わないことを指す。

2）カーネマンは，次のように指摘する。まず，システム1の誤謬やバイアスをシステム2がまともにただすことなどできない。さらに，「確証バイアス」によって，抱いている信念と一致するようなデータを探し出し自分の仮説を確証してしまう（Kaineman 2011：81）。

3）「腹立ちまぎれに食ってかかることについて，雷に打たれることについて，償わせるのが正

当化できないように，他人を脅かすような性質の行為でない限り，賢明な人間が害を与える可能性を予見できるような状況でない限り，償わせるのは正当化できない」(Holmes 1881：96)。ホームズは次のように想定していた。すなわち，工場や鉄道を建設するという最初の決定にそのまま不法行為責任を認定するべきではなく，原告に対して損傷を与えるリスクを予見できる非合理的な行為に個別具体的に関わっていた場合にのみ被告は責任を負うべきである，と。

【参照文献】

Barzilai, Gad (2003) *Communities and Law: Politics and Cultures of Legal Identities*, University of Michigan Press.

Bergstrom, Randolph E. (1992) *Courting Danger: Injury and Law in New York. City, 1870-1910*, Cornell University Press.

Bourdieu, Pierre (1972 = 1977) *Outline of a Theory of Practice*, Richard Nice Trans., Cambridge University Press.

Brigman, William E. (1984-1985) "Circumcision as Child Abuse: The Legal and Constitutional Issues," 23 *Journal of Family Law*.

Chamallas, Martha, & Jennifer B. Wriggins (2010) *The Measure of Injury: Race, Gender and Tort Law*, New York University Press.

Cohen, Joseph, et al. (2009) "Stairway. Falls. An ergonomics analysis of 80 cases," January *Professional Safety*.

Csordas, Thomas J. (1994) *Embodiment and Experience: Existential Ground of Culture and Self*, Cambridge University Press.

Damasio, Antonio (2010) *Self Comes to Mind: Constructing the Conscious Brain*, Pantheon.

Ellickson, Robert C. (1991) *Order Without Law: How Neighbors Settle Disputes*, Harvard University Press.

Engel, David M. (1984) "The Oven Bird's Song: Insiders, Outsiders, and Personal Injuries in an American Community," 18 *Law & Society Review*.

——& Frank W. Munger (2003) *Rights of Inclusion: Law and Identity in the Life Stories of Americans with Disabilities*, The University of Chicago Press.

——& Jaruwan S. Engel (2010) *Tort, Custom, and Karma: Globalization and Legal Consciousness in Thailand*, Stanford University Press.

Felstiner, William L.F. (1974) "Influences of Social Organization on Dispute Processing," 9 *Law & Society Review*.

Friedman, Lawrence M. (2005) *A History of American Law: Third Edition*, Touchstone.

Galanlter, Marc (1974) "Why the "Haves" Come Out Ahead: Speculations on the Limits of Legal Change," 9 *Law & Society Review*.

——(1983) "The Radiating Effects of Courts," in Keith D. Boyum & Lynn Mather, eds., *Empirical Theories of Courts*, Longman.

——(1996) "Real World Torts: An Antidote to Anecdote," 55 *Maryland Law Review*.

Geertz, Clifford (1973) "Thick Description: Toward an Interpretive Theory of Culture," in *The*

86　第1部　法と社会のメタ理論

Interpretation of Cultures: Selected Essays, Basic Books.

―― (1983) *Local Knowledge: Further Essays in Interpretive Anthropology*, Basic Books.

Gergen, Kenneth (1994) *Toward Transformation in Social Knowledge: Second Edition*, Sage Publications Limited.

Greenhouse, Carol, et al. (1994) *Law and Community in Three American Towns*, Cornell University Press.

Haidt, Jonathan (2012) *The Righteous Mind: Why Good People are Divided by Politics and Religion*, Pantheon.

Haltom, William & Michael McCann (2004) *Distorting the Law: Politics, Media, and the Litigation Crisis*, The University of Chicago Press.

Hensler, Deborah R., et al. (1991) *Compensation for Accidental Injuries in the United States*, RAND.

Herbert, L. C. (2007) "Why don't "reasonable women" complain about sexual harassment?" 82 *Indiana Law Journal*.

Holmes, Jr., Oliver Wendell (1881) *The Common Law*, Little, Brown and Company.

Howe, P.D. (2001) "An Ethnography of Pain and Injury in Professional Rugby Union: The Case of Pontypridd RFC," 36 *International Review of Sport Sociology*.

Jackson, Jean E. (2011) "Bodies and Pain," in Frances E. Mascia-Lees, ed., *A Companion to the Anthropology of the Body and Embodiment*, Wiley-Blackwell.

Jackson, Patricia L., & H. Harvey Cohen (1995) "An In-Depth Investigation of 40 Stairway Accidents and the Stair Safety Literature," 26 *Journal of Safety Research*.

Johansson, Eva E., et al. (1999) "The Meanings of Pain: an Exploration of Women's Descriptions of Symptoms," 48 *Social Science & Medicine*.

Johnson, Mark (2007) *The Meaning of the Body: Aesthetics of Human Understanding*, University of Chicago Press.

Kagan, Robert A. (2001) *Adversarial Legalism: The American Way of Law*, Harvard University Press.

Kaineman, Daniel (2011) *Thinking, Fast and Slow*, Farrar, Straus and Giroux.

Lakoff, George & Mark Johnson (1999) *Philosophy in the Flesh: The Embodied Mind & its Challenge to Western Thought*, Basic Books.

Levy, Howard S. (1966) *Chinese Footbinding: The History of a Curious Erotic Custom*, Rawls.

Lucas, Jennifer L. (2003) "Drivers' Psychological and Physical Reactions after Motor Vehicle Accidents," 6-2 *Transportation Research Part F: Traffic Psychology and Behaviour*.

Nadler, Janice (2012) "Blaming as a Social Process: The Influence of Character and Moral Emotion on Blame," 75 *Law and Contemporary Problems*.

Nelken, David (2009) "Law, Liability, and Culture," in David M. Engel & Michael McCann, eds., *Fault Lines: Tort Law as Cultural Practice*, Stanford University Press.

Merleau-Ponty, Maurice (1945 = 1958) *Phenomenology of Perception*, Colin Smith Trans., Routledge & Kagan Paul.

Samuelson, William & Richard Zeckhauser (1988) "Status Quo Bias in Decision Making," 1 *Journal of Risk and Uncertainty*.

Scarry, Elaine (1985) *The Body in Pain: The Making and Unmaking of the World*, Oxford University Press.

Schulz, Richard & Susan Decker (1985) "Long-Term Adjustment to Physical Disability: the Role of Social Support, Perceived Control, and Self-Blame," 48 *Journal of Personality and Social Psychology*.

Thaler, Richard H., & Cass R. Sunstein (2008) *Nudge: Improving Decisions about Health, Aealth, and Happines*, Penguin.

Wilde, Mary H. (2003) Embodied Knowledge in Chronic Illness and Injury, 10 *Nursing Inquiry*.

* 本稿は，下記の論文の抄訳である。

Engel, David M. (2012) "Perception and Decision at the Threshold of Tort Law: Explaining the Infrequency of Claims," 62 *Depaul Law Review* 293-334.

88　第1部　法と社会のメタ理論

★コメント1−1

解釈法社会学の解体と再生

阿部昌樹

1　解釈法社会学の解体

　和田仁孝が，自らの解釈法社会学の構想を大胆かつ挑発的なスタイルで呈示してから，既に20年近くが経過しようとしている（和田 1996）。その後も和田は精力的に執筆を続けているが，しかし，近年の和田の論考は，かつて自らが呈示した解釈法社会学の構想から乖離し，むしろ，批判対象として措定した「Law and Societyパラダイム」に準拠したものとなっているように思われる。

　たとえば，和田は，スウェーデンとフランスの医療事故補償制度を紹介した論文（和田 2012）において，先進国の多くでは，不法行為法の大原則である過失責任主義を原則としては維持しつつ，無過失補償の理念に基づく制度改革が漸変的に進められてきたことを指摘したうえで，そうした変化は，科学技術の高度な発展や些細なミスで大きな損害が発生する可能性の増大等の，社会経済的諸要因に起因するものであると論じている。マクロな水準での法制度の変化を，同じくマクロな水準において作用していると想定される社会経済的要因によって説明しようとするそのスタンスは，「法／社会二元論」に立脚し，「法」も「社会」も客観的に認識可能であるという前提のもとで，両者のそれぞれの変動とそれら相互の間の因果関係の同定を試みたものであると解せざるを得ない。そして，そうした試みは，和田が批判対象として措定した「Law and Societyパラダイム」の「法／社会」理論や認識論（和田 1996：131-144）に，ほぼ全面的に依拠したものであると言うほかない。

　この論考においてはまた，スウェーデンとフランスの医療事故補償制度の運用実態についての知見に基づいて，「無過失補償理念を生かしたシステムの構築にあたっては，……有害事象の発生により苦しむ人々への救済の範囲を広

げ，社会を構成する成員としてそうした制度を支えていく観点から設計し，効果を評価していくことが必要である」という認識が示されるとともに，わが国の「産科医療補償制度」に関して，「訴訟抑制といった観点ではなく，救済の拡張にこそ，注目していくべきであろう」という実践的提言がなされている（和田 2012：680-681）。こうした論述は，法制度の改革やその運営の改善によって，よりよい社会をつくっていくことができるはずであるという前提に基づいたものであると解せざるを得ないが，この前提は，和田が「Law and Society パラダイム」の政治的スタンスとして別出し，批判した「リベラル・リーガリズム」のエリート主義的な改革主義のそれと，まったく同一のものである（和田 1996：144-150）。

　和田はまた，所属するロースクールのプロジェクトの一貫として実施された，福島第一原子力発電所の過酷事故によって全町避難を余儀なくされている浪江町の，18歳以上の全町民を対象とした質問票調査にかかわり，その結果を公表している（和田 2014）。その論考を，和田は，「浪江町の被災者の方々が現実に感じている苦痛と，被害の実態を検証し，それによって，採られるべき対策の方向性を考えていくきっかけを提供」しようという試みであると位置づけているが（和田 2014：14），質問票調査によって被災者が「現実に感じている苦痛」を検証することができるという想定は，「Law and Society パラダイム」の実証主義・科学主義のそれにほかならない。和田はかつては，「あたかも実体として共有された意識が存在するかのように科学的手順にしたがって質問票を通じて構築される『法意識』は，まさに自身が構成した観念を『対象』に押しつけつつ，それを読みとっていくある意味でトートロジカルな『科学的構築物』の好例である」と論じ，質問票調査を忌避するような姿勢をとっていたが（和田 1996：239），浪江町民を対象とした調査もまた，和田のかつての立ち位置から見るならば，「トートロジカルな『科学的構築物』」を産出しているにすぎないと，否定的に評価せざるを得ないものであるように思われるのである。

　和田はもはや，かつて自らが呈示した解釈法社会学の構想に，全面的に準拠してはいないと解せざるを得ない。和田が構想した解釈法社会学は既に解体したか，あるいは解体しつつあると考えざるを得ないのである。

2 解体の必然性

　和田のこうした変貌は，彼の解釈法社会学の構想が，そもそも，それを堅持し，もっぱらそれに依拠して研究を継続していくことが困難なものであったからにほかならず，そうした意味で，半ば必然的であったと言うことができる。

　和田が構想した解釈法社会学の最大の難点は，その認識論的な立場にある。和田は，「Law and Society パラダイム」が，そしてまたわが国の法社会学者の多くが依拠してきた，世界が研究者の意識の外部に客観的に存在しており，研究者は，科学的方法を用いて，その客観的実在としての世界を把握することができるという前提認識を，世界を分節化する言語の役割を看過した単なる「信仰」にすぎないと批判し，我々が客観的実在と見なしてきたものは，世界についてのひとつの可能な解釈に過ぎないと断じていた (和田 1996：217-224)。そして，研究者は，自らの研究の成果を，あくまでもひとつの解釈として，「暫定的な『自分の声』として呈示していかざるをえないし，またそうすべきである」と述べていた (和田 1996：233)。

　客観的実在としての外的世界を，そのまま認識することは不可能であるというこの指摘は，法と社会の現実を知りたいという法社会学者としての素朴な知的欲求に対して，冷や水を浴びせるものであるように思われる。適切な研究方法を用いたならば，法と社会の現実を知ることができるはずであるという前提があるからこそ，法社会学者は，フィールドでの時間のかかる地道な調査に従事することができるのであり，どれほど研究を積み重ねたとしても，到達可能なのは「暫定的な『自分の声』」でしかないとしたならば，その研究意欲は減退せざるを得ないであろう。

　和田が，スウェーデンやフランスの医療事故補償制度を調べたり，浪江町民を対象とした質問票調査を実施したりしているのも，法と社会の現実を知りたいという知的欲求に基づいてのことなのではないであろうか。そうだとしたならば，和田は，自らの知的欲求を，かつて自らが呈示した解釈法社会学の構想よりも優先させていることになるが，それは，法社会学者としての当然の選択であるように思われる。

　こうした認識論的な立場に関わる難点とともに，和田がかつて呈示した解釈法社会学の構想のもう１つの難点として，その「批判性」を挙げることができ

る。和田は，法制度の運用実態がその創設理念に違背していることを調査に基づいて指摘し，マクロな制度改革の必要性を訴えるような「Law and Society パラダイム」の「批判性」を，現に作用している権力や支配を別のそれへと置換するに過ぎないものであると批判し，それに替えて，人々が法制度と接するローカルな「法の現場」における，人々に作用するミクロな権力とそれに対する人々のミクロな抵抗とに焦点を合わせ，日常的実践としての「密猟」的な抵抗を称揚していくような「批判性」を指向した研究に取り組んでいくべきことを提案していた（和田 1996：190-211）。

　こうしたスタンスに対しては，なぜ法社会学は批判的でなければならないのかという，根源的な疑問を抱かざるを得ない。繰り返しになるが，法社会学者を研究へと動機づけているのは，現状を批判したいとか，巧妙な支配の実体を暴き出したいとかいった「批判性」への指向ではなく，法と社会の現実を知りたいという素朴な知的欲求なのではないかと思われる。もちろん，調査の結果として，看過し得ない不正義や，容易に改善可能であるにもかかわらず放置されている制度の欠陥を発見したならば，それを批判することはあってしかるべきである。しかしながら，批判は調査の目的ではない。調査の結果，批判すべき事象を何も発見できなかったとしても，法と社会の現実の一端を剔出することに成功したならば，その調査は十分に価値あるものである。自らが調査対象とした「法の現場」においては「密猟」的な抵抗は見出されなかったという調査報告は，「密猟」的な抵抗の実例を列挙するような調査報告と同等の，法と社会の現実の一端を明らかにする，肯定的評価に値する調査報告なのである。

　そしてまた，「密猟」的な抵抗の痕跡など，およそ見出せる可能性がないような，制度運営者が取りまとめた制度の利用実態の統計的データの二次分析も，それに取り組むことをとおして法と社会の現実の一端を明らかにすることが可能であるとしたならば，それに取り組む意義はある。和田が，フランスの「病院相互保険会社」の統計的データを検討の組上に載せているのは，まさにそうした判断に基づいてのことではないかと思われる（和田 2012：674-677）。和田はもはや，「批判性」を堅持し続けることに拘泥してはいないのである。この点においても，和田は，自らの知的欲求を，かつて自らが呈示した解釈法社会学の構想よりも優先させていると言うことができる。そして，繰り返しにな

るが，それは，法社会学者としての，当然の選択であるように思われるのである。

3　解釈法社会学の再生に向けて

　以上の考察を踏まえたうえで，和田がかつて呈示した解釈法社会学の構想の受容可能な部分を，残余の部分から切り分けて継承し，その再生を図っていくとしたならば，その方策は，「解釈」を「方法」として位置づけ，「抵抗」を「仮説」として扱うことであろう。

　たとえ統計的データの多変量解析に主眼を置いた研究であっても，多変量解析の結果が何を意味しているのかについてまったく疑問の余地はないといった事態は稀であり，多くの場合，解析結果の解釈が必要になる。人々が自らの訴訟利用経験を語るその語りから，人々の司法観や世界観を析出しようと試みるならば，解釈の余地はかなり大きなものとなるであろう。しかしながら，そうした解釈は，研究者が「暫定的な『自分の声』」を構築するための手段ではなく，法と社会の現実に接近するための方法と見なされるべきものである。解釈の不可避性は，客観的実在としての外的世界の認識不可能性と同義であると考えるべきではない。そうではなく，解釈をとおして，そしてまた，競合する解釈を呈示する複数の法社会学者が，互いに解釈の優劣を競い合うことをとおして，漸次，法と社会の現実のより正確な理解に近づいていくことができると考えるべきなのである。

　そうした法と社会の現実の認識可能性を前提としたときに，ローカルな「法の現場」においては，人々の日常的実践としての「密猟」的な抵抗が繰り広げられているはずであるという想定は，調査によってその妥当性が検証されるべき，あるいは反証されるべき，ひとつの仮説として扱われるべきであるということになる。抵抗は見出されるかもしれないし，見出されないかもしれない。しかしながら，抵抗の遍在を仮説と見なす以上，その仮説を反証する，抵抗は見出されなかったという調査報告は，十分に価値のあるものなのである。

　このように「解釈」を「方法」として位置づけ，「抵抗」を「仮説」として扱うとしたならば，和田がかつて呈示した解釈法社会学の構想は，「Law and Societyパラダイム」をも内包する経験的法社会学の本流へと組み入れられ，

そのようなものとして再生していくことになる。そうした解釈法社会学の経験的法社会学の本流への回帰が，和田がこの20年ほどの間に辿ってきた途であったように思われる。

【参照文献】

和田仁孝 (1996)『法社会学の解体と再生』弘文堂.

――― (2012)「無過失補償理念導入の二つのモデル」法政研究79巻3号647-681頁.

――― (2014)「被災者の苦痛と『被害』の実態」法と民主主義486号14-19頁.

94 第1部 法と社会のメタ理論

★コメント1-2
和田仁孝法社会学における「交渉理論」と「オレンジ紛争」

太田勝造

　交渉について少しでも研究したことのある人なら知らない人がいない交渉事例に「オレンジ紛争」の寓話がある。1つのオレンジを姉妹が取り合い，たとえば，「分割と選択 (Divide & Choose) の方法」を用いることには合意できたとする。そこで，まずジャンケンをして「分割者 (divider)」と「選択者 (chooser)」を決める。その結果，例えば姉が分割者，妹が選択者になったとする。そこで，姉がオレンジを2等分し，妹が2つの内で好きな方を取り，残った方を姉が取ったとする。姉は自分で2等分したので，妹がどちらを取っても文句は言えず，妹は2つのオレンジ半分から好きな方を取ったので，姉の取り分を羨ましいと思うこともない。しかも，分割者と選択者の役割はジャンケンで決めたのでお互いに平等な50%の確率であった。手続的正義にも分配的正義にも叶う交渉結果となった（太田 2005：40-67）。ところが，その直後，姉はオレンジの皮を剥いた身をゴミ箱に捨てて皮でフルーツ・ケーキを焼いた。逆に妹はオレンジの皮を剥いてゴミ箱に捨てて身の方でオレンジ・シェイクを作った。その結果，ゴミ箱の中では無駄となった半分のオレンジの皮と半分のオレンジの身が腐って悪臭を放つこととなった。フィッシャー教授とユーリィ教授の有名なオリジナル・ヴァージョンを若干潤色してあるが (Fisher & Ury 1983：56-57)，ともかく交渉の結果，パレート非効率な無駄を生じさせたことが交渉の失敗である。

　この「オレンジ紛争」の寓話は，交渉の対象を固定されたもの，すなわち交渉を「固定和ゲイム (constant-sum game)」ないし「ゼロ・サム・ゲイム (zero-sum game)」と考えてしまう誤りを示すものとされたり，「立場 (position)」に固執し，その背後の「利害 (interest)」への洞察を怠ってしまう失敗を示すものとされたり，不完備情報 (incomplete information) の下での交渉の失敗例とされたり

★コメント1-2 和田仁孝法社会学における「交渉理論」と「オレンジ紛争」 95

する。確かにその通りであるが、ここでは少し別の角度から見直してみたい。

「オレンジ紛争」の寓話において、姉と妹が「分割と選択の方法」ではなく「黄金律」を採用することには合意できたとする。黄金律は「自分が他人にしてもらいたいと思うようなことを他人にせよ（Do unto others as you would have others do unto you.)」である。姉はオレンジの皮をもらいたくて、身は要らない。妹はオレンジの身をもらいたくて、皮は要らない。姉は、自分がしてもらいたいこと、すなわち皮を妹にあげて身をゴミ箱に捨てようとする。妹は、自分がしてもらいたいこと、すなわちオレンジの身を姉にあげて皮をゴミ箱に捨てようとする。こうして、要らないオレンジの身をもらった姉はそれをゴミ箱に捨て、要らないオレンジの皮をもらった妹はそれをゴミ箱に捨てる。その結果、オレンジまるまる一個分の身と皮がゴミ箱で腐ってしまい、姉妹はオレンジを丸ごと無駄にする。黄金律は最悪の交渉結果をもたらしてしまうのである。

では姉妹が利他的であったらどうであろうか。利他主義とは他者の効用が高まることで自分の効用が高まること、すなわち他者がよりハッピーになればなるほど自分もよりハッピーになることである。命題化すれば「利他律」は「相手が自分にしてもらいたいと思うようなことを相手にせよ（Do unto others as others would have you do unto others.)」である。姉はオレンジの皮をもらいたくて、身は要らない。妹はオレンジの身をもらいたくて、皮は要らない。そこで姉は、妹がしてもらいたいこと、すなわちオレンジの身を妹にあげて皮を手元に置こうとする。妹は、姉がしてもらいたいこと、すなわちオレンジの皮を姉にあげて身を手元に置こうとする。こうして、姉は欲しいオレンジの皮をまるまる一個分手に入れ、妹は欲しいオレンジの身をまるまる一個分手に入れる。その結果、オレンジまるまる一個分が最大限に活用される。利他律はウィン・ウィンの最善の交渉結果をもたらすのである。

しかし、ここまででは和田教授が批判する「紛争が焦点化された特定の利害対立をめぐって争われるものであり、この対立を解消することで『解決』が達成されるという、法専門家側の、単純な紛争理解の仕方」(和田1991：3) の枠内に留まったままである。たとえば「客観的に特定可能な利害・欲求対立が存在すること」(和田 1991：1) を基本前提としている。言い換えれば、オレンジ紛争の姉妹の選好ないし効用、つまり満足度は各自とオレンジとの関係だけで考

えられており，しかも時間的に固定された変化しないものと暗黙に前提されている。これは人間の効用がオブジェクト・レヴェル（対象レヴェル）のみであり，メタ・レヴェル（効用についての効用）が無視できるものであると想定し，かつ効用が安定的（stable）なものであると想定していることになる。しかし生身の人間の効用は，その自然言語と同様にメタ・レヴェルを包含する高階（higher order）なものである。そして時間的にも変化する経路依存的（path-dependent）なものである。

たとえば，当初姉妹はお互いに，相手は自分と同じ選好関数を持っていると前提していた。姉は「妹は自分と同じようにオレンジの皮が欲しいのだ」と暗黙に前提し，妹は「姉は自分と同じようにオレンジの身が欲しいのだ」と暗黙に前提していた。これらの前提のどちらかが正しかったら，オレンジ紛争は現実にも「固定和ゲイム」ないし「ゼロ・サム・ゲイム」であることとなり，ウィン・ウィンの合意は不可能となる。お互いの利害を正しく認識し合って完備情報が得られれば，姉は「妹は自分と異なってオレンジの身が欲しいのだ」と理解し，妹は「姉は自分と異なってオレンジの皮が欲しいのだ」と理解するようになる。そうすれば，交渉によって少なくともパレート最適な合意に至って，姉は1個分のオレンジの皮を，妹は1個分のオレンジの身を手に入れる。ここまでは何も問題がないように見える。

ところがである。生身の人間であるこの姉妹は，相手の効用関数に気付いた途端に自分の効用関数が変化してしまうかもしれない。姉は，「妹はオレンジの身でオレンジ・シェイクを作りたいんだ」と認識した途端，今まで要らないから捨てようと思っていたオレンジの身が惜しくなる。たとえば，オレンジの身で妹がよりハッピーになると思っただけで，自分もオレンジ・シェイクを作って飲みたくなる。妹は，「姉はオレンジの皮でフルーツ・ケーキを焼きたいんだ」と認識した途端，今まで要らないから捨てようと思っていたオレンジの皮が惜しくなる。たとえば，オレンジの皮で姉がよりハッピーになると思っただけで，自分もオレンジの皮のフルーツ・ケーキを焼いて食べたくなる。

さらにである。生身の人間である姉妹は，相手の効用変化を知った途端に自分の効用関数がさらに変化してしまうかもしれない。姉は，「自分がオレンジの皮でフルーツ・ケーキを作りたいと知ったことで，妹は自分でもオレンジの

★コメント1−2 和田仁孝法社会学における「交渉理論」と「オレンジ紛争」 97

皮でフルーツ・ケーキを焼いて食べたくなったんだ」と知った途端，今まで以上にオレンジの皮が大事に思えてくるかもしれないし，妹のように身でオレンジ・シェイクを作って飲みたいという気持ちがさらに強くなるかもしれない。妹は，「自分が身でオレンジ・シェイクを作りたいと知ったことで，姉は自分でも身でオレンジ・シェイクを作って飲みたくなったんだ」と知った途端，今まで以上にオレンジの身が大事に思えてくるかもしれないし，オレンジの皮でフルーツ・ケーキを焼いて食べたいという気持ちがさらに強くなるかもしれない。

　言うまでもなく，このシナリオは，「さらに，さらにである。」，「さらに，さらに，さらにである。」，「さらに，さらに，さらに，さらにである。」……と無限に続く可能性がある。まさに「メタ暴走」しうる。このように紛争交渉過程は「紛争変容のメタ暴走」を内包している。これが生じた場合の交渉過程は分析不能で制禦不能となりうる。ところで，紛争変容のメタ暴走の原因はメタ効用であり，言い換えれば「相手に対する関心（attachment）」である。したがって，紛争変容のメタ暴走から脱却する1つの方法は，ある意味で皮肉なことに「相手に対する無関心（detachment）」である。両者がこれに成功すれば利他律の交渉によるウィン・ウィンの合意が可能となる。しかし，交渉当事者に相手に対する無関心を敢えて育てるインセンティヴがあるかが問題となる。

　実は交渉当事者にとって相手に対する無関心は致命的となる。なぜなら，相手が何を考えているかを知ることは交渉において自己の立場を有利にすることができ，自分が何を考えているかを相手に知られることは自己の立場を不利にするからである。したがって，相手に対する無関心どころか，交渉において当事者は常に相手が何を考えているかを探り合う。姉から始めた場合，「姉は，妹の考えていることを知っている。」，「妹は，姉が自分の考えていることを知っていることを，知っている。」，「姉は，妹が自分が妹の考えていることを知っていることを知っていることを，知っている。」……と無限に続く。妹から始めた場合，「妹は，姉の考えていることを知っている。」，「姉は，妹が自分の考えていることを知っていることを，知っている。」，「妹は，姉が自分が姉の考えていることを知っていることを知っていることを，知っている。」……と無限に続く。これらの各レヴェルは「意識水準（intentionality level）」とか「意識スタンス（intentional stance）」と呼ばれる（Dennett 1987）。そして明らかなよ

98 第1部 法と社会のメタ理論

うに，意識水準が交渉相手よりも1水準でも深ければ圧倒的有利になる。交渉
相手の考えが手に取るように分かり，それを手玉に取る（manipulate）ことがで
きるようになるからである。こうして交渉は「意識水準戦争」となる。

　要するに，「紛争変容のメタ暴走」から脱却し，「利他律」の交渉でウィン・
ウィンを目指すために「相手に対する無関心」に努めれば，交渉の「意識水準
戦争」に敗残する羽目になりえ，逆に「意識水準戦争」をエスカレートさせれ
ば，「紛争変容のメタ暴走」に陥りうるという「紛争交渉のパラドクス」が生じ
る。しかもこの状況は，当事者間に何らかの関係性が残存する限り，個別の「合
意」や「けじめ」や「節目」の前後を問わず生じ続けるのである。

　この「紛争交渉のパラドクス」のダイナミクスを，生身の人間同士の間の交
渉の実態に即して見て行くというパースペクティヴが，和田教授の言われる
「一定の継続関係の中で，明確な起点と終点を持つことなく，当事者間の状況
認知ないし視界の交錯としての交渉過程が，対面的，あるいは非対面的にも持
続していくということ，換言すれば，当事者にとって『解決』や『合意』概念が
部分的・相対的なものに留まり，不断の再見直しと調整化が当事者内部である
いは当事者間で継続していく」（和田 1991：5）という視角の意味するものに他
ならないであろう。このディープな「和田仁孝交渉理論」は紛争研究への貴重
な貢献として常に参照されるべきである。

　筆者にとって和田教授は，常に三歩先を走る先輩として屹立し続けておられ
る。この度めでたく還暦を迎えられた和田教授にこのコメントを捧げさせてい
ただく次第である。

【参照文献】

太田勝造（2005）「財の分配をめぐる紛争の手続的解決：ブラームス＆テイラー『公平な分け方』
　　（1996年）の紹介」小島（編）（2005：40-67）.

小島武司（編）（2005）『ADRの実際と理論Ⅱ』中央大学出版部.

和田仁孝（1991）『民事紛争交渉過程論』信山社.

Dennett, Daniel C. (1987) *The Intentional Stance*, Cambridge, MIT Press.

Fisher, Roger & William Ury (1983) *Getting to Yes: Negotiating Agreement Without Giving In*,
　　Penguin Books.

第**2**部

臨床の法　ナラティヴとケア

痛みと償い──震えの声の前で

西田英一

Ⅰ──はじめに

　紛争処理研究の分野において，そこにどんな人間像を想定しているのかの問題は，それ自体が主題でない場合も研究に一定の方向性を与える。本稿では原発事故被害を中心に，取り替え不可能なものを奪われたときの救済とは何かについて考察するが，避難を強いられている人たちが何を問題と捉えどう解決しようとしているかを検討するときも，おのずと一定の主体イメージを意識することになる。

　和田仁孝が『法社会学の解体と再生』のなかで描く主体イメージ──「しなやかでしたたかな主体」──は，こうした場合の重要な参照項の一つである。和田の解釈法社会学の核心の一つであるこの主体イメージは，鮮やかに造形され魅力的なモデルとなっているが，素手でその実像に迫ろうとするとすり抜けてうまく掴ませてもらえない。たとえば，現実の被害・紛争場面にある人びとの苦痛を扱おうとして，「しなやかでしたたかな主体」を持ってくるとき，苦闘する具体的人間とすぐには結びつかないところがある。痛みとしなやかさ，迷いとしたたかさ，あるいは怒りやこだわりと一見スマートにも見える身ごなし等々，ここには一定の隔たりがある。以下では，痛みのなかで先へ進もうとする人たちの声と身振りを手がかりに，救援のあり方について考察した後，主体イメージの問題にも触れていくことにする。

Ⅱ──問題の所在

　2011年３月発生の福島原発事故は，４年経過時点でなお10万を超える人たち

が避難を強いられるなど，その被害は広く深い。生活を丸ごと奪われ，被曝不安を抱え将来見通しが立たないまま，時間が過ぎていく。

こうした中，被害への補償・賠償を求める訴訟，ADR申立てが多数行われているが，原発被害からの救済を求めるときの難しさの1つは，そもそもどんな被害を受けたのかをどのように名状・提示すべきかの困難にあるように思われる。直接交渉であれ訴訟やADRであれ，従来の賠償システムを前提とする限り，既成の損害項目に盛り込めない被害は行き場を失うか，あるいはないことにされてしまう。

このような矛盾を前に，既存の賠償論から離れてこの原発事故被害の特殊性をあるがままに見ていくことの必要性がいわれ，「ふるさと喪失」など新しい損害概念も提起されている（淡路 2013，吉村 2014，除本 2013，淡路ほか 2015）。ここでのふるさととは，たとえば花を育て直売所に出品し収入を得たり仲間と旅行したりといった，地域で長年築いてきた営みのすべてである（除本 2013：38）。これらの喪失は，「単に主観的な被害ではなく，農作業など，もとの土地に密着した数々の営みが実際に失われる」こと，「この『かけがえのない』ものを失うこと」と定義され，「多くの避難者に共通するもっとも基底的な被害」だとされる（同前：36-37）[1]。この新しいコンセプトは，個別の損害項目に該当せず，すべてを失ったとしか言いようのなかった苦痛の根っこにあるものを言い当て，かつ固有の土地・場所に基礎づけられている点で注目される。

既存の損害概念で捉えることができない痛苦に光を当て原状回復あるいは完全賠償の実現につなげていくことは意義深い作業である。その上で，被害実態に見合った救済実現をさらに進めていくときに必要なことは，未収録分をゼロに近づけるという方向と同時に，それでもなお取り残されるものがあるとしたらそれは何かを問うことであろう。

「何を失ったか」と問うとき，苦労して育てた牛，地域の祭り，釣りや山菜採りの楽しみ……等々，実体的なものとして喪失が掴まれその重みが計量される。他方，喪失はこれら大切なものを失ったという過去の出来事としてだけでなく，その喪失をどのように受け止めていくかというその後の意味づけのプロセスとしても在る。これは，仮に原状回復や完全賠償がなされたとしてもなくなることのない，記憶であり，問い続ける過程である。

全町避難を強いられている町の1つ，福島県富岡町から東京に避難している方（市村高志氏）へのインタビューで，ふるさと喪失に話が及んだとき，「われわれは，ふるさとを失ったのではなくて，ふるさとにされてしまったんです」との言葉を聞いた。何が失われたのかを語るだけでは尽くせない，生活の場から突然追い出されそこを遠くから思い続ける年月のことを想像せよと言われたようにも思う。

本稿では，損害として取り出される以前の，あるいは以外の喪失に焦点を当て，喪失過程を生きる人たちの声を聴くことの困難と意義について考えてみたい。

Ⅲ──意味づけプロセスとしての喪失

1 喪失は〈終わったこと〉ではない

そもそも喪失とはどのような経験なのか。死別，離別，失業，病気等々，長年グリーフ（喪失と悲嘆）セラピーに関わってきた心理学者ロバート・ニーマイヤーは，喪失は「持っていたものを失う」ことから，「失ったものを持つ」ことへの動きだと位置づける。「喪失の痛みは決して完治しない」（ニーマイヤー 2006：99）としたら，グリーフへの対処とは，たんなる喪失からの回復でも受容でもなく，喪失を自分の人生の物語の中に統合していくことだと説く。

この喪失の捉え方には次のような示唆が含まれている。まず出発点にあるのが，喪失は「終わったこと」ではなく，「生きられるもの」であるということ。第2に，喪失を生きるとは，「喪失を所有すること」（ニーマイヤー 2007：202）であり，そこに価値があるということ。第3に，喪失への対処として人が行うことは，自分自身の新しいストーリーへの書き換え作業であり，意味を再構成することである。

これらの視点を事故被害からの救済・救援の文脈に当てはまるとき，何よりもまず，喪失を，失ったものとして見るのではなく，それを含めた当事者の意味づけプロセスとして尊重することが必要である。しかし，被害者が喪失をどう受け止めるかで苦しんでいるとき，既定の手順通り問題を処理し終わらせることで解決とするやり方は，被害者を二度痛めつけることになる。半田保険金

104 第2部 臨床の法

殺人事件で弟を殺された男性の次のことばは，制度化された解決や決着への安住が，被害者を時間の檻に捨て置いてしまう理不尽を象徴的に示している。

> 「その頃（名古屋地裁で死刑判決が言い渡される少し前），僕はこんなことをイメージしていました。明男（弟）と僕ら家族が長谷川君（加害者）たちの手で崖から突き落とされたイメージです。僕らは全身傷だらけで，明男は死んでいます。崖の上から，司法関係者やマスコミや世間の人々が，僕らを高みの見物です。彼等は，崖の上の平らで広々としたところから，「痛いだろう。かわいそうに」そう言いながら，長谷川君たちとその家族を突き落とそうとしています。僕も最初は長谷川君たちを自分たちと同じ目に遭わせたいと思っていました。
>
> しかし，ふと気がつくと，僕が本当に望んでいることは違うことのようなのです。僕も僕たち家族も，大勢の人が平穏に暮らしている崖の上の平らな土地にもう一度のぼりたい，そう思っていることに気がついたのです。
>
> ところが，崖の上にいる人たちは，誰一人として「おーい，ひきあげてやるぞー」とは言ってくれません。代わりに「おまえのいる崖の下に，こいつらも落としてやるからなー。それで気がすむだろう」被害者と加害者をともに崖の下に放り出して，崖の上では，何もなかったように，平和な時が流れているのです。自分で這い上がらなければ，僕らは崖の上にはもどれません。しかし傷は負ったままなのです。」（原田 2004：115-116）（括弧内は筆者による）

ここには，およそ法制度が予定通り問題を処理し終わらせようとするときに，救済を求める当事者を見事においてきぼりにし孤独に突き落とす理不尽が示されている。崖は，喪失を終わったこととして処理する制度と，喪失の中で自分なりの意味を探るプロセスの渦中にある者との圧倒的隔たりである。

2　プロセスとしての償い

(1)　「解決」の先行　　崖の下の孤独は，原発事故被害でも起こっている。富岡町の市村氏は，福島復興再生特別措置法において，政府が除染，帰還環境の整備，町外コミュニティ整備，産業と雇用の創出，医薬品・医療機器の開発拠点づくり等々の政策を掲げていることに関連して次のように述べる。

> 「国からすれば，今，このメニューを出していることが償いのつもりなんですよ。」「何兆円使うのも勝手だけれども，それはこちらの気持ちにお構いなしに勝手にやってい

るだけなんですよ。」(市村 2013：251)

「説明できないことを説明しなければいけない状況に被災者自身が追い込まれて，その説明をつくっていかなければならない状況に陥っている。にもかかわらず，国や行政に勝手に物事を決定されているのが実情なわけです。」(同前：184)(傍点は筆者による)

市村氏が「勝手にやっている」と述べるときに見ているものもまた，崖の上の出来事である。何を必要としているのかを読み違えているのなら，それを正すことになる。そうではなく，何が失われ，何を求めればよいのか，それ自体を苦悩しながら探っているときに，喪失を終わったことだとして一方的に「解決」を提供しようとする。終わらせなければ，解決にならないとのイメージは，裁判だけでなく，多くのADRにもある。終わらない方がよいというわけではもちろんない。終わりにするかどうか，1つの区切りとするかどうかは，被害を負った側が決めることであろうに，そこを素通りして「解決」だけが先行する。
　しかも，「解決」は被災者をただ素通りするわけなく，近くに来てことばを引き出し利用していく。

「マスメディアの報道を見ていると，じいちゃんやばあちゃんたちが涙ながらに『おらの故郷返してくれよ。帰りてえ。帰りてえ』という情景だけが映されている。」「カメラを回して小さな仮設住宅を映し，その後で年寄りだけ集めて，『なんとかしてくいよ』『賠償早くやってくいよ』と言っているところに大臣が手を繋いで『わかりました！やります！』とやる。もちろんこれが芝居だとは思いません。しかし『それだけじゃないだろう』と。そこがわかってもらえない。」(同前：173)

(2)　**償いの段取り**　市村氏の場合，避難生活に対する月額10万円の慰謝料の受取りを留保している。もちろん，賠償の意義自体を否定しているわけではない。

「誤解してほしくないのは，俺らは賠償から話をスタートさせたいわけではないということ。原則的には，原状回復だけれども，それがかなわない場合に金銭で代償する，それが基本だと。」(山下ほか 2013：108)
「そんなの，いくらコンテンツを並べても，それでは償いにはならない。プロセスが見えなければ。責任をどうするの？明確にしろと。明確にしたら償いなさい。そして償いが終わってから，はじめて許すという話になる。許したならば，じゃあ次は何をする？という話で，そのときにこういうもの (メニュー) が出てくるんであればいい

んだよ。」(同前：251)

　一般に，金銭賠償の問題点として，命や生活をお金に変えることへの抵抗・違和感がいわれるが，払うこと＝終わったこと＝解決という時制上の問題も大きい。この点は謝罪でも同じであるが，この償いの段取りへのこだわりは喪失の意味づけ作業という点で決して譲ることのできないものである。

(3)　無力化の虜れ　　しかし，"損害→賠償"という一義的・直線的解決の流れをいったん減速し，「それだけじゃない」思いを伝える回路を据え付けるにはどうすればよいのか。たとえば，収束宣言は避難者から「被害者性」を剥奪するものだとして，「加害者が，補償打ち切りを急ぐのではなく，むしろ長い時間を要する解決過程と正面から向き合い，被害地域の住民・自治体とともに，その過程に主体的に参加していくことが求められる」(除本 2013：57-58)とする提言にも，「終わったことにする」という崖の上の解決理念の矛盾が指摘されている。

　金額を確定し支払うことで，何事もなかったかのように崖の上の者の平穏な生活が続いてしまうから呼び続けているのだが，時間の経過のなかで，その呼びかける力が内側から失われるのではないかとの心配ももたれている。

> 「最悪の状況として心配していることは本当の意味での風化です。私自身が，何が起こったのか，何を思っているのかを言えなくなってしまうことです。そうした中で，無力感にさいなまれるようになるのが，最も恐れていることです。」(市村 2013：183)

　解決の独走と無力化のおそれのなかで，「何が起こったのか，何を思っているのか」をどのようにして語ることができるのか。どのように聞くことが求められているのか。

IV——理解から撹乱へ

1　報告が詩に変わるとき

　2015年春，原発事故によって全町避難を強いられている福島県浪江町の復興支援シンポジウムが東京であった。弁護士・研究者等の報告のなかに，同町職

員の方による報告があった。分析や提案を主とする報告が多いなかで、「町民の精神的損害の実態」と題するこの報告は、その語り口において他と大きく異なっていた。

報告の冒頭では、説明もなく否応なしに始まった最初の避難、そしてその後の移動と避難の経過が、ゆっくり、力強く語られていく。「……放射能に曝されているとは夢にも思いませんでした。この事実を後で報道で知ったとき、本当にもう、目の前が真っ暗になって……」。立ち見も出る満員の会場の後方席からは、どこに報告者がいるのかを目でとらえることができず、報告レジメを探すのも諦め、うつむいて天井スピーカーからの声に集中することになった。「みんなあのとき、津島で被曝したのではないか、将来大丈夫かと、本当に心配になり……」。メモを取ろうとするが、うまく取れない。なんかいつもと違う。「町は次に二本松市に移動するのですが、この頃になると、避難が長くなるのではないかと感じ始め、着の身着のままの避難生活に不安を覚え始めます」。

「子どもの学校、病院、介護者、通帳、印鑑、権利証、車、ローン、置いてきたペット、家畜。」もはや、ペンとノートは用なしになっていた。メモが取れないのは、顔が見えないからでも資料を手元に置いてないからでもなかった。このとき私が聞いたのは、いわゆる報告ではなく、何か詩の朗読のようなものだったのではないかと思う。

詩であれば、書き取ったり、まして番号や矢印を入れたりするものではない。この場には声だけがあり、静寂と圧倒的受動性のなかで私にできたことは、ただ声についていくことだけであった。そして、論旨の理解や予測をしようとするいつもの動作は完全に封じられた。物理的な力を使わず、音だけでからだの動きが止められてしまったのである。いったい何が起こったのか。

2　意味取り回路の切断

このことについて考えるには、声がもっている不思議な力に触れる必要がありそうである。

(1)　吐く息：尾崎豊　トラウマ概念を手がかりに言語・記憶・歴史を研究している下河辺美知子は、尾崎豊の歌唱法のなかに、声が言語＝意味に反乱を起

こす可能性を見出す。

　人の言語習得の初期段階のことばに，クーイングや喃語といった無意味言語がある。これは，生後すぐは1：1であった「吸う／吐くの時間比」が，1：2くらいになって長音が出せるようになって現れるが，この段階の子どもの要求は，アーという発声だけで，周囲の大人によって満たしてもらえる。ところが，次の段階に進むには，子どもは声を言語音に加工し，文法に則って並べる技術を習得しなければならない。こうして，自分の思惑とは無関係の網のように張り巡らされた言語の掟に従い，「生のままの自分の息を，抑圧と監視の場に引きずり出して言語に変換する」旅が始まるのである。これ以降は，「言葉になってしまえば，それはもはや自分とはかけ離れたものとなり，自分の息が作り上げたものであるにもかかわらず，人は，その音声に『意味』という枷がはめられてしまうのをなすすべなく見守るほかないのである。」（下河辺 2000：145）

　しかし尾崎の声の発し方には，この意味のしがらみを破る独特の息づかいがあるという。たとえば，「Freeze Moon」の中のフレーズ，「なにもかもがちがう」。日本語の掟では，「なにも／かもが／ちがう」と傍点にアクセントが来るところ，「なにも／かもが／ちがう」と歌うことで，「自分の息が作り出す言葉が，意味に届くその回路を切断」（同前：146）しているのだというのである。

　ここに示唆されているのは，音のハズしを行うことで，音＝意味の仕組みに穴を開け，しがらみから少し自由になる可能性である。もちろん，完全にこのシステムから離脱することはできないのであるが，高低なり強弱のずらしを行うことでそこになにかしらの手触りや痛みをのぞかせる効果が生まれる。小さな違反によって母語を異国語化することはまさに特定のことばの臣民の一つの抵抗戦術となる。

(2)　**音列の暗唱と再生**　　この異国語化による意味への抵抗をさらに徹底させる出来事が，ある映画のなかで起こった。映画『ヒロシマ私の恋人』（邦題『二十四時間の情事』）を題材に，文化間のトラウマ的境界を越えて人が応答し合う可能性を考察した「文学と記憶の上演」（カルース 2005：36-82）のエピローグで，キャシー・カルースはフランス語がまったく使えない主演の岡田英次が映画のなかで美しいフランス語を話し役を演じきったことを取り上げ，興味深い分析をしている。

岡田は「彼にとっては文法的には何の意味もなさない音声としてそのセリフを覚えて暗唱した。」「音声を音として発話すると，彼自身の存在が空になってしまうかというと，実はその反対である。」「オカダは，自分の話している言語の意味を所有したり，支配したりするのではなく，その声の差異を比類なきかたちで伝達する話し方を映画に導入した。」「オカダの話し方は，声と意味の分離，あるいは意味を作らぬ発話という点で，表象のレベルで伝達することができる範囲をこえた特異性，単一性をこの映画に持ち込んでいる。」（同前：73-75）（傍点は筆者による）

ここでも，声を意味の桎梏から引き離そうとする身振りが「特異性，単一性」(specificity and singularity)（Caruth 1996：52）を生み出す可能性が示唆されている。カルースは，岡田による徹底的に純化された音列再生という方法とともに，岡田演じる日本人男性がフランス人女性に平手打ちを加えるシーンにおいても，音声が意味から切り離されていることを指摘している。

音を意味から切り離す方法は，アクセントずらしや音列再生以外にもいろんなバリエーションがあるのだろう。しかしそれが何であれ，その根底にあるのは，声がからだに位置づけられているという点であろう。意味から離れた声は中空にある音ではなく，平手打ちをくわえた手にしっかりと設置されている。アーというからだの音で世界に関わることのできた喃語から旅立った声は，じつは故郷を捨てたのではなく，からだという故郷と「ともに」法の国にいるということではないだろうか。痛みの語りとは，身振りとしての声によって，意味をとらせずに話すこと，理解されないように語ることで，聴く者に混乱を与え小パニックを起こすもののように思う。

3　混乱誘発としてのたたみかけ

さて先の「町民の精神的損害の実態」報告に戻ろう。この報告には音列暗唱や息づかい唱法のような特別な技法があったわけではもちろんない。しかしそれでも私は，この報告からたしかに衝撃を受けた。

一定の音量，ゆっくりしたテンポ，乱れないリズム等々，全体的に見て，報告にはある種の抑制があったが，ところどころ福島アクセントが混じり，おそらく原稿があってそれを読んでいたと思われるが何度かアドリブでことばを

探っているような揺れの場面もあった。さらに，複数の主語。担当の避難所を
もち，仮設庁舎で町民からの鳴り止まない電話を受ける職員としての私。プラ
イバシーなどほとんどないところで辛い思いをした個人としての私。そして，
転々と一緒に移動した私たち，「私たちは決して諦めません」というときの私
たち等々。一つの声のなかに複数の声＝主体が入れ替わりながら姿を現し，聴
く者の立ち位置はそのつど揺さぶられる。まさにバフチンのいう腹話術に溢
れ，ポリフォニーが上演されていた (バフチン 1995)。

　しかし何と言っても最大の衝撃源は，「子どもの学校，病院，介護者，通帳，
印鑑，権利証，車，ローン，置いてきたペット，家畜」の行である。韻律とか
難しいことを言うまでもなく，たたみかけるように放たれる音の礫。相互に因
果関係や前後関係のないそれらが次々と絵になって視界のあちこちに貼りつ
き，意味を取ろうとする頭は混乱する。

　後で気がついたことだが，ここで重要なことは，この混乱は，そっくりその
まま当時の被災者を襲った混乱だったということである。「これは長くなるか
もしれない」という空恐ろしい予感がした瞬間，次々と目の前に浮かんできた
のが，「子どもの学校，病院，介護者，通帳，印鑑，権利証，車，ローン，置
いてきたペット，家畜」だったのではないか。意味を説明したところで何ほど
のものであろうか，混乱のうちに見たものをぶつけ，聞くものを混乱に陥れる
声の力から見れば。

　もちろん，詩を聴くことで被災・避難している方々の苦痛を理解しえたとか
そういうことを言いたいわけではないし，じっさいとてもそこまで行けてな
い。強調したいのは，理解より何より，短時間とはいえからだの動きが封じら
れ，調子が狂い，混乱させられたこと。そして，どんな困難があるのか，どん
な助けが必要なのか等々，意味取りに向かう腕の関節をはずされ，音だけを聞
くことで，意味を超えた経験の唯一性，すなわち痛むからだの前に立たされた
という事実である。

4　震えの声の前で

　浪江町が，精神的苦痛に対する賠償額増額を求め，原発ADR (原子力損害賠
償紛争解決センター) に集団申立てをした目的の１つは，「被害の実態を明らか

にし，社会に訴えていくこと」，とくに「避難によるこころの痛みは時間とともに軽減しないことを明らかにする[4]」ことであった。この訴えの一環として行われた上記シンポジウムは大きな成果を収めたと思う。

　しかし，いうまでもなく，町民の痛みの声は東電や国にこそ直接届けなければならない。町民の7割を超える1万5千人以上が申立人となる集団申立てに対し，解決センターは，町民の意見陳述や現地調査の手順を踏み，被害実態を踏まえ，月5万円の慰謝料増額等を内容とする和解案を提示した。町はこれを受け入れることにしたが，東京電力は受け入れを拒否した。その後，センターから異例の和解案提示理由書まで提示されたが，東電は拒否の姿勢を変えない。

　この浪江町のADR手続では，仲介委員が現地を訪問し町民の話を聴くという手順が踏まれている。これが増額を認める案の提示に結びついたかどうかはわからないが，身をもって話を聴き，それを受け止め提案するという姿勢は町から評価されていると聞く。他方で，審査会や東電にはこうした身体性の契機が決定的に欠けている。痛むからだの前に立ち，震えの声を聴く場を設定することは，意味のない非現実的な夢想なのだろうか。

V──おわりに　　振舞いの即興性

　ここまで，喪失の痛みのなかから前に進もうとする人たちの声と身動きを追いながら，補償・賠償・救済を考えるときにどんな視点が必要かについて考えてきた。これと重ねながら，和田の主体イメージの含意について考えてみる。

　たとえば紛争処理モデルの構想において当事者をどう位置づけるのかに関して，当事者自身の動きを広く認めていくのか，法や第三者関与の度合いを大きくするのかといった二分法があるとすると，和田モデルはもちろん前者の立場に立っている。もっとも，これは人びとが自力で問題解決する能力をもっているからではなく，何が解決かを決めるのは最終的に当事者しかなく，そこに向かおうとする動きを止めることはできないからとの考えからではないかと想像する。

　当事者はあらかじめ自分のニーズを知っていたり，自分のやり方をもっていたりするわけではない。解決方向を見定められず迷い，法の制度，法の人，法

のことばに期待しつつ，そこに違和感や落胆を覚えてもがいた末に何かをなそうする。説明できないことを説明しなければいけない状況に追い込まれ，説明のつくものにしようともがいた先に声が生まれる。「歌心というのは元々，あらゆる生き物がそれぞれ生きようとしてもがいている，そのもがきなんだから」との鶴見俊輔の定義に乗っかるなら，この声が知らない国のことば＝詩として聞こえることは自然なことである。

　話すことは離す＝放すことだと言われるとき，ここにも語りが一定のもがきの時間の後に痛みをもって現れることが含意されている（田中 2014：236）。医療過誤訴訟で，弁護士を解任し本人訴訟を闘い抜いた母親の力も，元々もっていた何かではなく，法のことばで語ることに挫折し見切りをつけた後に生まれたものであることは，その訴訟の言説分析で鮮やかに描き出されていた（和田 2001）。

　結局のところ，和田法社会学にとって，どんな属性や能力を「もった」主体を前提とするかは主たる関心事ではない。それでも主体イメージがもし必要だとしたら，それは「○○である」「○○をもっている」ものとして描かれる主体像ではなく，「○○しつつある」主体ということになるであろう。しなやかでしたたかな主体像の核心は，即興的に生みだされる動き，予測を超えるこだわりや身動きにこそあるというべきであろう。和田の主体描写の根底にあるのは，出来上がったもの，完成品に対する嫌悪であり，できつつあるものへの慈しみのようなものではないだろうか。

　ここまでおいでといわれ何とか行ってみると，もうそこにはおらず，別の木の上でにこにこしながら枝葉を揺すってる。追うのをやめてると，不意に現れ，見事な跳躍力でまたどこかへ。目の前にいるとき，じっとそこにいない。いないときも，そこにいる。

　これは和田法社会学についての私のイメージだが，この捕まえられなさこそ和田が描く「しなやかでしたたかな主体」の本領あるいは身ごなしの癖なのではないかと思えてくる。本稿で検討した被災者の身振りと声に寄せて言えば，こうした即興が生まれるプロセスは必ずしもスマートなものではない。それどころか，何が起こったのか，何が必要なのかを簡単に説明できないのにそれを説明することを強いられ，都合よく「理解」され「勝手に解決」されてしまう。

その流れに待ったをかけようと絞り出される声。追い詰められ，それでも納得のいかなさに踏みとどまったときに出てくる声と息。人と制度の接面にこうした音を立てて現れる振舞いの即興性を慈しみ，捕まえにくさと付き合っていくことが，解釈法社会学に求められ，解釈法社会学が求めているものなのかもしれない。

【注】

1） ふるさと喪失の概念は事故後の早い段階から除本理史によって提起されたもので，その後「地域」と「個別被害者」に分けてその回復のあり方を提案する等発展している（除本 2015）。
2） 答えてくれたのは，市村高志氏（NPO法人とみおか子ども未来ネットワーク理事長）。インタビューは，2015年3月24日実施。
3） 愛知県がんセンター中央病院「ニーマイヤー教授，喪失を語る」http://www.pref.aichi.jp/cancer-center/hosp/15anti_cancer/special/02.html
4） 浪江町「精神的損害に対する浪江町集団申立てについて」http://www.town.namie.fukushima.jp/uploaded/attachment/1692.pdf

【参照文献】

淡路剛久（2013）「福島原発事故の損害賠償の法理をどう考えるか」環境と公害43巻2号2-8頁.
──・吉村良一・除本理史編（2015）『福島原発事故賠償の研究』日本評論社.
市村高志（2013）「私たちに何があったのか」現代思想41巻3号168-185頁.
下河辺美知子（2000）『歴史とトラウマ』作品社.
田中康裕（2014）「福二の三度の喪失」河合俊雄＝赤坂憲雄編『遠野物語　遭遇と鎮魂』岩波書店.
ニーメヤー，ロバート・A（2006）『〈大切なもの〉を失ったあなたに』（鈴木剛子訳）春秋社.
ニーマイヤー，ロバート・A編（2007）『喪失と悲嘆の心理療法』（富田拓郎・菊池安希子監訳）金剛出版.
バフチン，ミハイル（1995）『ドストエフスキーの詩学』（望月哲男・鈴木淳一訳）筑摩書房.
原田正治（2004）『弟を殺した彼と，僕。』ポプラ社.
山下祐介・市村高志・佐藤彰彦（2013）『人間なき復興』明石書店.
除本理史（2013）『原発賠償を問う』岩波書店.
──（2015）「避難者の『ふるさとの喪失』は償われているか」淡路剛久・吉村良一・除本理史編（2015）『福島原発事故賠償の研究』日本評論社.
吉村良一（2014）「福島第一原発事故被害の完全賠償に向けて」環境と公害44巻1号28-34頁.
和田仁孝（1996）『法社会学の解体と再生』弘文堂.
──（2001）「法廷における法言説と日常的言説の交錯」棚瀬孝雄編『法の言説分析』ミネルヴァ書房.

Caruth, Cathy（1996）Unclaimed experience: trauma, narrative, and history, Johns Hopkins

114 第2部 臨床の法

University Press. カルース，キャシー（2005）『トラウマ・歴史・物語』（下河辺美知子訳）みすず書房.

医療とナラティブ

斎藤清二

「少し前，私が「医療の物語的な半球 (The Narrative Hemisphere of Medicine)」と仮に名付けたタイトルの論文を書いていたとき，突然，物語的な要素を持たない医療の実践などほとんどないのだということに気づいた。なぜなら，臨床実践，教育，研究にはすべて，ストーリーを語ること，受け取ること，創造することが刻み込まれており，それを消すことはできないからである。」　リタ・シャロン (2006＝2011：viii)

I──はじめに

　医学／医療と呼ばれる1つの対人援助領域において，後にナラティブ・アプローチと総称されるようになるムーブメントが注目されるようになってきたのは，それほど昔のことではない。とはいえ，1988年に原著が発行された，アーサー・クラインマン (Kleinman A, 1988＝1996)) の『病いの語り──慢性の病いをめぐる臨床人類学──』が1996年に，マクナミーとガーゲン (McNamee S & Gergen KJ, 1992＝1997) によって1992年に編集された『ナラティヴ・セラピー──社会構成主義の実践──』が1997年に，さらにはグリーンハルとハーウィッツ (Greenhalgh T & Hurwitz B, 1998＝2001) によって1998年に編集された『ナラティブ・ベイスト・メディスン──臨床における物語と対話──』が2001年に本邦で翻訳出版されるにおよび，日本の医学／医療においても，ナラティブ，「物語」，あるいは「NBM (narrative based medicineの省略形)」などという言葉があたりまえのように語られるようになってきた。

　一方で，医療におけるナラティブとは結局のところ何であるのか？　ナラティブと医療の関係はどのようになっているのか？　といった，素朴ではあるが核心をついた疑問に対して明確な解答を与えることはしばしば困難である。このことは，本邦に特有の問題というわけではなく，たとえば国外論文に

おいても「NBMとはそもそもなんであるのか？　それは特殊な治療法なのか？　医師─患者間のコミュニケーションの特殊な形式なのか？　質的研究の道具なのか？　単に患者に対する医師の，あるいは医師が医療を行う時の，ある特定の態度を意味しているのか？」といった問いかけがなされている (Kalitzkus & Matthiesen, 2009)。この問題への最も包括的な解答の１つは，「NBMはそれらすべてでありうる。そこでは適用される領域に応じた実践形式，異なった形式や異なったジャンルのナラティブが用いられる」ということになる (Kalitzkus & Matthiesen, 2009)。筆者はこの見解に賛同するものであるが，同時にこのことを一般の医療者に対して説明し，賛同を得ることはなかなか難しいのではないかという危惧も抱いている。しかし，この「ナラティブ・アプローチやNBMは，そもそも何か１つの単独の概念で説明されるようなものではない」ということは，ナラティブ・アプローチの根本に関わることであり，その理解なくしては，こういったムーブメントは機能しないとさえ言える。

　たとえば，NBMが１つの特殊なコミュニケーションのスキルであるとすれば，それ以外のコミュニケーションスキル，さらにはコミュニケーションスキル以外の医療の要素のすべては必然的に「NBMとは別のもの」であると規定されてしまう。その考えをさらに発展させれば，医療には，NBMという特殊な医療と，それ以外の（おそらくは，現代までの主流をなす科学的な）医療がある，という図式が成立してしまう。そこで，「いやNBMとはそれだけに限定されるものではない」と主張し，次々とNBMの異なる側面を列挙していけば，最終的には「NBMとは結局のところ医療そのものである」という結論にまで至ってしまう。それはそれで１つの見解であるが，はたしてこのような，一種の「汎物語論」的な見解は，実践そのものの改善や，実践を支える理論の構築に役立つのかという疑問が生ずるだろう。

　本稿の冒頭に掲げた，シャロン (Charon, 2006 = 2011) の言説にも同様の主張が込められている。シャロンは長く，「文学と医学 (literature and medicine)」の領域で活動したきた医師であり，同時に文学博士でもあるが，2000年からコロンビア大学において医療者への教育プログラムであるナラティブ・メディスン・プロジェクトを主催してきた。医療／医学を物語的行為 (narrative act) と別のものと考えるのではなく，物語能力 (narrative competence) を持つ医療者が

その能力を通じて行う実践を物語医療 (narrative medicine) と呼ぶことを提唱し，物語能力を涵養するための様々な具体的な訓練法を開発し，実践してきた。

このように，医療におけるナラティブ・アプローチを，医療における単なるツールやメソッドと考えるのではなく，医療／医学そのものを物語的行為ととらえ，診断，治療，臨床判断といった伝統的に医学の中核とされてきたプロセスの物語的性質を明らかにするとともに，医学を狭い意味での生物学的科学の範疇から解放し拡張しようという試みは，1991年に公刊された，ハンター (Kathryn Montgomery Hunter, 1991) の *Doctors' Stories-The Narrative Structure of Medical Knowledge* において，すでに詳細な議論がなされている。本稿では，医療／医学とナラティブの関係を，医療実践そのものを物語的行為とみなすだけではなく，一般に「医学」と呼ばれる「知の営為」，さらには医学的実践や教育における知識の創成，伝達が，解釈や共同構成を含む本質的に物語的な行為であるという観点から，出来る限り丁寧に考察，描写することを試みたい。同時にこの作業を通じて，医療／医学をこれまでとは異なった観点から把握するとともに，それを支える物語的な基本構造を明らかにしていきたい。最後にこのような新しい視点が，これからの医療／医学をどのように変えていくのか，将来の医療／医学を担う者達にとってどのような恩恵をもたらすのか（あるいはもたらさないのか）といったことに焦点をあてて論じてみたい。

II──医療と医学

最近，とある会で，参加者の一人でベテランの医師の以下のような発言が私の注意を引いた。「最近の若い医師は，自分のことを医療者だと思っていません」。私はその医師の言葉の意味を測りかねた。「どういうことでしょうか？」「彼らは，医療とは看護師や他のコメディカルがすることだと思っているのです」「それでは，彼ら自身は何をするのですか？」「彼らは，自分は科学者あるいは科学技術者だと思っています。患者のケアをするのは，看護師や他の"医療者"にまかせて，自分達は自然科学である"医学"だけをしていれば良いと彼らは考えているのです」。

このベテランの医師の発言が，はたして日本の現代における若い医師達の現

実についてのある程度公平な描写なのか，あるいはどの時代にも見られる「今の若い者は〜云々」という，世代間ギャップの表現なのか，私には分からない。しかしいずれにせよ，感染症や急性疾患を病院で診断・治療することをその中核としてきた20世紀の医療から，慢性疾患の管理や心理社会的要因が大きく影響するさまざまな患者の「苦しみ」をその対象とし，疾患ではなく生活者である患者そのものをケアすることを目指す21世紀の包括的ケアへと移行しつつある現代において，医療と医学（科学）がむしろ乖離を強めているとすれば，それは大きな問題であろう。

ハンター（1991：47）は以下のように述べている。「……医学（medicine）とは，人間の病いに関する知識やケアに関係していると同時に不確実性に対するその多彩で独創的な防御で特徴づけられている，科学を利用した判断に基づく実践である。疾患は文化的に定義されるものであり，事実，単に"外にある"だけのものではなく，また人間は究極的には不可知な存在であるという理由で，医学の知識は根本的に，そして根絶不可能なほどに不確実である」。

上記の文章においては，medicineを「医学」と訳したが，これは「医療」と訳されても間違いとは言えない。ハンターはさらに同書（1991：vi）において，「medicineは科学ではない。なぜならば，それはすべてを深遠な知識と複雑な技術に依存しているからである。これは議論の余地がある言明でもなく，驚くような言明でもないはずなのだが，それにもかかわらず，おそらく多くの医師はそれを受け入れがたいと思うだろう……」と述べている。ここにおいてハンターは，日本において「医学」または「医療」と訳し分けられるmedicineという言葉で，ある実体（entity）について論じているのだが，この英語圏の議論を日本語で行うことは不可能である。

「医学」は学術的知識そのものであり，ひょっとするとそれは自然科学と同じような意味での科学でありうる（少なくともそれを目標としている）かもしれない。しかし「医療」は最初から（そもそも言葉自身の意味において）「実践」であり，そのすべてが伝統的な意味での"科学"から構成されているわけではないというのはむしろ当然である。したがって，ここには矛盾は生じない，医学は科学であり，医療は（少なくとも科学そのものである必要のない）実践である。包括的医療とは言うが包括的医学という言葉はない。コミュニティ医療とは言うがコ

ミュニティ医学とは通常言わない（学問の一分野としてはあり得る）。そして，医学生は医学部を卒業し，医学士あるいは医学博士となり，"医療"からはどんどん遠ざかっていく。しかしこれは，現実とは異なっている。医学の実践である医療は，医師の日々の仕事の大部分を占める。あくまでも医師の存在意義はmedicineにある。しかし，日本語を用いる限り，それは医学と医療に分断されてしまい，医師は医療から去り，（科学である）医学の殻の中へと閉じこもってしまう。

　考えてみると，「医療」という日本語も微妙な言葉である。たとえば医療者あるいは医療従事者という専門職種の範囲はどこまでなのだろうか？　そもそも英語圏では，Healthcare professionalsという表現が一般的で，ヘルスケアという言葉は医療を包含し，それよりも広い範囲を示唆する。ケアとナラティブ（物語）は相性が良い。「物語としてのケア」といった言葉も，本邦においては特に抵抗なく受け容れられている。しかし，医療という言葉を用いると，物語と科学の対立の臭いが少しだけ混入してくる。医学と物語となると，これは通常はまさに二項対立的に扱われてしまう。「物語としての医学」などというキャッチフレーズを提唱したとしても，多くの医師は（あるいは医師以外の医療者も）相当な違和感を抱くのではないだろうか。しかしこの問題はおそらく，日本語ではmedicineが医学と医療に分離してしまっているために，本来の問題がさらに捻れてしまっているという側面が大いにあるように思われる。

　「narrative medicine」という用語を創出した時の経験について，シャロンは以下のように述べている。

　「……（ナラティブ・メディスンという）その名前は私には魅力的なものに思えた。というのも，名前を示す語句として，それは観念ではなく「thing（事物，作品，仕事）」を示しており…（中略）…その基礎にある一連の概念的連関とともに行われるような実践を意味しているからである。この考えが，どのように実践を行うかについての理論を持たないその場しのぎのものであったり，理論的ではあるが効果のないものであったなら，私は心を動かされなかったであろう。」（2006＝2011：viii）

　英語におけるmedicineは，まさに理論であると同時に実践であり，その中で理論と行為が複雑な形で結びついている。しかし，ハンターやシャロンが述べているように，英語圏においてさえ，理論と実践は乖離する傾向がある。ま

してや，日本語においては，"medicine＝医"は容易に"医学＝理論"と"医療＝実践"に分離してしまう。日本にmedicineという言葉が輸入された時，それに対応する適切な訳語は創出されなかった。辛うじて「医事＝medical matters」という言葉が一部で使われ，これは上記のシャロンの考察と深い関連を持っているように見える。この「医事」という言葉は，本邦における医学界（医学教育を含む）ではほとんど耳にすることはないが，辛うじて法律の世界（「医事法」）や，病院などの事務部門（医事課），一般開業医向けの商業誌（『医事新報』）などの名称の中に残存している。

21世紀において，「医＝medicine」の世界は，大学医局やその関連病院，あるいは地域の総合病院などにおける医師を頂点とするヒエラルキーの世界から，コミュニティを中心とした多職種協働・包括的ケアの世界へと変貌を遂げつつある。もちろんこのような時代の趨勢が，現実の医療政策や医療機構の根本的な変革として実現するには，数十年という単位の時間が必要だろう。そのような「現実の改革」はゆっくりと進行する。しかしその方向性は定まっていないわけではない。確実に「医」の世界は，医師を頂点とするヒエラルキーが確立した「医学の世界」から，医師も多数の専門職の一人に過ぎない，多職種協働を前提とした「包括的ケアの世界」へと向かっている。このような変更への明示的な予感と不安は，現場の医師よりもむしろ，医学生，研修医といった，将来の「医」の現場を担う若者達の間にこそ浸透しているように思われる。しかし事は単純では無い。

ある医学生から聞いた話だが，その医学生はかなり早い段階から緩和医療に興味をもっていた。彼は医学部卒業を目前に控えて，自分の夢を実現するために，卒後研修にどのような機関を選ぶべきか迷っていた。ある時，彼が以前から信頼していた先輩と話をする機会があり，彼は思いきってその先輩に彼の考えと迷いを率直にぶつけてみた。先輩の答えはこうだった。「患者のケアをすることも大切なことだが，それは医師でなくともできる。せっかく医師になるのだから，医師でなければできないことをすべきだ」。彼は尊敬していた先輩からのこのアドバイスに衝撃を受けた。「医師でなければできないこと」とは何だろうか？　彼はその後ずっとその問題を考え続けることになった。

「medicine（＝医）」が医学（理論）と医療（実践）に分離している現代の日本に

おいて，医療はもはや医師の専売特許ではない。それどころか，医師は医療チームにおいて特別抜きんでた存在でさえない。医療チームの中には，ケアの専門家としての看護師がおり，介護の専門家としての介護士やケア・マネージャーがいる。社会的なリソースをどう有効に活かすかについてはソーシャル・ワーカーがおり，心理的な問題に専門性をもって対応する精神保健福祉士がいる（近い将来この領域には公認心理師が参入するだろう）。そのどの分野をとっても，医学生や研修医は不十分にしかその基礎と応用を学んではいない。そのような多職種協働チームにおいて，医師でなければできないこととは何だろうか？　最先端の科学的な診断・治療のための機器を使いこなせることで保ってきた医師の専門性は，このコミュニティの現場においてはほとんど役にたつとは思えない。最新の科学的医学の専門的知識は，現場の問題解決には思ったほど役にたたないし，そもそも最新の知識というものはどんどん更新されるので，学生時代の知識は10年後にはほとんど古くさい時代遅れのものになってしまう。そのような状況がますます拡大していくことが確実に予測される現代において，「医師でなければできないこと」とは何か？

　おそらく2つの選択肢があるのではないか。1つは，医学と医療が切り離され，しかも近未来の医療の中に医師が存在する場所がないのであれば，医師はますます「医学」へと引きこもり，その科学性を追求することによって，再び「医」の世界の権威者となることを目指す道である。もう1つの道は，医学と医療の乖離が，実は現実でもなければ必要なことでもないことを見抜き，包括的な意味での「medicine」の世界に積極的かつ意識的に参入する中で「医師でなければできないこと」を見いだすことであろう。本稿では最初に前者の方向性にしたがって「医学」における「ナラティブ」の役割について詳しく吟味してみたい。その後で再度後者の包括的なケアの世界における医師の役割と「ナラティブ」の関係について考察したいと思う。

Ⅲ──診　断

　一般に，診断（diagnosis）こそは，医療の世界において医師だけに許されている特権であり，医師でなければできないことの最も典型的な行為であると考え

122　第2部　臨床の法

られている。その根拠は多くの場合，医師法第4章17条における「医師でなければ医業をなしてはならない」という法律規定に求められる。医業とは，医師でなければ行うことのできない「医行為」を職業として行うもの，と考えられるが，法律論的には，「医行為」とは何かということが常に問題になる。医行為そのものは日本の法律によっては直接明確に規定されていないため，しばしば論争のもとになる。おおざっぱに合意されている医行為の概念としては，「人の疾病の診察，又は治療，予防の目的をもって人体になす行為の中で，医師が行うものでなければ人体に対して危害を生ずるおそれがある行為」といったあたりに落ち着くだろう。さらにそれを一般的な通念にしたがって言い換えれば，「医学上の専門知識を基盤とする経験と技術を用いて診断（病名）を特定し，これを患者に伝え，処方，投薬，又は注射，外科的手術，放射線照射等による治療を行うこと。採血，採尿，生体組織の顕微鏡検査，電子機器による検査等の検査を行う行為」（日本予防医学行政審議会：2005）といった表現が，大方の意見の集約として許容されるのではないかと思われる。

　そうすると，診断とは「医学的病名を（患者に対して）付与する行為」ということになり，これは，「個別の患者を，一般的に承認されている医学的診断体系の特定の部位に位置づける行為」として理解することが可能である。医学的診断体系（病名の体系）として，全世界共通のシステムとしては，国際疾病分類（ICD：International Classification of Diseases）が用いられている。現在は1990年にWHOが設定した第10版：ICD-10が用いられているが，改訂作業が進められており，ICD-11は2017年に公開される見込みである。また精神疾患に関しては米国精神医学会が，精神疾患の診断・統計マニュアル（DSM：Diagnostic and Statistical Manual of Mental Disorders）を公表しており，現在第5版（DSM-V）が発行されている。このように一般的な視点からみると，「医学的診断」という行為は，科学的，合理的に設計された分類と基準に基づいて行われる，客観的で信頼できる過程であるように見える。しかし，このような理解はあまりにも素朴に過ぎる。実際に「診断」という行為を日々実行している医師の視点，あるいは診断という行為の対象となる患者の視点，さらには診断という医学的世界において最も重要とされる行為を適切に実行できる人材を継続的に養成しなければならない医学教育の視点などから描写すれば，それは実に複雑な要素を

内包する概念であり行為であるということが明らかになる。以下にそれぞれの
視点からの具体的な経験の描写として「診断」を描き出し，論じてみたい。

Ⅳ——医師の物語

哲夫さん（仮名）は大学院に在籍中の20代半ばの男性だった。問診を始める
と，落ち着いた態度で私の質問に対して丁寧に答えてくれた。2週間ほど前か
ら赤黒い便が出ることに自分で気づいた。腹痛はなかったが，大学院の研究で
忙しい生活が続いており，高校生の時に十二指腸潰瘍の既往があることから，
ストレスで潰瘍が再発したのではないかと心配になった。身体も少しふらふら
するので，近くの病院を受診した。そこでは貧血を指摘され，上部消化管の内
視鏡検査を受け，医師からは十二指腸潰瘍があると言われた。しかし潰瘍から
の出血は止まっているのに血便はまだ続いており，詳しい検査と治療が必要と
勧められ，大学病院に紹介され，入院することになった。

私は当時まだ卒業後3年目の医師で，大学病院の内科で後期研修を始めたば
かりだった。哲夫さんの身体診察では，少し貧血があること以外には大きな問
題はなかった。入院時の検査データも，中等度の鉄欠乏性貧血が認められる以
外はすべて正常だった。前医から送られてきた診療情報提供書によれば，哲夫
さんの内視鏡検査では，最近治ったばかりと思われる十二指腸潰瘍の瘢痕が認
められた。高校生の時に似たようなエピソードがあり，受験のストレスのため
の十二指腸潰瘍から出血したのだろうと言われたとのことだった。しかし今
回，下血はまだ続いており，潰瘍からの出血としては矛盾していた。

そのようなことを哲夫さんと話しあっているうちに，哲夫さんが「実は
……」と話し出した。「親の話では，小さい頃に似たようなことが何回かあっ
たようなのです。自分の記憶でははっきりしないのですが，血便が出たことが
あって，医者でもよく分からないと言われたとのことですが，自然に治ったよ
うです」。私はその話を聞いて，どうも今回の下血は，通常の十二指腸潰瘍で
は説明できないような気がした。しかし十二指腸以外に問題があるとしても，
検査してみなければ分からないとも思った。その頃まだCTスキャンもMRIも
ない時代だった。下部消化管のX線検査や内視鏡検査の予定を説明してその日

124 第2部 臨床の法

の面接は終わった。

　哲夫さんの状態が急変したのはそれから数日後だった。看護師から連絡を受け，私は急いで病室へ向かった。哲夫さんは強い腹痛を訴えており，それは数時間前から急に始まったとのことだった。腹部を診察してみると，右下腹部に強い圧痛と限局した腹膜刺激徴候を認めた。全身状態は悪化していなかったが，発熱も認められた。急遽行われた血液検査では，入院時には認められなかった急性炎症所見が認められた。哲夫さんの病状は急性腹膜炎に合致していると思われた。緊急に撮影された腹部単純撮影では，腸管穿孔を示唆する腹腔内の遊離ガス像は認められなかった。鎮痛薬と抗生物質を投与しつつ，外科医の診察を依頼した。診察した外科医は私の先輩で，手際よく患者診察を終え，一通りの検査所見を確認し，こう言った。「急性虫垂炎の穿孔で間違いないと思う。全身状態は保たれているので，明朝まで抗生物質と輸液でつないで，朝一番に手術をしよう」。私は病状を哲夫さんに説明し，治療方針についても説明した。本人も説明に異存はなく，そのまま一晩慎重に経過を観察しつつ，翌日の手術を待つことになった。

　病棟の仕事を終えて，私は医局の研究室に戻った。何かが納得いかなかった。哲夫さんが今回入院した理由は原因不明の消化管出血である。それがどのような病気によるものであるのかは，未だに分かっていない。その哲夫さんが，突然入院中に急性腹膜炎を発症した。病状と一般的な発生頻度を考慮すれば，急性虫垂炎の診断は妥当である。しかし，どうしてたまたま入院中に急性虫垂炎にならなければいけないのか？ 消化管出血と腹膜炎を結びつける鑑別診断の候補は他にもないとは言えない。頻度は低いが腸管に発生した腫瘍などはどうだろうか？ 可能性は否定できない。しかしもし腫瘍だとすれば，それは最近発生したものでなければならない。哲夫さんが，本人も記憶にないほど幼い頃に繰り返した下血とはいったい何だったのだろうか？ それらは独立した複数のエピソードの偶然の重なりなのだろうか？ 今回の入院や検査については，哲夫さん自身もご両親もある意味良い機会だととらえていたように見えた。子供の頃の原因不明の繰り返す血便，高校生の時の十二指腸潰瘍，そして今回の原因不明の一定期間続く下血。哲夫さんもご両親も，「何かがある」と漠然と感じていたと思う。今回の入院はその謎が解明される良い

チャンスかも知れない。だから，検査されることを嫌がることもなく，むしろ期待しながら哲夫さんは入院してきた。

　そのような考えをめぐらせているうちに，突然私の中で何かがつながった。「子どもの頃からある腸の異常で急性虫垂炎と間違えられやすいもの」を探索していた私に「メッケル憩室」というキーワードが浮かび上がった。これは珍しいとはいえ，教科書にも載っており，小児の２％くらいに認められると言われているので，そう稀な疾患でもない。それではメッケル憩室から出血して血便を来すことはあるのか？　私は急いで消化器外科の教科書を医局の戸棚から引っ張りだした。「なるほど」。学生の頃授業で習って知っていたはずのことだが，記憶からはすっかり抜け落ちていた。その教科書にはこう記載されていた。「メッケル憩室には異所性胃粘膜が高頻度に存在しており，胃酸が分泌されるために周辺の腸管に潰瘍を形成し，出血や穿孔を来すことがまれならず認められる」。さらに「メッケル憩室からの出血では，便は赤と黒が混じった血便となる」。まさに哲夫さんの血便はその特徴にぴったりだった。すべてのピースがぴったりとはまったと感じた。言い換えれば，メッケル憩室という疾患の典型的な経過というプロットの時間軸上に，すべてのエピソードが矛盾なく配置されたのである。私のその時の実感は「誰がなんと言おうとこれ以外有り得ない！」という確信であった。

　私はこの発見に少なからず興奮していた。今のところ私の頭の中だけにあるこの貴重な発見を，明日まで自分一人だけで保っていることはできそうもなかった。そこで私は，隣の研究室をノックして，たまたま在室していた別の先輩に，私の解き明かした今回の事件の推理を情熱を込めて語った。しかし，その先輩の反応は冷たかった。「やっぱり頻度から言えば，十二指腸潰瘍と虫垂炎なんじゃないの？」。私は落胆したが，いずれにせよ明日になれば結果は分かると思い，それ以上の議論はしなかった。次に私は，明日の手術の執刀予定の外科医の研究室へ行き，同じように私の考えを話した。その外科医は半信半疑の様子だったが，私の見解を完全に否定することはせず，「一応君の意見はカルテに書いておこう。明日の手術は虫垂炎を前提に開始するが，所見によって柔軟に手術野を拡大できるようにする。しかしもし術前診断を確定したいなら，メッケル憩室シンチグラフィーという方法があるよ」と教えてくれた。

126　第2部　臨床の法

　手術前の限られた時間にその検査（アイソトープを用いた，当時としては特殊な検査であった）を施行するためには，いろいろ乗り越えなければならない障壁があったが，幸い放射線科の先生も興味を示してくださり，手術直前の早朝，その検査が施行された。しかしその結果は陰性だった。私は半ば自信を失いかけたが，検査の診断能は100%ではないと思い直し，手術の結果を待つことにした。

　手術の結果はまさにどんぴしゃりだった。最初小切開で開始された手術で，執刀医は虫垂が正常であることを確認した。盲腸から回腸へと手で探っていくと，通常はないはずの何かがそこにあった。急遽切開が追加されて手術野は拡大され，回腸の一部とともにその憩室は摘出された。憩室の開口部の近傍の回腸には深い潰瘍形成があり，それが腹腔内に穿孔し，限局性の腹膜炎を起こしていたことが確認された。

　術後の経過は順調で，もちろんそれ以降は血便はまったく認められなかった。病状説明に対して哲夫さんも十分納得され，元気に退院していかれた。家族の方も喜んでおられたとのことだった。切除標本の病理検査では，組織学的に異所性の胃粘膜と壁細胞の存在が確認され，メッケル憩室に合致する所見であると報告された。メッケル憩室シンチグラフィーの検査が陰性であったことが唯一納得できない点であったが，手術後に文献を調べたところ，「出血や炎症を伴う場合，検査が偽陰性を呈しやすくなる」という記述を発見し，それについても納得がいった。その後，医局の何人かの医師にことの顛末を説明したが，そのうちの何人かは，「おれも実はそうではないかと思っていたんだよ」と言った。これは聞き流すことにした。

V──物語的行為としての診断と治療

　上記のエピソードは，まだ検査法が発達していない時代の一種の武勇譚と受け止められ兼ねないものである。しかし，臨床現場における診断という作業について考える上で，いくつかの特徴を典型的に示している逸話と思われるので，それを振り返ることによって考察してみたい。

　前節で述べたように，診断とは，確立された一般的な診断カテゴリーに，目の前の個別の患者を当てはめる作業であると考えられる。しかし，今回の哲夫

さんの診断過程を振り返ると，診断とはそのような単純な作業ではないことが
分かる。繰り返しになるが，診断という臨床実践は常に個別の作業である。哲
夫さんのように，医療機関を訪れ医師の目の前に現れる患者は，常に新しく，
1人としてまったく同じ人はいない。実践現場とは常に何が起こるか分からな
い場所であり，そこで起こることは常に想定外で不確実である。たとえ診断体
系の基準や規則は一般的で客観的なものであっても，その体系の中に哲夫さん
という個別の患者をどう定位するかという作業は完全に個別の作業である。言
い換えれば個々の実践とは常に新しい未来の探索であり，新しい状況の創造で
あるということになる。このことは，現場の作業者はみな感じ取っていること
であるが，往々にして忘れられやすいことでもある。

　このような現場で，医師と患者はどのような作業をしているのだろうか？
私と哲夫さんの交流に示されているように，医師と患者が出会って最初に行わ
れるのが，医療面接による情報の聴取である。そこは患者の「病いの物語 =
illness narrative」が初めて医療者との出会いにおいて提示される場所である。
もちろん患者の人生がすべて病いで占められているわけではないが，受診や入
院という医師との出会いにおいて，患者の「病いの物語」はすべての医療行為
の出発点であり，そこから生成されていく様々な「医学的な物語の改訂版
(version)」の源泉となるものである。ハンター (1991) は，この医師と患者の出
会いにおける「患者の物語」から「医学的な物語」が生成していく過程を丁寧に
描写している。ここで重要なことは，医師が生成する「患者の病いの物語につ
いての医学の物語」は，患者の物語そのものではなく，患者の物語を解釈した
医師による改訂版だということである。哲夫さんが，現在起こっている下血と
いう問題をなんとかしてほしいという希望をもって医療機関を訪れたことは間
違いないにしても，彼が医療に対して，あるいは直接には医師である私に対し
て，期待していたことはおそらくそれだけではない。自分に起こっている「普
通でないこと」を，専門家の視点からきちんと理解し，それに納得のいく説明
を与え，その問題がなんであったとしても，最良の対処法を提示して実際に問
題を解決してくれること，それこそが患者である哲夫さんが私に期待したこと
であったに違いない。これを医師の視点から見ると，それこそが診断と治療の
過程ということになる。もちろん医師である私も，その診断と治療のプロセス

128 第2部 臨床の法

を舵取りすることこそが，自分に期待されている役割であるということは十分に自覚していた。

　哲夫さんと私が最初に出会った時，哲夫さんは自分のそれまでの歴史を「病いの物語」として私に差し出し，同時に自分自身の身体を診察と検査という医学的関心の場に差し出すことで，「医学の物語」の中に自分を提示（present）したのである。私は医師として，その哲夫さんの物語と身体を解釈の素材として，適切な診断と治療という医学の物語を構築するために努力することを誓った。日本の医療の慣習として，このような「契約」が明示的に言葉として取り交わされたわけではないが，ここから私と哲夫さんの，医療という現場における「同行二人」の旅が開始されたわけである。この「同行二人」の旅は，物語的行為の道行きである。哲夫さんはそれまでの自分の歴史である「病いの物語」を私に提示しただけではなく，刻々と経過する時間の中で，自分の身体を通じて私という医療者に「物語の素材」を提示し続ける。私はそれを医師の視点から解釈し「医学の物語」を構成する。その解釈のプロセスそのものが診断過程であり治療過程であるが，それらは典型的な物語の形式をとる。すなわち，初めての出会いという始まりがあり，時間経過にそって次々と展開するできごとがあり，その中での重要な転回点は「診断」とか「治療方針の決定」とか呼ばれる。そして2人の医学の物語は，紆余曲折，時には起承転結という構造をとりつつ，いずれにせよ終結へと向かう。それがハッピーエンドになるかどうかは分からない。診断とは，このような個別の医療の物語に，ある程度明確なプロットを与える作業に他ならない。そのプロットは，なぜこのようなことが起こっているのかを説明し，それにどのような対処をすればよいかの方針を示し，おそらく最終的にはこうなるだろうという未来予測を示す。少なくとも医学的な観点から，患者，患者の家族，連携する医療者，症例検討会や学会などでの同僚や上司，さらには医療に資源を提供する我々の社会に対して，提示し共有されることが可能な，できる限り良質のプロットを構築することは，医師の責務であり，特権でもある。

　そのような観点から再度検討すると，哲夫さんが刻々と私に提示した病いの物語は，一見医学的な疾患のプロットに簡単に当てはまる明確な特徴をたくさん持っているように見えた。下血，貧血，十二指腸潰瘍の既往，前医からの診

療情報などを組み合わせれば，哲夫さんという患者を診断体系の中のひとつの
カテゴリー，たとえば「十二指腸潰瘍による上部消化管出血」の中に簡単に定
位できるかのように思われた。しかしここで重要なことは，一般に診断的カテ
ゴリーとは無時間的な概念であるかのように信じられているが，実は診断は必
ず時間という構造を含んでいるということである。ゆえに，診断とは単にある
概念で患者をラベルすることではなく，1つの物語を構成する作業であるとい
う表現は正当である。

　ICD-10やDSM-Vなどの操作的診断基準の普及により，病気というものが，
診療のある時点でいくつかの診断基準項目のリストをチェックするだけで決定
できると信じられるようになり，そのために，診断とは時間を含まない概念で
あるかのような誤解が浸透している。しかしこれは，主に2つの理由で間違い
である。その1つは，操作的診断基準にはほとんどの場合，「○○の症状が○ヶ
月以上続いていること……」といった時間についての規定が含まれている。こ
の時間的な基準についての情報はどのようにして得られるかというと，それは
ほとんどの場合患者あるいは患者の家族の語りの聴取，または医療者による観
察によってである。もちろん患者の語りがそのまま用いられるのではなく，聴
き取った医療者がそれを解釈して構成する医学の物語によって，それは診断へ
とつなげられる。「いつから始まったかよくわからないけど，少なくともこの
3ヶ月間は，夜になっても全然ぐっすり眠れた感じがしないよ」という患者の
語りを医師の視点から解釈し，「3ヶ月以上不眠が持続しているAさん」とい
う医学的な物語を構成し，「睡眠障害」という診断概念を導き出すというのが，
ごくありふれた診断の手順である。ここで，「患者の病いの物語」を適切に聴
き取り，それを解釈して「診断へと結びつく医学の物語」へと書き換えるのが，
医療者のしていることである。つまりこれらは優れて物語的な行為なのであ
り，物語には必ず時間的な構造が欠かせない。

　第2に，操作的診断基準のチェックリストによる診断は，科学的根拠に基づ
く医療（EBM）の観点から言うと確定診断にはなり得ないということが，一般
には忘れられている。EBMにおける診断のエビデンスとは，ゴールドスタン
ダードと呼ばれるその時点で最も信頼できる診断基準との比較による，感度，
特異度，尤度比等の指標で示されるその診断ツールの持つ診断能力である（斎

130 第2部 臨床の法

藤 2012)。それではゴールドスタンダードとは何かと言えば、身体疾患の場合は、通常その患者の経過の最後に近い時点でようやく得られる病理組織学的な診断結果である。そして精神疾患の場合のそれは、専門家による経過観察によって得られた最終判断としての診断ということになる。つまり、最も権威があり、最も信頼される診断は、「疾患」という時間経過をもった物語のほぼ最後になってようやく姿を現すものであり、世界的に流布している診断マニュアルといえども、それはあくまでもゴールドスタンダードの代わりとして用いられるスクリーニングテストに過ぎないのである。この意味から言って、診断を物語と考えるということは、科学的根拠のないいいかげんなものとして診断を考えることとは対極にあることが分かる。病い、あるいは疾患の精密な物語的理解こそが、最も信憑性のある医学的判断としての最終診断なのである。

　話を哲夫さんの物語に戻そう。私に限らず、一般に医師は、それまでに受けた医学教育や研修などの臨床経験、教科書や学術雑誌から得られた知識、症例ハンドブックや症例マニュアルの講読などから得られた「疾患の典型的な物語のプロット」を自身の記憶の中に大量に蓄積している。これらの「疾患物語のプロット」は、目の前に現れた患者から得られる複数の初期情報と徹底的に比較されるための参照枠として利用される。これらのプロットは、単なる病名と症候の一対一対応の情報ではなく、非常に複雑で多様な物語的情報をその中に含んでいる。それらの物語的情報には、昔学習した教科書の記述、研修医の時に実際に関わった患者のたどった経過、先輩から教えられた臨床上の金言などの極めて多様な知識群が含まれている。

　たとえば哲夫さんの場合、「十二指腸潰瘍患者は若い男性に多い」「受験や研究のストレスは発症や悪化のきっかけになり得る」「空腹時痛が最も典型的な症状である」「黒色便は上部消化管の出血の症状であり、赤い血便は下部消化管の出血の症状である」「若い男性の突然の下血(黒色便)は十二指腸潰瘍を疑え」といった、一般的な経験則(rules of thumb)がすぐに頭に浮かび、それらを哲夫さんの病状と比較することはたやすい。それらは一致する部分もあり、食い違っている部分もある。ある程度経験を積んだ医師は、目の前に現れる個々の患者は一人一人が皆違っており、教科書的な一般的知識はそのままでは役に立たないということをよく知っている。そこで、より専門的で微妙な経験知、

たとえば「十二指腸潰瘍からの出血は大きな潰瘍よりもむしろ小さい潰瘍から急に起こることがあり，その場合腹痛などの一般的な症状に乏しいことがある」「数日前に明らかに黒色便があった患者の内視鏡検査で，ほとんど治りかけの小さな十二指腸潰瘍しか見つからないことはあり得る。その場合でも，潰瘍からの出血を否定できない」といった，たくさんの症例を見ているからこそ知っている，「例外についての知識」をさらに引き出すことになる。これらの知識はより一般的な（それゆえに初心者向きの）知識と比べると，微細で状況依存的で，時には相互に矛盾していたりする。しかし，規則にたくさんの例外を認めるということは，要するに簡単には結論を出せなくなるということでもある。それゆえにベテランの医師ほど診断を下すことに慎重になる。医師が高度の実践的知識を身につける時，その中には「懐疑主義的態度の修得」が含まれている。要するに老練な医師ほど疑い深いのである。医師は診断という作業において，患者に見られた微候を機械的に医学知識や診断体系の知識と比較しているのではない。それは複雑に絡まった糸を丹念に読み解くような解釈の作業である。その時に頼りになるのは，断片的な知識群ではなく，ある特定の文脈における典型的なプロットを出来る限りたくさんたくわえておくことである。

　哲夫さんの経過において，十二指腸潰瘍による上部消化管出血という典型的なプロットは，確かに一部の点を説明できるが，多くの点を説明し得ないということが，早い時点であきらかになった。しかしだからといって，より多くの事象を矛盾無く説明できるプロットがすぐに構築されたわけではなく，「次の検査結果を待とう」という，判断の一時棚上げを選択せざるを得なかった。このような「宙づり」の状況は，医師にとっても患者にとってもフラストレーションの溜まる状況となる。この状況でしばしば起こることは，「延々と検査が繰り返されるが結論は分からない」という状況が続くことである。特に現代の医療では，新たに検査を追加しようとすれば，ある意味いくらでもできてしまうので，患者にとっても受難の時代である。

　哲夫さんにとって不幸か幸いかは分からないが，入院という状況の中で突然の腹膜炎の発症という新たな大きなできごとが生じたことが，事態を大きく展開させることになった。説明しなければならない大きなピースが1つ増えたことで，一時的に事態は混乱するが，幸いにして「メッケル憩室」という利用可

132 第2部 臨床の法

能な1つの新しいプロットが浮かび上がり，それが教科書的な外部情報と比較
されることによって，哲夫さんの医学的物語は大きく進展することになった。
私はこの時までメッケル憩室の患者さんに直接会った経験はなく，まわりにも
（大学病院という専門家集団の組織であるにもかかわらず）直接経験のある医師はい
なかった。それでも，ひとたび教科書や文献を探せば，メッケル憩室の典型的
なプロットはそこにちゃんと存在していた。しかし，哲夫さんの病いの物語が
私に突きつけた謎に私が深く悩むことがなかったら，おそらく「メッケル憩室」
というプロットが哲夫さんの病いの物語に登場するのは，もっと後になっただ
ろう。確かめようのないことではあるが，手術の時点で始めて明らかになる
か，運が悪ければ手術自体が適切に行われなかった可能性もある。

　「メッケル憩室」のプロットが，哲夫さんの病いのストーリーをほぼ完全に
説明しうるということを実感した時に私に起こった感覚は，「確信」と「歓喜」
に近いものであった。しかし，私が提案したプロットは必ずしも周囲の同僚や
先輩には共有されなかった。さらに，確定診断を与えてくれることが期待され
たメッケル憩室シンチグラフィーは，偽陰性という結果だった。これらの点を
考え合わせると，医療行為というものはやはり不確実なものであるということ
をあらためて実感せざるを得ない。EBMの考え方に基づく診断法はベイズ統
計学を基本としているが，この考え方では，診断過程における「事前確率」を
最も重要視する。しかし少し考えれば分かることだが，「事前確率」を直接的
に知ることは不可能であり，言ってみればそれは「根拠のない推定」に過ぎな
いのである。

VI――医学の物語の終焉

　ハンター（1991）によれば，診断こそは，医師と患者の出会いにその出発点
をおく，医学の物語の最も主要な発展過程である。多くの医学の物語において
は，（ちょうどシャーロック・ホームズの推理小説がそうであるように），その終結は
医師（または探偵）による，それまでに起こった数々の謎をすべて説明する医学
的（あるいは犯罪学的）プロットの提示と告知である。前節で考察した哲夫さん
の物語において，医師としての私が，哲夫さん自身の「病いの物語」に同行し

ながら，刻々と解釈的な作業を継続して構築してきたプロセスこそがまさに
「医学的な診断と治療という物語」の１つの典型例である。しかし医学の物語
は，疾患を説明するプロットの提示とそれを例証するその後の経過（治療，予
後など）で終結するが，哲夫さん自身の物語はそれで終結するわけではない。
確かに哲夫さん自身が刻々と経験した「病いの物語」は，医師である私が描い
た「医学の物語」の基礎となるものであり，医師の物語は患者の物語無しには
そもそも存在し得ない。しかし，その逆は真ではない。哲夫さんの病いの物語
は，哲夫さん自身の人生の物語の重要な一部であり，決して「医学の物語」に
回収されてしまうようなものではない。今回の哲夫さんの事例において，発症
から入院そして退院するまでという限定された期間に進行した物語において
は，哲夫さんの病いの物語と，私の医学の物語はおそらく同じ目標と方向性を
共有しており，それはハッピーエンドとして集結したように見える。しかし，
医師は医学の物語の終結を確認することはできるが，患者の病いの物語のすべ
てを把握することはできない。ましてや患者の人生の物語は，はるか遠くにあ
り，医師は人生のある時期に，患者の物語に自分の「医師の物語」を融合させ，
しばらくの間併走しつつ，最終的にはそこから離れて行く。しかしだからと
いって，この限定された「二つの物語の同時進行」に価値がないわけではない。
　問題は，医療現場において数限りなく進行しているこの「二つの物語のユ
ニークな併走」は，自然科学や生物学の観点のみから説明されるような行為で
はなく，基礎医学の臨床への適用として説明できるようなものでもなく，複雑
ではあるが明瞭な「物語的行為」であるという認識が，現代の医学には欠如し
ているということにある。つまり，医師が生涯を通じて研鑽し，日々実践して
いる臨床行為が，実は物語的行為であるにもかかわらず，医師がそのことに無
自覚であることが，現代の医療において医師が自身の役割を見いだせなくなっ
ている主要な原因なのである。
　もちろん哲夫さんの事例は，"正しい診断"が確定したことが，その後の順
調な経過に帰結した「幸運な事例」のひとつに過ぎない。20世紀の医療におい
て頻繁に語られてきた１つの範例的な物語（急性疾患における正しい診断と速やか
な治療）の，時代遅れの例示をまた１つ重ねただけであるのかも知れない。21
世紀もすでに15年が過ぎた今日，日常の医療が扱う患者はその大半が慢性疾患

であり，完全に治癒する見込みのない人達である。そこでは，英雄的な医師による冒険譚としての医学の物語はすでに終焉を迎えているのかもしれない。しかし，そのような状況にある現在であるからこそ，医師・医療者は，患者とともに本当は何をしているのかということを真剣に考える必要があるのではないだろうか。

【参照文献】

クラインマン，アーサー（1988＝1996）『病いの語り──慢性の病いをめぐる臨床人類学──』（江口重幸・五木田紳・上野豪志訳）誠信書房．

グリーンハル，トリシャ・ハーウィッツ，ブライアン（編）（1998＝2001）『ナラティブ・ベイスト・メディスン──臨床における物語と対話──』金剛出版

斎藤清二（2012）『医療におけるナラティブとエビデンス──対立から調和へ──』遠見書房．

シャロン，リタ（2006＝2011）『ナラティブ・メディスン──物語能力が医療を変える』（斎藤清二・岸本寛史・宮田靖志・山本和利訳）医学書院．

日本予防医学行政審議会（2005）「医行為・医業類似行為関連法規の現在」http://www.yoboushingikai.com/law/ 2015.7.27　アクセス

野口裕二（2002）『物語としてのケア』医学書院．

マクナミー，シーラ・ガーゲン，ケネス（編）（1992＝1997）『ナラティヴ・セラピー──社会構成主義の実践──』（野口裕二・野村直樹訳）金剛出版．

Hunter, Kathryn Montgomery (1991) Doctors' Stories: The Narrative Structure of Medical Knowledge, Princeton University Press.

Kalitzkus V, Matthiessen PF (2009): Narrative-based medicine: potential, pitfalls, and practice. Permanente Journal. Winter 13 (1): 80-86.

ナラティヴと感情

野口裕二

　ナラティヴ・アプローチの登場以降，臨床領域ではこれに触発されたさまざまな試みが展開してきた。司法の領域では，「ナラティヴ・メディエーション」が生まれ，精神医療の領域では「オープン・ダイアローグ」といった革新的な方法が生まれている。これらはいずれも現実は言葉と物語によって構成されるという社会構成主義の視点から出発するが，それだけにとどまらずに，従来のナラティヴ・アプローチではあまり論じられてこなかった「感情」という要素を重視する点に特徴をもつ。とりわけ，オープン・ダイアローグは「感情」について正面から論じることで独自の世界を切り拓いている。

　こうした試みが示唆するのは，ナラティヴと感情の関係をどう考えるべきかという問題である。社会構成主義とナラティヴ・アプローチは，言葉と物語の働きに着目することによって，現実の新しい理解の仕方を生み出してきた。しかし，そのとき，言語と物語以外の要素，とりわけ感情については周辺的な位置づけしか与えてこなかった。上述の新たな試みはこの問題をあらためて検討することを要請しているように思われる。

　ナラティヴ・アプローチをはじめとするさまざまな臨床実践において感情はどのように扱われてきたのか。また，感情はそれらの理論モデルの中でどのようなものとして位置づけられてきたのか。また，そうした位置づけは結果としてどのような現実を構成してきたのか。これらが本稿で検討したい課題である。

　以下，まず最初にさまざまな臨床モデルにおける感情の位置づけについて概観し，次に，ナラティヴ・メディエーション，および，オープン・ダイアローグにおける感情の位置づけについて検討し，最後にこれらが提起する問題について考察する。

136　第2部　臨床の法

I ——感情と臨床

1　司法モデルと医学モデル

　さまざまな臨床的場面において，感情は重要な役割を果たしている。「感情の傷つき」は事態の深刻さを表す重要な指標となるし，「感情へのケア」は臨床実践を構成する重要な要素となる。この意味で，さまざまな臨床実践はそれぞれに「感情」と「ケア」を不可欠の要素として成り立っているといえる。

　しかし，さまざまな臨床的場面をより詳細に見ると，「感情」の位置づけは微妙に異なっていることに気づく。たとえば，調停の場面では，「感情の傷つき」はそれ自体が回復されるべき被害の一部とみなされるのに対し，サイコセラピーの場面ではそれはなんらかの病理の結果とみなされ，病理からの回復が優先される。各種のサイコセラピーにおいて，「感情の傷つき」や「不適切な感情」が取り上げられるが，それは，なんらかの病気や障害の結果，あるいは，症状のひとつであって，セラピー自体が取り組むのはそうした感情を生み出す「認知の歪み」であったり，「不適切な行動」であったりする。

　感情の位置づけに関するこうした違いは，いわゆる「司法モデル」と「医学モデル」の違いを想起させる。「司法モデル」では，なんらかの被害がもたらしたものとして感情を位置づけ，その感情が被害の程度に照らして適切かどうかが問われる。そして，感情の傷つきもまた被害の一部として賠償の対象として位置づけられる。つまり，被害と感情との対応関係がまず問われ，次に，その傷つきの程度が適切かどうかが問われ，それが適切であれば賠償の対象となるという手順をとる。

　これに対して，「医学モデル」では，感情はなんらかの病理の結果として生じているものとしてとらえられる。ただし，身体疾患と精神疾患ではその扱いが異なる。身体疾患の場合には，疾患が重篤であれば感情の傷つきや混乱も大きく，軽度であれば傷つきや混乱も少ないという想定がなされる。つまり，身体疾患とそれによってもたらされる感情の傷つきや混乱とは一定の対応関係のあるものとしてとらえられる。この点では，司法モデルと同様のロジックをとっている。

これに対して，精神疾患の場合は，感情の傷つきや混乱はひとつの症状として扱われ，それを生み出している病理の重篤度との対応関係は一般に想定されない。たとえば，うつ病はうつ的な感情をともない，統合失調症は不安や恐怖の感情を伴うというように，ある病理とある感情の特徴的な対応関係は想定されるが，それは重篤度を表すものとはみなされない。

このように考えると，司法モデルと医学モデルは単純に異なる原理に立つものではないことがわかる。司法モデルと身体疾患モデルは，何らかの事実とその結果としての感情の適切な対応関係を想定することで成り立っているのに対し，精神疾患モデルではそうした対応関係を想定しないことで成り立っている。感情社会学の用語でいえば，司法モデルと身体疾患モデルは一定の感情規則を前提に感情のありようを評価するのに対し，精神疾患モデルではそうした感情規則があてはまらないことを前提に理論を組み立てているといえる。

2　回復の指標としての感情

次に，感情の傷つきや混乱に対する対処の結果における違いについてみてみよう。感情の傷つきや混乱の原因が何であれ，司法モデルも医学モデルもそれらが結果として消失するか軽減することが目標となることに変わりはない。司法モデルではそれは端的に賠償金という形で果たされ，医学モデルでは疾患の治癒ないしは寛解というかたちでそれはもたらされる。つまり，いずれにおいても，司法的あるいは医療的行為が適切であったかどうかを判断する際に，ネガティブな感情の消失または軽減は重要な指標となる。さらに，喜びや安堵というポジティブな感情が見られればなお一層，専門的行為の適切さが明らかになる。この点は，調停も身体疾患も精神疾患も変わりがない。サイコセラピーは傷ついた感情や混乱した感情，不適切な感情を出発点にして始まり，そうした感情が消失するか軽減することで終結を迎える。つまり，回復の指標としての感情は司法モデルにおいても医学モデルにおいても共通するものといえる。

ただし，これは一般的な場合であって，これに当てはまらない場合も数多く存在する。司法モデルにおいてまず思い当たるのは，医療紛争などにおいてよく聞かれる「金銭の問題ではない」という怒りの感情である。たとえ賠償金が支払われたとしても決して収まらない感情があることをこのことは示してい

138　第2部　臨床の法

る。この場合，司法的判断は感情の傷つきをすこしだけ軽減したかもしれない
が，十分には癒していない。しかし，法的合理性という観点からすればそれは
適正なものとみなされるので，それ以上の司法的対応はなされない。感情社会
学の言葉でいえば，賠償金による解決という方法は，感情規則の一部に従って
いるだけで，そこで生じている複雑な感情全体を視野に収めていないといえ
る。こうした複雑な感情のあり方に向き合い寄り添うものとして，裁判外の調
停や医療メディエーションが重要な意味をもってくる（和田・前田，2001，和田・
中西，2011）。

　また，医学モデルにおいても，回復の指標としての感情が単純にはあてはま
らない場合がある。それはある種の難病のように回復が期待できない場合であ
る。そこでは根本的な治療法が確立していないため，残存能力の維持が最大の
目標となる場合がある。このような場合，医療行為の適切さをネガティブな感
情の消失やポジティブな感情の出現と単純には結びつけられない。感情の傷つ
きや混乱は癒されるどころか，病気の進行とともにさらに大きくなることもあ
る。ここでは，ケアする側もまた，単純な感情の回復ではないケアの方法を見
出さなくてはならない。

　さらに，精神疾患においてはまた別の問題がある。それは，薬物による感情
のコントロールという問題である。精神病においては精神安定剤に典型的なよ
うに，感情を安定させる薬物がよく使用される。また，抗うつ剤のように感情
を明るくする薬の使用も一般的である。このように薬物で感情をコントロール
することは精神医療ではごく一般的な治療法であるが，このとき，薬物の使用
は基本的に対症療法であって，もともとの病理本態が回復したことを意味しな
い。したがって，ここでは厳密な意味で回復の指標としての感情は同定されて
いない。薬物が感情の傷つきや混乱を鎮めたり元気を出させたりしているが，
それは薬物の効果であって，病理本態の回復を示すものではない。しかし，一
方で，病理本態の回復ではないにしろ，結果として不快な感情や不適切な感情
が軽減できていることも事実であり，その意味で，回復の指標としての感情と
いう基準に従っているともいえる。「回復の指標としての感情」は，回復の結
果もたらされるだけでなく，医療行為によって積極的に作り出すこともできる
ことをここで確認しておきたい。

Ⅱ──ナラティヴ・メディエーション

1 「対立」の特異性

　ナラティヴ・アプローチに触発されて調停の領域で独自の世界を切り拓いているのが，ナラティヴ・メディエーションである。さまざまな紛争の調停にホワイトとエプストン (White & Epston, 1990) のナラティヴ・セラピーの考え方を応用して成果を上げているが，そこでは感情についても独特の位置づけがされている。その独特の位置づけを検討する前に，まずは従来の調停理論において感情がどのように位置づけられてきたのかをみておこう。

　ウインズレイドとモンク (Winslade & Monk, 2000) は，調停の領域で現在主流となっている問題解決アプローチについて次のように述べる。問題解決アプローチは，「人間は個人的な利益を獲得することを主たる動機として行動するという考え」に基づき，「裏に潜んでいる共通利害を見つけることによって解決をはかる」ことを目指す。「個人的な不満感，つまり満たされない欲求が対立を生み出す原動力」となり，「この不満感は対立が解決された時には取り払われ，欲求は満たされ」ると考える。つまり，欲求や利害がまず出発点にあり，それが満たされないとき不満という感情が生まれ，それを取り払うことが目標となる。したがって，調停が成功したかどうかは，不満という感情がどれだけ消失したかで判定されることになる。

　これに対して，ナラティヴ・メディエーションでは，「人々の望む（すなわち対立へと人々を陥れる）ものは，人々の内的な欲求や利害の表出から生じたもの」ではなく，「人々は出来事の物語的描写を通して対立を構築していく」と考える。あらかじめ存在する欲求や利害から出発するのではなく，出来事の描写の仕方が対立を生み出すと考える。したがって，対立に伴う不満や怒りやその他のさまざまな感情は，出来事の描写の仕方如何によって変わりうるものであり，あらかじめ存在するものではないという見方に立つことになる。

　ここでの感情の扱われ方は社会構成主義の考え方からすれば当然のことといえるが，前節で検討した臨床領域における感情の一般的な扱われ方とは大きく異なっている。一般的な司法モデル，医学モデルにおいては，なんらかの被害

140　第2部　臨床の法

や病理という実体がなんらかの感情を生み出すという対応関係が共有されていた。これに対して，ナラティヴ・メディエーションでは，そうした対応関係は想定されず，出来事の描写の仕方が対立を生みだし，その対立がなんらかの感情を生み出すと考える。ここでは，あらかじめ存在する欲求や利害は想定されないし，事実と感情との対応関係も想定されていない。むしろ，欲求や利害は出来事の描写の過程で事後的に産出されるものと考える。

　以上の違いを図式的に整理しておこう。

司法モデル：　　　被害—→感情—→賠償—→感情の消失
医学モデル：　　　病理—→感情—→治療—→感情の消失
問題解決モデル：　　欲求利害の対立—→感情—→欲求利害の調整—→感情の消失
ナラティヴ・モデル：　　事実の描写—→感情—→描写の変更—→感情の消失

　以上の整理から見えてくるのは，調停が扱う「対立」という事態の特異性である。司法モデル，医学モデルにおいてはそれぞれ，被害という事実，病理という事実が確固たる出発点になって，その後の対応の道筋が導かれる。その際，被害の認定には実定法の理論体系が参照され，病理の認定には医学の理論体系が参照される。これに対して，「対立」にはそのように参照できる理論体系が存在しない。一般的な道徳のようなものは参照できるが，それは個人間で微妙に異なっていて共通の原理にはなりにくい。むしろ，長引く対立は当事者双方がそれぞれの道徳や正義を主張することによって混迷の度合いを深めることが多い。つまり，「対立」はそもそも確固たる出発点を持たず，また，その出発点を認定する専門家も理論体系ももたないものであるといえる。

　このように考えると，司法モデルは，そもそも確固たる出発点をもたない現象に法の体系を無理矢理当てはめることによって，問題を処理するシステムであると言い換えることができる。そうであるがゆえに，法的措置の後に，たとえば，「金銭の問題ではない」といった不満が燻り続けることになる。当事者それぞれの物語的描写のうちのごく一部が法的言語に置き換えられて，法的な物語が提示される。そのとき，その物語からこぼれ落ちるさまざまな思いや感情は行き場を失ったまま漂い続けるほかない。もちろん，当事者双方のさまざまな思いや感情にひとつ残らず対応することは不可能なので，それらの一部分

ナラティヴと感情　141

を選択的に取り上げて専門的判断を下すことは，専門的システムとして当然の
ことといえる。こうした専門的システムの限界を打ち破るものとして，ナラ
ティヴ・モデルの存在意義がある。

2 「正義の物語」

　ナラティヴ・モデルは，欲求や利害の対立を出発点にするのではなく，物語
の対立を出発点に据えることで新たな世界を拓く。欲求や利害は変更が難しい
が，物語は書き換え可能である。とは言っても，もちろんそれは決してたやす
いものではないが，さまざまな工夫によってそれが可能であることをナラティ
ヴ・アプローチは示してきた。物語が変われば，対立それ自体が解消する可能
性がある。では，このとき，感情はどのような変化の過程をたどるのか。

　対立が生じているとき，相手の振る舞いを許しがたいという怒りの感情が湧
いている。このとき，なぜ，怒りの感情が湧くのかと言えば，それは「正義」
が侵害されているような感覚を伴うからである。一見，単純な利害対立のよう
に見えることでも，それは，「利益は正当な理由なしに侵害されてはならい」
という正義に裏付けられている。怒りはなんらかの正義なしには正当化されな
い。正義の裏付けのない怒りは単なるわがままか度量の狭さとして支持されな
いのが一般的な感情規則といえるだろう。つまり，対立とは，異なる正義の対
立と考えることができる。当事者双方はそれぞれの正義を後ろ盾に対立を続け
る。というよりも，正義を守るためには対立を続けなければならない。そこか
ら降りることは正義を手放すことを意味するからである。膠着する民族紛争や
国際紛争などにおいても，この「正義の戦い」を数多く見出すことができる。

　そして，この正義は出来事の描写，すなわち，物語と不可分の関係にある。
正義は物語の中に宿る。ある行為はそれ単独では正義か否かを判定できない。
さまざまな出来事の連なりの中でのみ，ある行為が正義か否かを判定できる。
したがって，怒りは「正義の物語」が生み出すものと考えることができる。あ
らかじめ存在する欲求や利害が満たされないときに怒りが生ずるのではなく，
「正義の物語」が成り立たないときに怒りは生ずる。だとすれば，当事者双方
のそれぞれの「正義の物語」をまず理解することが重要となってくる。相手は
どのような正義を主張しているのか。その「正義の物語」がすこしでも理解で

きれば怒るのも当然だと思えるかもしれない。また，自分の「正義の物語」が相手に理解されれば怒りもすこしは収まるかもしれない。

お互いの「正義の物語」をお互いに理解すること，これがナラティヴ・メディエーションの出発点となる。当事者はそれぞれ異なる「正義の物語」を生きている。その「正義」を守るためには対立を続けなければならない。しかし，このとき，いままで物語に登場していなかった出来事や相手の思いなどが見えてくると，物語自体が変容し，相手の振る舞いが理解できるようになることがある。許し難いという感情は弱まり，許してもよいと思えることもある。こうした変化は一般に，相手の「事情」の理解不足だったとされる。「事情」という言葉には，単なる「事実」だけではなく相手の「思い」が含まれている。しかし，それはまだ「客観的事実」から離れていない。「客観的事実」そのものよりも，その意味づけ，思いへと重心が移るとき，それは「事情」から「物語」へと変わる。正義はこの「物語」の中に宿っている。

では，異なる2つの「正義」の調整はいかにして可能か。ナラティヴ・メディエーションは，相手の正義への理解を増すことで，自分の正義を相対化させる。自分が「正義の物語」を生きているのと同様に相手も「正義の物語」を生きている。2つの正義があるのだということを教えてくれる。こうして，どちらが正義かを争うのではなく，2つの正義をどう共存させられるかという視点が開けてくる。自分の正義を認めてもらえなければ，認めてもらえるまで主張し続けるしかなくなるが，自分の正義を認めてもらえれば，相手の正義を理解する余裕が生まれる。どちらが正義かを競い合うゲームから，2つの正義の共存はいかにして可能かを探求するゲームへ，ナラティヴ・メディエーションはこのようにゲームのルールを転換する実践と言い換えることができる。

Ⅲ——オープン・ダイアローグ

1　ナラティヴ・アプローチとの違い

オープン・ダイアローグはフィンランドの西ラップランド地方でセイクラらを中心におこなわれてきた精神医療の新しい実践システムである。精神病薬を最小限しか使わずに5年予後で79%に症状がみられないという驚異的な治療成

績をあげている点で注目を集めているが (Whitaker, 2010)，そこにはいくつかの革新的な考え方と方法があり，日本でも近年急速に関心が高まっている (野口 2015，斎藤 2015)。

　その特徴の第1は，統合失調症などの精神病が疑われるケースの連絡を受けた場合に24時間以内に地域の精神病院のスタッフチームがケースのもとに出向いて最初のミーティングを行う点である。第2は，ミーティングには本人，家族のみならず，地域，職場，援助専門職などの関係する主要なネットワークメンバーに声をかけて参加してもらう点である。第3は，いかなる治療的決定も本人が参加しているミーティングの場で行う点である (Seikkula, et al., 2003)。こうした状況の中で，多様な声が抑圧されることなく交錯する「開かれた対話」が成立し，患者のネットワークが再生されていく。

　オープン・ダイアローグは，ナラティヴ・アプローチから大きな影響を受けている。「社会構成主義」の立場に立ち，「複数の主体」，「複数の声 (多声性)」を重視し，「言語パラダイム」に立脚し，「ポスト構造主義的視点」をとる点は彼らと同様であるとセイクラ自身述べている (Seikkula & Olson, 2003)。システムの客観的構造を診断し介入するのではなく，治療システムを言語システムとしてとらえる「言語論的転回」の流れの中に彼らの実践もまた位置付けることができる。しかし，一方で，明らかな違いもいくつか見られる。ここでは次の2点に注目しておこう。

　ひとつは，ネットワークの再生を直接目指す点である。ナラティヴ・アプローチにおいてまず目指されるのは，本人または家族が「問題の染み込んだストーリー」から脱出し「問題」を解消していくことであった。そして，それが解消した後にネットワークや社会へと復帰していく。これに対して，オープン・ダイアローグは直接，復帰すべきネットワークや社会の再建に取りかかる。本人や家族が変化してから社会復帰するのではなく，ネットワークそれ自体から手をつけるのである。オープン・ダイアローグは本人と本人が復帰すべき社会をセットで再生しようとする。ナラティヴ・アプローチは病理モデルや個人主義モデルを批判してそれに代わるモデルとして登場したが，オープン・ダイアローグと比べると，いまだそれらのモデルの残像のようなものを引きずっていたといえる。

144　第2部　臨床の法

　もうひとつは，「感情」の位置づけである。セイクラらはオープン・ダイア
ローグを「愛の具現化」ととらえる興味深い論文 (Seikkula & Trimble, 2005) を発
表しており，「感情」について明示的に論じてこなかったナラティヴ・アプ
ローチとの大きな違いを見せている。セイクラらは，「なぜ，ネットワーク・
ミーティングにおける対話が治療的経験となるのか」という問いを立て，「愛
の感情が，専門職を含むネットワークメンバーの間で交わされ共有されるとき
に変化が起こる」，「愛の感情が生まれることは，ひとびとの「感情の相互調整」
がうまくいっていることの指標となる」と述べている。
　オープン・ダイアローグはネットワークを修復して対話を復活させる。しか
し，それだけではまだ十分とは言えない。そうした対話を通してひとびとの間
に「愛の感情」が生まれるとき，それは治療的効果をもつ。ネットワークから
疎外されて「誰もいない場所」にひとり佇む患者にとってこれがもっとも必要
なものであることは容易に想像がつく。ナラティヴ・アプローチをはじめとす
る従来の臨床理論が実際には重要な要素として活用しながら明示的に論じてこ
なかった感情，その重要な働きについて正面から論じる点にオープン・ダイア
ローグの大きな特徴がある。

2　「消し去られる感情」と「生み出される感情」

　こうした感情に関する独特のとらえ方はこれまで論じてきたさまざまな臨床
モデルと大きく異なっている。まず，驚かされるのは，「愛」を論文の副題に
掲げて正面から論じている点である。ここで論じられている「愛」はもちろん
ロマンティック・ラブのことではないが，それにしても，治療的要素として
「愛」を掲げることは相当に勇気のいることと思われるが，この点については
あらためて論じる。ここで重要なのは「愛の感情」というポジティブな感情に
ついて論じている点である。従来の臨床モデルにおいては，被害や病理によっ
て引き起こされたネガティブな感情を出発点として，それを取り除くことが目
標とされ，ポジティブな感情についてはほとんど論じられてこなかった。これ
に対して，オープン・ダイアローグはポジティブな感情のもつ治療的意義につ
いて積極的に論じる。
　さらに，感情の理論的位置づけとして注目されるのは，治療の前提でも治療

の結果でもなく，治療の過程における感情のあり方に着目する点である。前節でおこなった臨床モデルの図式化において，感情は治療や介入の前提として同定され，その後，なんらかの介入によって消失すべきものと位置づけられていた。このとき，介入それ自体の最中に，感情がどのような状態にあるのかについては明示的に取り上げてこなかった。これに対して，オープン・ダイアローグでは介入中の感情の状態について明示的に論じる。従来のモデルにおいて感情は，事態の深刻さを示す指標，回復の程度を示す指標としてのみ位置づけられていたことに気づかされる。

　これに関連して，もう一点特筆すべきなのは，患者や当事者だけでなく，専門家の感情について言及している点である。ここで論じられる「愛の感情」は患者や当事者だけでなく，専門家にも共有されることが重要とされている。専門家は従来，感情中立的であることを要請され，専門家が患者や当事者に対して特定の感情をもつことは避けるべきこととされてきた。これに対して，オープン・ダイアローグは専門家もまた積極的に「愛の感情」を共有することを主張する。ただし，専門家が「愛の感情」をもって相手と接するべきだと述べているわけではない点に注意する必要がある。そうではなく，臨床の過程のなかで生じてくる「愛の感情」，その治療的意義が述べられているのである。

　以上の特徴を図式化すれば次のようになる。

●従来の臨床モデル：
　　　ネガティブな感情 ─→ 治療・介入 ─→ ネガティブな感情の消失 ─→ 回復

●オープン・ダイアローグ：
　　　ネガティブな感情 ─→ 治療・介入・ポジティブな感情の共有 ─→ 回復

　従来の臨床モデルはナラティヴ・モデルも含めて，ネガティブな感情を出発点にして，その出所をつきとめ，そこに介入することでそれを消失させるというプロセスをたどっていた。ナラティヴ・メディエーションもまた，ネガティブな感情が宿る場所を出来事の物語的描写に求めることで独自の世界を切り開いてきた。これに対して，オープン・ダイアローグは，ネガティブな感情の出所に介入するのではなく，ポジティブな感情をその場で共有することでネガティブな感情に対抗していく。ネガティブな感情を消すことを目標とするので

146 第2部 臨床の法

はなく，そこにポジティブな感情が生まれることによって，結果として，ネガ
ティブな感情は背景に退いていく。対話によって「消し去られる感情」ではな
く，対話によって「生み出される感情」，ここに光を当てる点で，オープン・
ダイアローグは従来の臨床モデルと大きく異なっている。

Ⅳ──専門家モデルと感情

　以上，さまざまな臨床モデルにおける感情の位置づけについて検討してき
た。われわれは，「感情の傷つき」を出発点にして，それをいかに処理するか
をめぐって，さまざまな臨床モデルを開発してきた。ここで，これまでの議論
をもう一度振り返っておこう。
　司法モデルは，「感情の傷つき」の適切さを認定し，それが妥当と判断され
ればそれも被害の一部として認定し，それに見合った賠償を命ずることでこの
問題に対処するモデルである。しかし，このやり方は，法的言語で切り取るこ
との可能な感情の一部に対応するだけで，そこからこぼれ落ちるさまざまな感
情を残してしまう場合があった。
　医学モデルは，「感情の傷つき」そのものではなく，感情の傷つきを生み出
す原因としての病理を取り除くことによって，「感情の傷つき」に対処すると
いうモデルを発達させてきた。ただし，身体疾患モデルと精神疾患モデルでは
若干異なっており，後者では感情の傷つきや混乱を直接薬物によって消失させ
る方法も発展させてきた。
　これら2つのモデルは，それぞれ「被害」と「病理」というなんらかの実体が
感情の傷つきを生み出すと考える点で共通する。しかし，「被害」はすでに生
じてしまったことで元には戻せず，その代替物として賠償金が設定される。こ
れに対して，「病理」は治療によって元に戻すことが可能であり，元に戻せれ
ば「感情の傷つき」も消えることが期待できる。ただし，治療が不可能ないし
は困難な「病理」に関してはこのモデルは限界をもつことになる。
　こうした伝統的モデルの限界を打ち破る形で登場したのがナラティヴ・モデ
ルである。そこでは，「被害」や「病理」というなんらかの実体から出発するの
ではなく，「出来事の描写によって成立する物語」へと視点を移す。ひとはさ

まざまな出来事を経験しながら，そのうちのいくつかの出来事に選択的に焦点を当ててそれらをつなげることで物語を生み出している。そして，その物語が特定の感情を生み出す。したがって，その焦点の当て方とつなげ方が変われば物語は変わる。そして，物語が変わればそれに伴う感情も変わりうる。こうした考え方は，従来の司法モデル，医学モデルでは対処しきれず，そこからはこぼれ落ちてしまうような事例にとりわけ有効性を発揮する。この点で，ナラティヴ・モデルは確かに従来のモデルの限界を乗り越えるものといえる。しかし一方で，なんらかの事実から出発してそれに対処するという慣れ親しんだ考え方からすると，物語へと視点を移すこと自体に抵抗が生ずる場合がありうるし，理屈では理解できても何か割り切れなさのような感覚を残す場合もありうる。

　これに対して，オープン・ダイアローグはこれらのモデルとはまったく異なるところに焦点を当てる。それは，「ネガティブな感情」ではなく「ポジティブな感情」であり，「消し去られる感情」ではなく「生み出される感情」であり，「当事者だけの感情」ではなく「専門家にも共有される感情」である。オープン・ダイアローグとは一言でいえばそうした感情を生み出すための独特の工夫にほかならない。当事者のネガティブな感情を消失させるのではなく，ポジティブな感情を当事者と専門家が共有することによって事態を打開するというまったく新しいモデルが示されているといえる。

　では，こうした違いはわれわれに何を示唆しているのか。まず気づかされるのは，従来の専門家モデルは，なぜ，ポジティブな感情に目を向けてこなかったのかという問題である。専門家はあくまでネガティブな感情を取り除くのが仕事であるというこの考え方は，病理を取り除く外科医を彷彿とさせるものであり，原因を冷静に見極めてそれを除去する古典的医学モデルのアナロジーそのものであったといえる。そして，これを可能にするのは科学的に実証された理論の体系であり，ポジティブな感情のような曖昧なものであってはならなかったといえる。

　さらに，ポジティブな感情，とりわけ，「愛の感情」などを重視すれば，それは宗教的行為と区別がつかなくなる。専門家の行為が，宗教的行為や伝統的行為，あるいは慣習的行為とは異なる科学的行為であるためには，間違っても

「愛の感情」などを持ち出してはならなかった。宗教との差異化をはかり，問題を技術的に処理し，科学であると主張するためにはそれが絶対条件だったといえる。という意味では，専門家モデルは，ポジティブな感情に単に目を向けてこなかったのではなく，積極的にそれを避けてきたといえる。あくまで感情中立的にふるまうことが，科学者であり専門家たる所以であるという強固なドミナント・ストーリーにわれわれは支配されている。これが，学術論文で「愛」について論じることには相当の勇気がいることの理由といえる。

　もうひとつ気づかされるのは，ナラティヴ・アプローチが強調してきた「対等な関係性」という問題である（野口 2002）。ナラティヴ・アプローチは周知のとおり，専門家とクライエントの間に生ずる「権力性」に敏感になり，それこそが「問題」を産出する一因となることを主張して，そうした「権力性」を生み出さないためのさまざまな工夫を行ってきた。「無知の姿勢」(Anderson & Goolishian, 1988) や「リフレクティング・チーム」(Andersen, 1991) はまさにそうしたワンアップ・ワンダウンの関係を作り出さないための優れた工夫であったといえる。しかし，そこでも，ポジティブな感情のもつ治療的意義について論じられることはなかった。そこで目指されたのはあくまで言説空間の拡張による新たな物語の産出であり，ポジティブな感情はそうしたプロセスを経て獲得されるものと考えられていた。しかし，オープン・ダイアローグの登場は，「対等な関係性」それ自体が重要であるというよりも，それがポジティブな感情の共有につながるがゆえに重要だったという見方を可能にする。新たな物語の誕生がポジティブな感情を生むだけでなく，ポジティブな感情が新たな物語を生み出す。感情とナラティヴの関係についてわれわれはあらためて再考する必要がある。

　それにしても，なぜ，われわれはこれほどまでに，ポジティブな感情を避けてきたのか。いや，そうではない。われわれはポジティブな感情に実は多大な関心をもっている。それは，われわれがポジティブな感情を生み出すために，わざわざ「ポジティブ・シンキング」を試みたり，精神安定剤や抗うつ剤をひそかに服用したりする事実に表れている。ポジティブな感情をわれわれは欲している。しかし，それはあくまで個人的に調達されるべきものとされており，その調達に失敗したときには専門家に助けを求めて対処する。専門家もまた個

人的にそれを調達できるように援助する。現代社会はそのように編成されている。

　これらの現象を貫いているのはいうまでもなく「個人化」の原理である（野口2005）。専門家モデルは「個人化」を前提にして「個人化」をより推進するように作用する。ナラティヴ・アプローチもまた，病理モデルや個人主義モデルを厳しく批判しながらも，「感情」の扱い方に関してはいまだ個人主義モデルの枠内にあったといえる。これに対して，オープン・ダイアローグが提起するのは，「感情の共同化」という方法である。考えてみれば，かつての共同体にはさまざまな慣習や儀礼などの形でこの種の方法が満ち溢れていたはずである。われわれは近代化の過程でそれを失ってしまい，問題を専門家に委ねて個人的に処理するほかないような社会に生きている。しかし，オープン・ダイアローグはそのような社会においても，「感情の共同化」は可能であり，かつ，有効であることを示している。ただ，かつての社会と異なるのは，そのような「感情の共同化」もまた専門家の力を借りなければ成立しにくいものになっている点である。「感情の個人化」から「感情の共同化」へ。専門家モデルはまたひとつ新たな方法を手に入れつつあるように思われる。

【参照文献】

斎藤環（2015）『オープン・ダイアローグとは何か』，医学書院

野口裕二（2002）『物語としてのケア：ナラティヴ・アプローチの世界へ』，医学書院

―― （2005）『ナラティヴの臨床社会学』，勁草書房

―― （2015）「ナラティヴとオープン・ダイアローグ：アディクションへの示唆」，『アディクションと家族』，30巻2号，104-109，家族機能研究所

和田仁孝・中西淑美（2011）『医療メディエーション――コンフリクト・マネジメントへのナラティヴ・アプローチ――』，シーニュ

――・前田正一（2001）『医療紛争：メディカル・コンフリクト・マネジメントの提案』，医学書院

Andersen, T. (1991) The Reflecting Team: Dialogues and Dialogues about the Dialogues. New York, W.W. Norton. (鈴木浩二監訳, 『リフレクティング・プロセス』, 金剛出版, 2001)

Anderson, H. & Goolishian, H.A. (1988) Human Systems as Linguistic Systems: Preliminary and Evolving Ideas about the Implications for Clinical Theory. Family Process 27 (4), 371-393. (野村直樹訳, 『協働するナラティヴ』, 遠見書房, 2013)

Seikkula, J., Arnkil, T.E., & Eriksson, E. (2003) Postmodern Society and Social Networks: Open and Anticipation Dialogues in Network Meetings. Family Process, 42 (2), 185-203.

Seikkula, J. & Olson, M.E. (2003) The Open Dialogue Approach to Acute Psychosis: Its Poetics and Micropolitics. Family Process, 42 (3), 403-418.

Seikkula, J. & Trimble, D. (2005) Healing Elements of Therapeutic Conversation: Dialogue as an Embodiment of Love. Family Process, 44 (4), 461-475.

White, M. & Epston, D. (1990) Narrative Means to Therapeutic Ends. New York, W.W. Norton. (小森康永訳,『物語としての家族』, 金剛出版, 1992)

Winslade, J. & Monk, G. (2000) Narrative Mediation: A New Approach to Conflict Resolution. John Wiley & Sons.(国重浩一・バーナード紫訳,『ナラティヴ・メディエーション：調停・仲裁・対立解決への新しいアプローチ』, 北大路書房)

リーガル・カウンセリング論の再文脈化

山田恵子

I ── 技法論の法社会学

1 法社会学理論の正当性規準とその検証

　和田仁孝教授は，その著書『法社会学の解体と再生──ポストモダンを超えて』(和田 1996) の中で，法社会学的研究の正当性規準につき，次のように論じた。

> 「解釈法社会学は「科学」の理念から離れつつ，しかし「戯れ」に没頭するのでもなく，また「解釈共同体」の確固たる理論体系を前提とすることもなく，個々の微分化されたコンティジェントな研究プラクティスに埋め込まれたミクロで生成的な規準にしたがって，その研究を評価し位置づけていくことになるのである。」(同：235-236)

　この方法論的規準は，筆者の理解によれば，次の 2 つの──理論的には異なる次元の──主張を含んでいる。第 1 は，研究成果 (テクスト) として呈示される研究者の声 (解釈) は，研究遂行時における場・とき・主体のコンティンジェンシーに係留されたものであるから，研究プラクティスにおいては相手方と「距離を置く」のではなく逆に「かかわりを求める」べきである (同：232) とする，研究手続の正当性に関わる主張，第 2 は，研究成果 (1 つの声・解釈) がひとたび呈示されたならば，それ自体がオーディエンスによってローカルでコンティジェントに位置づけられるのであるから (「解釈の解釈」)，研究成果の意義は「合意の獲得」によってよりも「多元的で豊富な議論・「読み」を喚起できたか」によって位置づけられるべきである (同：234) とする，研究成果の正当性に関わる主張である。

　本稿では，この第 2 の主張に焦点をあてる。当該主張に基づくならば，解釈法社会学プロジェクトの成否を判断するには，まずもって当該理論のオーディ

エンスによる「読み（再文脈化）」自体を解明しなければならないことになる。とりわけ，近時の和田教授が，「法理論・法実践についての研究」から「法技法論の研究・構築」へとシフト・拡大している状況に鑑みるならば，実践共同体（法実務家）における和田技法論の読み（再文脈化）にかかる解明——いわば「技法論の法社会学」ともいうべき作業——は，当プロジェクトにおいて重要な法社会学的課題としての布置をもつといえよう[2]。また，かかる検証は，法科大学院教育の中で一定の技法論的教育が試みられている今日（近江 2015，日本弁護士連合会法科大学院センターローヤリング研究会 2013），和田技法論の個別解明という枠を超えて，法解釈論教育とは異なる技法論教育の影響を明らかにするという意味で，より一般的な法社会学的意義を持ちうるように思われる。

　本稿は，以上のような問題関心に基づき，和田教授が提唱した技法論の1つである「リーガル・カウンセリング論（以下，LC論[3]）」を素材に，当該理論が法実務家にいかに再解釈・実践されているかについて，試論的に論じようとするものである[4]。

　なお，本稿の分析的立場をより明らかにするため，次の点を付言しておきたい。本稿においてLC論（広くは技法論）の「読み（再文脈化）」を解明する目的は，通例的法社会学のように，「理論（規範）」と「理論（規範）から逸脱した現実」間のギャップを測定することにあるのではない[5]。解釈法社会学を理論的基盤とする技法論において，学者（提唱者を含む）による「正統」な理論解釈が人々のコンティジェントな理論解釈に優越する，との見解は当然に廃棄されねばならないからである[6]。本稿の関心はあくまで，法実務家が一定の法的活動・プラクティスの中で，いかにしてある諸実践をLC論の達成として記述・報告するのか，というエスノメソドロジカルな諸点[7]にのみ向けられることを予め断っておく。

2　調査の概要

　本稿の目的のために分析素材とするのは，2012年3月から2015年1月にかけて，LC論を学習・適用する法実務家計16名に対して録音機器を用いてなされたインタビュー調査である。具体的には，和田教授担当のLC論に相当する科目を受講した法科大学院出身者の弁護士4名，福岡県青年司法書士協議会リー

ガル・カウンセリング研究会（以下，LC研究会）の会員およびオブザーバーである司法書士7名，LC・調停・コミュニケーションスキル等を研究する任意団体SSCATの運営委員である司法書士5名に対して行われた。[8]

　調査項目は，回答者の勤務状況，LC論学習への動機づけ・時期・学習内容，LCの定義とその具体的実践，LC論学習の影響，LC論適用の困難等，多岐にわたるが，本稿において分析の焦点とするのは，「LCの定義・具体的実践」および「LC論学習の影響」に関わる回答者の語りである。

Ⅱ——知識としてのLC　　脱文脈化されたレベルでの再文脈化

　中村・和田（2006）によれば，LCとは，法律相談において「単に法的問題や助言に限らず，それも含めて，弁護士がクライアントのニーズと向き合い，クライアントが納得しエンパワーされるようなコミュニケーションのあり方をいう」（同：2）。

　本節では，LCの具体的実践の呈示・分析に入る前に，回答者が上述の知識としてのLCをいかに再定義したか，すなわち，回答者が具体的行為実践に即することなく語った——「脱文脈化されたレベル」（和田 1999：47）での——LCの定義（再文脈化）について，簡単に確認しておきたい。[9]　詳細な分析は別稿に譲るが，[10]　LCの定義をめぐる回答者の語りを一部抜粋した【表1】を参照すると，LCの再定義（再文脈化）には，次の4つの特徴的な「読み」を看取できる。

　第1に，LCの機能について，少なくとも2つの異なる「読み」がなされている。1つは，LCを「〜ためのもの／技術／手法／スキル」として解釈するものであり，2つは，LCを「〜姿勢／〜法律相談／〜イメージ」として解釈するものである。ここから，LC論をある目的を達成するための「道具（資源）」として理解するか，法的諸実践の理念的な「在り方」を指し示すものとして理解するかという解釈ヴァリエーションが生じているとの推測が成り立つ。

　第2に，LCの定義における目的・理念内容は主として，「解決」・「当事者」・「（法専門家と当事者間の）関係性」・「法専門家役割」の4つ観察地点から，「主観性（「気持ち」／「満足」）」・「主体性」・「相対性・改良性（「よりよい」）」の要素を軸に構成されているが，これらの諸要素が並置された語りは少ない。こ

154　第2部　臨床の法

【表1：LCの再定義】

回答者番号	LCの再定義 (回答者の語りから一部抜粋)
#01	スキルを使いながら当事者を支えていくっていう姿勢をもちましょうねという話
#02	本音を聞き出す技法／自分を信頼してくれるための手段／納得感を出せるためのスキル
#03	法律論に留まらない相談者の真の狙いや気持ちを含めた法律相談
#04	一定の関係性を作り，よりよい可能性を一緒に生み出していくイメージ
#05	依頼者との関係を構築するためのツール／クライアントに満足してもらえるための手段／背景にある悩みを知るためのもの／問題をよりよく解決に向かわせるためのもの
#06	法律家のコミュニケーション力
#07	一生懸命話を聴いてあげること／自立してもらうために解決・道筋を探すためのもの
#08	話・ニーズを聴くこと／よりよい時間の共有
#09	コミュニケーション／解決を目指すにあたって欠かせないもの
#10	自分が満足するのでなく相談者が満足するためのもの
#11	相談を技術として捉える方法（LCによって相談能力があがる）
#12	当事者自身が解決できたという実感を引き出すやり方・技術
#13	クライアントの本当の意味での解決とか満足のお手伝いになる手法
#14	依頼者の相談に対しての満足を高めていくための手法
#15	相談者と自分を適切につなげてくれるもの
#16	法律専門職として必要最低限備えておかなければいけない心構え

の事実は，LC論がランダムな知識（の集積）として習得されるのではなく，また一枚岩的に解釈されるわけでもなく，各回答者の認識枠組を介していくつかの「読み」を構成している可能性を示唆する。

　第3に，LCの思念範囲は，「相談」という行為（あるいは「相談者」という主体）を明示するものと，そうでないものに区別される。後者の場合，LC論は，法律相談以外の相互行為過程においても参照さるべき，より全体論的な技法として把捉されて（「読まれて」）いるとの理解が成り立つ。

　第4に，手元のデータから断定はできないが，LC論が法的プラクティスにとって基礎的なものか／付加的なものかという理解も異なりうる。たとえば，#09と#16の回答者は，LCを法律専門家として備えておくべき「最低限」の姿勢であり相談に「欠かせないもの」であると位置づけているが，その他の回答者はこの点に言及しておらず，LC論を法的プラクティスにとって「付加的なもの」と解釈している可能性もありうる。

以上の諸点に鑑みると，LC論は——脱文脈化された知識レベルにおいても——，それを適用実践する者の間で，いくつかの再文脈化（「読み」）を生み出しているといえそうである。

次節では，以上の「脱文脈化されたレベル」でのLCの定義（再文脈化）における特徴（一般的特性）を念頭に置きつつ，「コンティジェントなプラクティスに係留されたより微分化されたサイト」（和田 1996：47）での再文脈化，すなわちLC論の達成として語られた具体的ケースを検討していきたい。[11]

Ⅲ——プラクティスとしてのLC　　微分化されたサイトでの再文脈化

1　LC論実践の類型化

われわれの手元のデータでは，LC論の実践例として語られたケースは全部で51ケースある（訴訟4ケース／調停1ケース／交渉9ケース／相談・接見37ケース）。これらのケースは，語りの形式的特徴に着目したとき，次の3つの類型を中心に整理できる。第1は，他の法実務家の諸実践と比較した形でLCの達成を説明するもの（「差異的実践としてのLC」），第2は，LCとして思念された理想的実践の具体化をLCの達成として説明するもの（「規範的実践としてのLC」），第3は，ある実務上の問題の克服をLCの達成として説明するもの（「処理的実践としてのLC」），である。以下では，紙幅の関係上，分析の単純化・明確化に鑑み特徴的なケース（15ケース）にのみ焦点をあてることにしたい。[12]

(1)　差異的実践としてのLCの達成　　ここでは，第1の類型である「差異的実践としてのLC」の達成例を見ていこう。本類型に属する典型的な語りは，次のようなものである。

【#02-1】
「万引き〔のケース〕なんですけど，〔依頼者の方は〕60歳ぐらいの方で，コンビニでティッシュペーパーかな，多分，100円ぐらい〔の商品の万引き〕でした。……最終的に不起訴になったんですけど，それも結構事情があって，もともと前科がある人だったのもそうなんですけど，あとホームレスなので家がないのと，もともと窃盗をやっているので，「繰り返すというのは反省がないんじゃないの？」というような……どうも検事はそういう心証を持っていたみたいで，なかなか〔留置所を〕出

156　第2部　臨床の法

してもらえなかったんですね。本人も……逮捕で勾留されたときはすごいショック
だったっぽいんですよ。勾留されて，なおかつ10日後にまた〔勾留〕延長されてす
ごいショックになってたんですね。本人はそこで焦っていたんですけど，〔留置所
を〕出たい，出たいという気持ちばっかりで……そこのところでいろいろと。最初
に，彼がどうしてそういうこと〔万引き〕をやっちゃったのかという話をじっくり
聴いてから，……今後どうやって真面目にやっていこうかということも含めて，い
ろいろと話したなかでやっていったというのがありますけど。……〔その依頼者の
方から〕「前の〔逮捕された〕とき〔に接見した弁護士〕は，ただ単に「書面を送った
からここに判子を押してくれ」と〔言うだけだった〕。……自分の言いたいことは何
にも言えなかった」と〔言われました〕。」

【#04 1】

「「外国人の結婚詐欺にあって何千万も払った，返してもらいたい。でもその外国人
がどこにいる分からないし，まあまあ〔その外国人のことを〕好きだったんですよ」
みたいな感じで〔相談に来られました。〕……それを一通り聴いて……〔すると，相
談者の方が〕「こんなこと〔結婚詐欺問題の対応〕をやっているよりも，私は他のこ
とをやります。こんなことにかまっているよりも，私はこうやって〔今の仕事に専
念して〕稼いだほうがいいんで」みたいな感じになったりしたんですよ。……自分
〔相談者自身〕でも〔請求が〕無理だなというのは分かっていたんだと思うんですね。
……どこ〔の法律相談〕でも〔請求は〕無理だと言われたと言っていて。……だから
基本的に……〔相談者から〕よく言われるのが「初めて私の話を聴いてくれました」
と……」

　以上の語りに共通するのは，第1に，LCの達成が「自身の実践」と「他の法
実務家の実践」との対比を以て説明されていることである。この対比におい
て，前者は積極的に評価されるべき行為であり，後者は消極的に評価されるべ
き行為であることが，それぞれ「依頼者・相談者の語り」の裏書きを経て暗示
されている。第2に，かかる2つの諸実践への評価の差異は，「話を聴く」と
いう行為に存するものとして報告されている。もとより，「話を聴く」ことに
よる2つのケースの法的帰結は異なる（データの呈示は省略するが，前者は「最終
的には生活保護を申請」するよう弁護士が依頼者に助言した事案であり，後者は「〔相談
者〕本人で〔請求が難しいことを〕気付いた事案」であった）。しかし，ここで重要な
のは，いずれのケースも，LC論の適用がかかる帰結を企図した実践の結果と
して報告されているのではなく，LC論の適用とその帰結という形で報告され

ているケースとして理解可能だということである。このとき，他の諸実践と区別されるLC論の達成は，「話を聴く」という行為それ自体として読まれている，といえよう。そして，この「話を聴く」という行為の帰結として，「法実務家と当事者が協働決定する過程」（「いろいろと話したなかでやっていった」）と「当事者が自分で気付く過程」という2つの過程が生み出されているのである。

(2) 規範的実践としてのLCの達成　　次にみるのは，法的諸実践の理想型の具体化をLCの達成として表現する語りである。この類型の語りは，回答者自身の法的実践と他の法実務家のそれとの対照構造を含意しない点で第1の類型と異なるが，LCの達成が「LC論の適用とその帰結」という形で報告される点で同一の構造を有する。具体的に見ていこう。

【#01-1】
「裁判上の争点は，……夫婦関係の破綻の有無ってところが問題になったんですが，〔LCの実践例の〕1つはその当事者が思ってることを〔準備〕書面で出すっていうところですねー。当事者の気持ちをのせた書面が良いと言いますか……準備書面の形でこれこれこういうってのを説得的に書くと，……〔依頼者から〕「ちゃんと書いてもらって嬉しいです」みたいな〔ことを言われます〕。」

【#04-2】
「……それこそ陳述書とか〔依頼者が〕言いたいことを言うだけ言ってもらうの〔書面〕を作りたいなと〔思っています〕。答弁書〔を作るさいは〕……〔依頼者の〕ストーリーをのせて，あとは認否ぐらいにする。法的にその請求についてどういう否認の理屈があるのかというのはおいといて，……原告〔相手方〕は実はこういう人なんですよと分かってもらおうという感じの，書面をつくるわけですよね。……〔依頼者の話を〕いろいろ聴いてという感じで……だから「もう感動しました。お願いします，先生。」〔と言われます〕。」

【#01-2】
「……尋問の仕方というとこで，……当事者が語れるならば，語った方が良いんじゃないかとは思うんで，ウチは割かし，こう〔当事者に〕ふって喋れる範囲で喋ってもらう。で，こう裁判所にだした方がいいことがあれば，〔当事者に〕折り返して聞いたり，確認したりっていう風にするようにしてますね。」

以上の3ケースに共通する様相を確認しておきたい。第1に気付かれるのは，回答者によって「良い」と評価される，今後も「～（し）たい」と積極的に

158　第2部　臨床の法

価値づけられる規範的実践が呈示され（「当事者の気持ちをのせた書面がよい」／「〔依頼者〕が言いたいことを言うだけ言ってもらう〔書面〕を作りたい／「当事者が語れるならば語った方が良い」），その具体化がLCの達成として報告されていることである（「当事者が思ってることを〔準備〕書面で出す」／答弁書や陳述書に「〔依頼者の〕ストーリーをのせ」る／当事者尋問・証人尋問において「当事者に喋れる範囲で喋ってもらう」）。第2に，これらの規範的実践はいずれも，「当事者の語り（思い）」を反映する，ないしは「当事者の語り」の場を確保するという共通の志向（「主体性の尊重」）を有している。また，かかる「主体性の尊重」については，個別スキルの言及がなされていないから，より基礎的な構え（姿勢）の次元で把捉されていると理解できる。第3に，LCの達成場面として，訴訟を軸とした相互行為場面が想定されている（「準備書面」「答弁書」「陳述書」「尋問」）。

　これらの諸点に鑑みると，LC論は，抽象的な概念（「主体性の尊重」）を媒介して「基礎的構え（姿勢）」の位相で規範的に解釈されるとき，いくつかの「読み」（実践）を産出しているといえそうである（ここでは，法律相談外の法的相互行為過程もLCの達成場面として理解するという「読み」がなされ，各場面における法的実践のヴァリエーションを生み出している）。

　実際，「主体性の尊重」以外の抽象的概念（「関係性」「協働性」「よりよい解決」）を志向する次のケースも，その語りの構造に着目するとき，以上のケースと同一に理解できる。

【#05-1】
　「女性の方から相談を受けて……いつまでたっても彼氏も煮詰まらず，……〔子供の〕認知はして頂けたんですけど入籍はしてもらえん関係があって，それで子供も大きくなって1歳とかになってきて。で，その後で，その彼氏が別の女性と結婚することが発覚したとかいって，……それで相談にこられて，……で徹底的に養育費とか慰謝料とかをもらうと〔言われて〕……「ただまぁそういう風にした時に，彼氏さんの方が，子供さんに2度と会いにこなくなる可能性とかもありますよね，今後まぁみんな1番いい方向でいけるように，話し合いをしたらいかがでしょうか」って〔提案して〕，その代わりに，「私はここにはいますけど，あくまで話の仲介役っていうか，お互いの立場の代理って形はやりません」〔と説明しました〕。……一方から相談を受けながら，そういう〔仲介役の〕立場をとるっていうのは凄く，ちょっと抵抗はあったんですよね。でも……まぁ最終的にですね，なんか〔相談者と相手

方の〕2人が……うまくいって，いい〔解決〕方法が見つかって，解決できれば良い
のかなーと思ったんで，そういう〔話し合いの〕形をちょっととらせて貰ったんで
すね。……なんかお互いに色んな意見とかなんかもいって，今後……どうしたら1
番いい関係を作っていけるのかなっていうことを一緒に協議できたらな，と思っ
て，〔話し合いを〕やったんですけど……」

　本ケースでもやはり，回答者に「良い」と積極的に評価される規範的実践が
LCの達成として報告されている。また，紛争当事者間の「いい関係」・「いい
解決／いい方向」・「一緒に協議」といった規範的志向が基礎的構え（姿勢）の次
元で表明され，その具体的実践形態として，「法専門家役割の代理人から仲介
人への転換」および「話し合い（手続的選択肢の開発）」といったLC論の「読み（実
践）」が喚起されているといえる。

　なお，インタビュー記録によれば，回答者の過半数は，相談者（依頼者）に対
してのみならずその相手方に対してもLC論を適用している。たとえば，ある
実務家（#12）は，相手方に「LCの理屈を利用した手紙を送付する」ことがあり，
具体的には，その手紙に，依頼者側の事情を述べた上で，「他方，あなたにも
何らかの事情がおありのことと思います。ご連絡さえいただければ，あなたの
事情に応じた解決策を模索することができるかもわかりません。」等の文言を
挿入する，という。詳細は省くが，こうした「交渉性」に軸を置く実践は，そ
の前後の語りをみるとき本類型と同一の語りの形式をもつ傾向が強い。

　かくして，LC論が基礎的構えの次元で規範的実践として読まれるとき，LC
のキーとなる——各々が重視する——抽象概念を媒介して，「法律相談外の相
互行為過程での活用（適用範囲の広範化）」，「適用対象者の拡大」，「法専門家役
割の転換」とそれに伴う「交渉的・ADR的展開（手続的選択肢の豊饒化）」といっ
た多層的実践（「読み」）を構成することが伺われる。

⑶　**処理的実践としてのLCの達成**　　第3の類型は，LC論の実践が「実務上
の具体的問題の暗示・明示」とその「克服」という物語構造をもって語られる
ケースである。この形式をもつ語りにおいては，以上の2つの類型と異なり，
LCの達成が，ある帰結（問題の克服）を企図した実践の結果として報告される。
いくつかの具体例を示そう。

160 第2部 臨床の法

【#15-1】

「認知症になった方が自分で〔後見を〕申し立てる場合とかいうのはよくあって，そういう時に最初の段階ですよね．ものすごい気をつけていかないと〔相談者に〕安心してもらえない．信頼というより，安心してもらえないから，私は普段はスーツは着ないし，そういう方の時には白めの服を着て行ったりとか，できるだけ横に座るとかするんですよ．ペーシングの嵐みたいな．とにかく相手にペースを合わせる．後ろに予定を入れずにちゃんと相手のペースで説明をしていって，……彼女〔相談者〕が安心して話せる人を同席してもらったりとか，それは通常誰でもしてはりますけど，そういう環境づくり，場所選び，彼女が行きつけの喫茶店で会うとか，そういうことはしましたね．」

【#10-1】

「……とにかく〔相談者の方は〕怒りが全面に最初は多分きてて，多分周りもみえなくなって，……自分の冷静な判断をしてないような風に見えたので，……〔このままだと〕多分，うまい解決というか，……〔そういう〕方向にいかないと思ったので，速攻でまぁ協調というか共感して，「勿論お怒りの気持ちは分かります」ということで，まぁさんざん共感してですね……」

【#04-3】

「相手方から書面が来たり内容証明が送られてきたとき，すぐPDF化してメールで〔依頼者に〕送ったりするんです．そのときのメールの文面に気をつけたりします．……簡単にやろうと思えば，「送られてきました，ご覧ください」ぐらいでいいと思うんです．わりと中身がすごく攻撃的だったりですと，私なりの軽い要約みたいなのを入れて，読む前にいったんクッションを置くための要約だったり，……「おそらく気分のいいものじゃないと思いますが」とか……最初にそういうのを入れるとか，わりと私なりに気を使っているところかもしれないですね．多分〔依頼者が〕いきなり読んだら「うがっ」となるだろうし……」

【#09-1】

「……相談者自身も，本当のニーズに気付いていないという場合がありますよね．……80代後半の女性なんですけれども……最初にですね，事務所に相談に来られたのは，……〔土地建物の〕名義がご主人のままになっているので，その相続登記をしたいっていうことで，……来られて．で，相談を受けて，でいろいろ戸籍とかも調べてですね―……それは遺産分割協議が必要ですよということで，……遺産分割の調停の申立てをしましょうかっていうことになって，……〔ところが，調停申立てを〕もう寸前〔のところ〕で止められたんですね．で，じっくり傾聴していくと……〔その方が〕心配されたのはですね，……調停を申し立てることによって，ま

た〔相手方との〕関係が悪化したりとか，……場合によっては，あのもう〔相手方との〕関係が切れてしまったりとかですね，そういう事を心配されて。……で，その調停を申し立てるのを結局やめることにして，……結局やはりその方が求めておられたのはですね，心配だったっていうのは，自分の老後……やはり周りにですね，すぐ何か自分が困ったときに相談できる，信頼できるですね，誰かがやはりいない，ということが凄く不安だったわけですよね。……そうなってくると，その方に必要なものっていうのは，……相続登記とかではなくてですね，任意後見契約とかですね，あと任意代理契約とか，あと財産管理であるとかですね，そういったものが，自分〔相談者〕の判断能力が衰えてからですね，そういったところをしっかり頼める〔ということが〕，……ほんとのその方の一番のその不安を解決するものであったと。」

【#13-1】
「〔事件の〕最終報告だけ，というのでは，クライアントさんの満足にはつながらないので，どういう状況かとか〔を〕ただただ報告をするだけでなく，……相手〔クライアント〕の気持ちとか何を知りたいかとか相手〔クライアント〕の本当のニーズを察するように，IPI分析を心がけて，報告をするようにしていて……」

　以上の語りに特徴的なのは，「〔相談者に〕安心してもらえない」／「怒りが全面」にきて「うまい解決」の「方向にいかない」／「〔依頼者が〕」「うがっ」となる」／「〔相談者自身が〕本当のニーズに気付いていない」／「クライアントさんの満足にはつながらない」という，個別当事者の感情（情緒的次元）やニーズ（潜在的欲求次元）に関わる問題が具体的に示され，かかる問題を克服・処理する活動として，「ペーシング」「共感」「要約」「傾聴」「IPI分析」等の個別スキルの使用が報告されている点である。[13] すなわち，LCは，個別当事者の「感情」や「潜在的ニーズ」を法的プラクティス上の「問題」として把握せよという見方を指示するとともに（「問題構築作用」），その克服に適したスキルの使用を促進するものとして構成されている（「問題処理作用」）。
　かくして，LCが処理的実践として達成されるときには，LC論の「問題構築作用」により，法律相談場面か否かを問わず（手元のデータでは，相談場面・依頼者への報告場面・尋問場面・取り調べ場面等），[14] 当事者の感情・ニーズ問題を「問題」として把握せよという「読み」を生じさせると同時に（「適用場面の広範化」），「問題処理作用」により，具体的問題の特性に応じたスキルの使用を以て細分

化されたLCの実践（「読み」）を産出していることが読み取れる（「適用スキルの微分化」）。

さらに、ここで注目すべきは、ケース【#09-1】において、LC論の適用が法的助言の実体的内容に影響を及ぼし、「実体的選択肢の豊饒化」を帰結している点である（相続登記→任意後見契約・任意代理契約・財産管理）。このような帰結は、他のケースにおいても看取されうる。

【#07-1】
「……債務整理を受任して、〔依頼者に〕収入がもうほとんどないような状況のときは、今後その人〔依頼者〕は生活できないってことなので、……そこ〔債務整理以外のところ〕は私は関係ないってするんじゃなく、生活保護を薦めたり、で一緒に同行申請したりとかってことは結構ありますね。……〔依頼者が〕病気になったとかで、やっぱりそれも〔借金の〕原因ですし、もともとあんまり働けない状況の方〔という〕こともあるし、……そういった人が生活保護をうけて、もう一度生活を立て直してから、生活の再建にむけていってもらうとかですね。……そうですね、生活保護とかまでお手伝いし〔ています〕。」

ここでは、依頼者が借金のトラブルだけでなく、借金の原因たる病気等の問題により「今後、生活できない」というトラブルを抱えていることが示され（「紛争の複合性・将来性」）、かかる問題を克服・処理する活動として、回答者が生活保護等まで支援することが報告されている。すなわち、LC論は、「紛争を包括的に把握せよ」という見方を指示するとともに、それに準じて法実務家の関与を広範化させ（「そこは私は関係ないってするんじゃなく」）、実体的選択肢を豊饒化させる（「債務整理→生活保護申請」）ものとして読まれているのである。

2 LC論実践の全体的特徴

以上、語りの形式に着目して、3つの類型ごとに検討を加えてきた。これらを整理したものが【表2】である。本稿で扱ったわずかなケースからも、LC論について多段階的な「読み（再文脈化）」がなされていることが明らかであろう。もっとも、LCの「読み（実践）」の拡散現象がみられる一方で、諸実践に共通の要素も一定程度、見出しうる。

第1に、詳細な分析は省くが、前節のデータと本節のデータを照合したと

【表2：LCの再文脈化】

LCの達成	差異的実践	非差異的実践	
		規範的実践	**処理的実践**
内容	<u>話を聴く</u>	<u>理念の具体化</u>◇主体性◇協働性・関係性	<u>問題の構築と克服</u>◇当事者の感情・ニーズ◇紛争の複合性・将来性
位相	行為	基礎的構え（姿勢）	スキル
多元化の傾向	・法実務家と当事者の協働過程の促進・当事者が自分で気付く過程の促進	・適用範囲の広範化・適用対象者の広範化・法専門家役割の転換・手続的選択肢の豊饒化	・適用範囲の広範化・スキルの微分化・法専門家関与の広範化・実体的選択肢の豊饒化

き，同一回答者による「脱文脈的レベルでのLCの読み」と「微分化されたサイトでのそれ」は，必ずしも同一の解釈内容を構成していない。また，インタビュー記録によれば，同一の回答者によってもケースに応じて異なる類型の実践が達成され，さらに1つのケースにおいても異なる類型の諸特徴が重複して立ち現れる様相が確認される。これらの事実によれば，LC論の実践は一般に，法実務家（回答者）に応じてというより，微分化されたサイトに応じてより複雑な変化・ヴァリエーション（「再文脈化」）を産出するという共通の特徴をもつ。

　第2に，LC論は総じて，「二重の技法化」とでも呼ぶべき諸実践（「読み」）を豊饒化する傾向がある。すなわち，LC論は，相談場面に限らず，交渉・調停・訴訟等のコミュニケーション場面における適用（「読み」）を作出するという点において技法化の方向を促進し（「技法の広範化」），またより基層的には，書類作成等も「コミュニケーション過程」として把握するというモメントを現出させている点において，法的行為の技法化という「読み」を進展させている（「行為の技法化」）。こうした「二重の技法化」は，単に手続的・実体的選択肢を豊饒化させるというよりは，当事者・法実務家・関係者間の「相互行為過程」を豊饒化させる機能をもつ。

　かくして，LC論の「読み」は，単に個々の実践サイトで微分化・細分化されるわけではなく，かかる共通の様相の下に多声的に展開され，再文脈化されているといえよう。

164　第2部　臨床の法

Ⅳ——法的諸実践におけるLC論の位置

　以上，われわれはこれまで，「LCをどのような実践として意味づけるか」という内容の次元に限局する形で，LC論の多元化が達成される方法を確認してきた。ところで，手元のデータを眺めるならば，この複数の「読み」は「LC論を法的実践にいかなる影響を与えるものとして理解するか」という位置づけの次元においても析出されうる。筆者のみるところ，典型的には，次の3つの「読み」が存在する。

【#16-1】
　「〔婚約破棄の〕慰謝料の額で，本人〔相談者の男性〕に聞いても「別に100万でも50万でも何でもいい。とにかく訴えたい。腹が立つ」と，……「たぶん僕〔相談者〕が訴えたらだいぶそっち〔相手方の女性〕に影響するし傷がつくのではないか」と〔言われて〕。……ただ，本人はそこで「訴えたい」というのを出してくるけど，まさにニーズの話ですよね。絶対そう〔訴えたいん〕じゃないやろなというのがあったので，……どうしたいのかというのを聴き出す形ではしていました。その中で時おり出てきていたのが，「お金じゃない」という話と「母親に謝って欲しい」と。……〔相談者の〕男性は田舎に年老いた母が一人で生活していると。この前，田舎に帰ってその方〔相手方の女性〕を紹介して会ってもらって，母はすごい安心していたと。……すごい安心していたけど，〔婚約破棄となると〕また母を悲しませてしまうと。……母親には謝って欲しいというニーズが出てきたので，「それはたぶん，訴訟という形で受けてやることもできます。費用はこんな感じ，時間はこんなんなりますけど……」という話をさせてもらって……「〔ただ〕もしよければ，たとえばうちの事務所で1回，とにかくまず話し合えるんだったら話し合ったほうがいいですよ……1回話し合う時間をとれればいいんじゃないですか」という話をして……〔その後の話し合いでは〕「今回，婚約かどうかの法的なところよりも，〔相談者の方が〕とにかくお母さんに対して申し訳ないという気持ちがあって，そこに対して謝罪〔して欲しい〕という気持ちを思ってらっしゃるということですね」みたいなところから〔はじめて〕，「で，どうですか」という話で，……〔その場で，相手方の女性の方が相談者のお母さんに電話で謝罪して〕男性のほうは女性に，謝ってくれたことに関してはありがとうみたいな形になって……「ありがとうございました。謝罪をしてもらえて満足です。訴えへんくてよかったですわ」みたいな形でとりあえず終わったというのがあって……LCを意識してというか，……表面的なのやったってこれ絶対に解決せえへんし，とくに家事事件なんていうのは……絶対にそのニーズ

は法的な部分じゃないところで多くは占めていたりするので，それはもうちょっと
聴いていかなあかんなというところで……」

【#15-2】

「……専門家が決定するのではなくて，相談者に決定を委ねるという〔LC論の〕考
え方が，私にとっても気が楽というか。……自分〔専門家〕の価値観で解決したと
ころで解決しないということがよくよくわかった気がしているので，……〔相談者
に〕「決めてください」って，あまり私は言われない。「先生の言うとおりにします
わ」みたいなことは言われない。いくら認知症のおばあちゃんでも，言わせない。
……本人に決めてもらうという私のスタンスが，LCを学んだことで自信が持てる
というか……」

【#14-1】

「……債務整理のケースで，しっかり傾聴して，〔依頼者に〕月々３万円ずつ払って
ねって約束をして，〔依頼者が〕いっぺん払えなくなって。で，もう１度ちゃんと〔依
頼者に〕説明して，しばらく払ってくれてたけど，また払えなくなって。「払えなく
なりました」という相談も〔私に〕ない，というのがね。信頼関係を築いてやってた
つもりやってんけど，そうじゃなかったんだなーと思って……。LC自体がね，
……どれが正解かっていうのが結局難しい部分があると思うんですよ……完璧な相
談というのはなかなかないな，というのは思いますよね。それ〔LC〕をマスターす
ればするほど，むしろ完璧がないなと。」

　それぞれのケースを詳しくみていくと，まず【#16-1】においては，依頼者
の訴えを「表面的」に捉えるのではなく「ニーズ」の次元で捉え，さらに「訴訟」
でなく「話し合い」という手続を選択した結果，当事者の「満足」（「謝罪をして
もらえて満足です」）や法実務家に対する感謝（「ありがとうございました」）を導出
したことが報告されている。すなわち，LC論は，法的実践を変化させること
で（表面的主張から潜在的ニーズへの焦点づけの転換／訴訟から話し合いへの手続的選
択肢の変換），当事者・法実務家に具体的利益をもたらすとの理解が示されてい
るといえる。
　次に，【#15-2】においては，上述のケースと異なり，（LCに適合的な）法実務
家のスタンス（相談者の自己決定を尊重する）にLC論が「自信」を付与すること
で，まさに当のLCの実践を維持している様子が報告されている。ここでは，
LC論がLC的実践を再帰的に支援・強化するものであるとの理解が表明されて

いるといえよう。

最後に，【#14-1】のケースにおいては，LC論が自己実践の反省枠組として参照されているとともに（「信頼関係を築いてやってたつもりやってんけど，そうじゃなかった」），LC論の学習がその意義と限界を知るという両義的過程を促すものであることが報告されている（「マスターすればするほど，むしろ完璧がない」）。すなわち，LC論が，LC的実践を正解のない——常に不完全な——過程として把握する視角それ自体を構成するものとして認識されているといえる。

以上の簡単な分析から，LC論の法的諸実践における位置づけについては，(1)法実務家の諸実践をLCに適合的な形に変化させることで，当事者に満足・よりよい解決等の具体的利益を——付随的には法実務家にも具体的利益を——もたらすことをLC論の影響とみる「変革的理解」と，(2)LCに適合的な自己の抱く法的実践のイメージを支援・強化し，以てLC的実践を推進することをLC論の影響とみる「再帰的理解」と，(3)LC的実践を正解のない／終わりのない過程として捕捉する見方自体を促すことをLC論の影響とみる「反照的理解」があることが分かる。[15] LC論は，実体的内容の位相においてのみならず，位置づけの位相においても，こうした複数の「読み」を喚起していることが明らかであろう。

V——技法論の活性化に向けて

本稿は，和田技法論の検証という目的のもと，LC論をコンティジェントなサイトに開放することを狙いとして，法実務家によるLCの「実践的読み」を明らかにしてきた。無論，データの制約上，本稿で得られた知見は試論の域に留まる。今後は，LC論の「読み」が法的実践のただ中でいかにして生起するのかという点をめぐり，より緻密な実証研究を進めていく必要があるといえよう。

最後に，結論に代えて，技法論の活性化——「技法としての法」構想の成否の検証——に向けた2つの検討課題を指摘しておきたい。

第1に，われわれの収集したケースによれば，再文脈化されたLC論がその適用者に対して必ずしも権威的準則としての機能を果たしていないこと——二重の再文脈化を帯びること——が示唆される。次の語りを見てみよう。

【#10-2】

「〔通常は〕技法でいうと，オープンクエスチョンでもうひたすら関係ないことでもいいので，どういう会社を作りたいのか，事業目的とか，そういう所についてはある程度，結構自由に聴き取って，後は，……絶対ここだけは決めとかないと定款作れませんというところは勿論，クローズド〔クエスチョン〕で確認していってっていうような形ですかね。……〔ただ話をオープンクエスチョンで聴いても〕淡々とやってくれみたいな空気を出す人もいるので，……そういう時には結構，もうほんとにクローズ〔ドクエスチョン〕でせめて，……〔クローズドクエスチョンは〕ある程度の信頼関係ができてる場合にしか使わないですけど，……〔会社設立〕登記を急ぐとか言われたらですね……」

【#06-1】

「相談マニアの人に，「多分ゆったら〔相談者の方の〕満足のいくように話つけられません」〔と〕，その時ははじめて，どっちかっていうと突き放す言い方をして，……でも，その後に，「はっきり言ってもらえてすっきりした。本音でいってくれたから納得したよ」って〔相談者の方が言ってくれて〕。……〔それまで，相談者に〕寄り添う形の相談を心がけてたんですけど，その方に対してはその〔突き放した〕対応が良かったんだって思えたので。……〔それ以降〕何となく相談者の方を分析しながら相談を受けるようになって……」

【#01-3】

「〔LC論が前提とするように〕依頼者の方が弱いと，で弁護士の方が専門職で強い立場にあるっていうわけでもない，ってところはあるのかなーって。……当然，クライアントの自己判断もあるし，結構，裏で動いてることも多いんですよね。こっち〔弁護士〕のいうことをまるっきり信用しているわけでもなくてって……ところは，ちょっとLCの世界像とはズレル部分があるかなーっていうのは感じますねー。……結構，一般の相談者でもそういう人多いです。……で，〔依頼者は〕そんなに弱いもんでもないのかなーと，……いうところはあります。……技法自体は特に問題ないと思います。」

【#13-2】

「〔LC論に困った点があると〕思ったら修正して使うだけなんで……LCっていう仮に理論なり技法なりに疑問があったとしても，使えるとこだけもってきたら。〔LCは〕道具箱の一つなんで……」

以上の語りからは，(1)LCの技法が——理論は放棄されることなく——事案・相談者に応じて柔軟に適用されうること（**【#06-1】**・**【#10-2】**），(2)LCの理

168　第2部　臨床の法

論が——技法は放棄されることなく——法実務の文脈に応じて修正されうること（【#1-3】），(3)LCの理論も技法も適宜，修正・放棄されうること（【#13-2】）が示唆されている。すなわち，LC論は，その理論・技法ともに，微分化されたサイトで「読み」こまれるだけでなく，ときに「修正・放棄」されうる（2重に再文脈化されうる）のである。とすれば，LC論が法実践に果たす機能は，LC論の使用・修正・非使用が達成される相互行為場面において，その機序とともに解明される必要があるといえよう。

　第2に，LC論に内包された「理論」と「技法」の関連性を実践に即してより詳細にみていく必要がある。上記(1)および(2)の事実をやや読み込みを交えて解釈すれば，LC論は「理論」を備えているからこそ「技法」の柔軟な適用を可能とし，また「技法」を備えているからこそ「理論」の柔軟な修正を可能にするとの読みがありうる。データの限定性から確定的判断はできないが，この解釈が正鵠を得たものとするならば，LC論が「理論」と「技法」の両面を備えた理論構造を含意することによって，それぞれの相互修正過程を促す動態的な理論として「多元的読み」を喚起しうるとの予測が成り立つ。かくして，多元的「読み」の諸条件を解析しようとするならば，「理論」と「技法」間の実践的レリヴァンスに焦点を当てた読解が，今後の課題として設定されなければならないのである。

【注】

1）　もっとも，和田教授のかかる展開は，既述した正当性基準に鑑みるとき，理論から実践への変化として一面的に捉えるのは適切でなく，一貫した理論的態度に拠るものと見るべきであろう。私見によれば，「技法論」は，少なくとも解釈法社会学理論における「理論」や「研究」の捉え方を基礎にすると，法社会学理論からの「離反」でなく「追及（再生）」である。和田技法論の展開としては，和田（2004, 2007），和田・中西（2006, 2011），中村・和田（2006），和田・大塚（2014）等を参照のこと。
　　　なお，和田教授はこれまで徹底して，「法的言説」と「日常的言説」の交錯関係を析出し，それらを構造化する法の権力性を剔出してこられた。本稿は，和田教授が提唱されたLC論もまた1つの法言説であるとの理解にたち，法的言説と日常的言説——法実務家のそれではあるが——の交錯関係を捕捉しようとする点において，和田教授の問題関心を独自の仕方で継受するものである。筆者が法社会学研究の世界にいざなわれたのは，学部在学中に受講した和田教授の講義（「紛争処理論」）がきっかけであった。その後も様々な形でご薫陶を賜った和田教授には，この場を借りて心からの感謝と還暦のお祝いを申し上げたい。

2） 第1の主張（研究手続の正当性）に関わり，エスノメソドロジーの視点から和田技法論の理論内在的困難を指摘したものとして，山田（2010：63-68）を参照のこと。第2の主張（研究成果の正当性）に関わる技法論の再帰的検証としてはすでに，大澤（2004），Welsh（2008），中西（2012，2013，2014），山口（2012）等がある。

3） LC論については，中村・和田（2006）を参照のこと。なお，LCの基本的発想は，和田（1991）においていち早く示され，具体的には，法専門家の関与過程において「臨床心理学・カウンセリング論の成果が参考になる」ことが指摘されていた（同：91-92）。

4） 本稿は，LC論に好意的な法実務家の「読み」のみを分析対象としている（研究者およびLC論に好意的でない法実務家の「読み」は取り扱われていない）。本稿の基礎となる調査計画の不徹底ゆえであるが，そのため，本論文は和田技法論にかかる動態現象（再文脈化）の一部を解明し得るに過ぎない。

5） ギャップ研究に内在する方法論的限界については，和田（1996：28-29）を参照。

6） かかる前提の実践的困難性を鋭く指摘したものとして，阿部（1998）がある。

7） 法のエスノメソドロジー（以下，EM）研究の定義については，樫村（2014：162）を参照のこと。本稿の問題視角は，樫村教授の一連のEM研究に倣うところが大きい。とはいえ，本稿は，取り扱う調査データの性質上，EMプログラムの分析手法に準じておらず，EM研究としては極めて不満足なものとなっている。

8） 和田教授は，LC研究会の立ち上げの際に深くコミットした経緯があり，またSSCATにおいては名誉顧問を就任している。これらの事情から，和田教授担当の授業を受講した法科大学院出身の法実務家はもちろんのこと，いずれの会に所属する法実務家も，和田教授提唱のLC論を念頭に技法論を学習しているとの推測が成り立つ。和田技法論の法社会学的分析という本稿の目的において，これらの所属メンバーは充分に被調査者としての適格性を有するといえよう。なお，この場を借りて当該調査に協力いただいた法実務家の皆様に心より感謝申し上げたい。無論，本調査の実施・分析を含む一切について，すべての責任は筆者に存することを明記しておく。

9） インタビュアー（筆者）の具体的質問は，「あなたがLC論を教授する講師であったとして，「LC」をどのように説明しますか」というものである。

10） 回答者の語りにおける形式的構造に着目して分析した山田（2014）を参照のこと。本稿で扱ったデータの一部をもとに，LC論を学習するに至った動機づけや法実務家を取り巻く社会的状況がLC論の解釈（読み）に影響を与えうること，その帰結として，「関係志向的モデル」を基底とするLC論が，「プロフェッション・モデル」あるいは「法サービス・モデル」的援用を受ける可能性（危険性）が存することを示している。

11） もっとも，本稿で分析対象とするのは，微分化されたサイトでの諸実践それ自体ではなく，当該実践についての回顧的語りである。それゆえ，本稿はLCにかかる実践的理解（「読み」）を十全に解明し得るものではない。また，かかるデータ上の制約から，LCの意識的使用／非意識的使用の区分に着目したケース分析はなされない。当該実践においてLCを「非意識的」に使用していたとしても，回顧的語りにおいては，インタビューの質問趣旨に沿って「意識的」な実践として語られうるからである。

12） 以下で示すインタビュー記録は，樫村（2013：155）の方針に従い，「発話の間やいいよどみ等の水準での発話の詳細は書き起こされて」おらず，また「質問者と回答者による会話的相互行為の詳細は含まれていない」。かかる方針の分析上の意義については，同（158-159）を参照

170　第2部　臨床の法

のこと。なお，インタビュー記録（発言抜粋部分）における〔　〕は筆者の付した注釈を，「……」
は発言の一部の省略を示している。

13)　もっとも，これらのケースにおいても，「当事者の感情」や「ニーズ」問題を，主位的問題と
　　みるか（【#04-3】／【#09-1】／【#15-1】）副次的問題とみるか（【#10-1】／【#13-1】）には相違が
　　みられ，後者の場合，より意図的なスキル使用となることが伺われる（「さんざん共感して」等）。

14)　本文で挙げたケース以外にも，「当事者尋問・証人尋問の場面（離婚ケース）」や「警察の取
　　調べの場面（医療過誤ケース）」で「当事者のストレス」に焦点を当て，それを支援する回答者
　　（法実務家）の活動が，LC論の達成例として報告されている。

15)　この反照的理解に基づけば，LC論の実践は理論と現実のギャップを「埋める」のではなく「喚
　　起する」ものであるといえようが，この（論理上の）パラドクスが法実務家にとって実践上のパ
　　ラドクスとして存在しているか／実践上のパラドクスでありうるとしてそれが解決さるべき課
　　題と認識されているか／課題であると認識されているとしてそれがどのように解決されている
　　か等々については別途，より詳細な検討が必要となろう。

【参照文献】

阿部昌樹（1998）「書評：和田仁孝著『法社会学の解体と再生』」法社会学50号265-269頁.

近江幸治編（2015）『クリニック教育で法曹養成はどう変わったか？──リーガル・クリニック創
　　設10年目の検証──』成文堂.

大澤恒夫（2004）『法的対話論──「法と対話の専門家」をめざして──』信山社.

樫村志郎（2013）「労働審判紛争の社会的構造──問題定義の記述形式を通じて」菅野和夫・仁田道
　　夫・佐藤岩夫・水町勇一郎編著『労働審判制度の利用者調査──実証分析と提言』有斐閣.
　　154-172頁.

──（2014）「市民法律相談における法への言及──その明示的および暗示的諸方法」和田仁孝・樫
　　村志郎・阿部昌樹・船越資晶編『法の観察──法と社会の批判的再構築に向けて』法律文化
　　社.　159-183頁.

中西淑美（2012）「医療メディエーションと実践者教育」医療コンフリクト・マネジント1巻.
　　13-30頁.

──（2013）"Effects of Mediator Skill Training for Facilitating Disclosure Process after Adverse
　　Events," 2013 *Asian Journal on Mediation* 14-25.

──（2014）「プロフィシェンシー獲得過程としての医療メディエーションの教育」医療コンフリク
　　ト・マネジメント2巻2号5-17頁.

中村芳彦・和田仁孝（2006）『リーガル・カウンセリングの技法』法律文化社.

日本弁護士連合会法科大学院センターローヤリング研究会編（2013）『法科大学院におけるローヤ
　　リング教育の理論と実践』民事法研究会.

山口絢（2012）「自主交渉援助型調停に対する弁護士の意識」東京大学大学院情報学環紀要情報学研
　　究82号103-118頁.

山田恵子（2010）「リアリティとしての法と心理──法律相談を素材として──」神戸法学年報25号
　　37-132頁.

──（2014）「リーガル・カウンセリング論主導の法実践に関する予備的考察──法社会学理論の
　　動態分析に向けて──」京女法学1号191-220頁.

和田仁孝（1991）『民事紛争交渉過程論』信山社.

── (1996)『法社会学の解体と再生──ポストモダンを超えて』弘文堂.

── (1999)「モダン法思考の限界と法の再文脈化──法ディスコースとプラクティスをめぐって」井上達夫・嶋津格・松浦好治編『法の臨界Ⅰ　法的思考の再定位』東京大学出版会, 27-52頁.

── (2004)「技法としての法」和田仁孝・樫村志郎・阿部昌樹編『法社会学の可能性』法律文化社, 149-164頁.

── (2007)「紛争解決の技法とはなにか──ナラティヴに埋め込まれた知」山本顯治編『〔法動態学叢書水平的秩序4〕紛争と対話』法律文化社, 99-115頁.

──・大塚正之（2014）『家事紛争解決プログラムの概要──家事調停の理論と技法』司法協会.

──・中西淑美（2006）『医療コンフリクト・マネジメント──メディエーションの理論と技法』シーニュ.

同上（2011）『医療メディエーション──コンフリクト・マネジメントへのナラティヴ・アプローチ』シーニュ.

Welsh, N.A. (2008) "Looking Down the Road Less Traveled: Challenges to Persuading the Legal Profession to Define Problems More Humanistically," 2008 (1) *Journal of Dispute Resolution* 45-59.

【附記】　本稿は, 平成27年～29年度文部科学省科学研究費助成事業（学術研究助成基金助成金）若手研究（B）「法律相談論の効果と実効化条件：法理論と適用実践の相互影響過程に関する実証的研究」（課題番号：15K21490）に基づく成果の一部である.

172　第2部　臨床の法

★コメント2-1
けんか別れの作法——人類学者が和田法社会学から学ぶこと

加藤敦典

　和田仁孝先生（以下，敬称略）は，文化人類学，とりわけ解釈人類学における「理解」の問題に関心をもって法社会学の理論と実践を構築してきた。和田の法社会学を理解するうえで，人類学は必須の要素だといえる。他方，和田の法社会学は人類学者にとってどのような示唆をもっているだろうか。医療紛争に関する和田のナラティヴ論を手がかりに考えてみたい。

　医療紛争の現場は，患者とその家族の悲嘆，苦悩，怒りと医療従事者側の緊張感と罪悪感が生みだす防御的・説得的な身構えが激しく対峙する場である。そこで取り交わされるやりとりは往々にして深刻な認知のすれ違いを生みだしてしまう（和田・中西 2011：2-3）。和田はこの認知のずれを構成するのはナラティヴのずれだと考える（和田・中西 2011：45）。そこで，医療メディエーターは，患者家族と医療従事者のあいだに入り，双方の感情や思いを受け止め，信頼を築きながら，当事者たちの気づきを助け，ストーリーの語りなおしを促していく（和田・中西 2011：51）。

　このような構想の基底にある和田のナラティヴ論を読んでいると，和田が当事者の相互了解の可能性についてアンヴィバレントな立場をとっていることがわかる。

　医療紛争の現場では，患者側のナラティヴ，医療従事者のナラティヴ，さらには法のナラティヴが，それぞれにどうしようもなくすれ違い，大事なところが抜け落ち，言葉遣いが互いに響かず，それが相手をいらつかせる。ナラティヴの共約不可能性とそれが生みだすすれ違いは決定的な断絶を引き起こすことがある。しかし，実際にはそのようなかたちで争いが激化しない例も存在する。ナラティヴの根源的な共約不可能性にもかかわらず，お互いの話が「わか

る」瞬間がある。それはなぜか，と和田は問う（和田 2006：93）。それは個別の体験に根ざす語りが「親と子」の物語といったようなアレゴリーの位相をもつことによって獲得する一種の普遍性によるものかもしれない（和田 2001：67）。あるいは，そういったアレゴリーには回収しきれない，感覚や想いなどの「語り得ないもの」への共感の可能性と，そこから生まれるナラティヴの語り直しによるものかもしれない（和田 2006：102, 104）。このように，和田は「語りえないもの」への共感に基づく相互了解の希望を語る。

　他方で，和田は複数のナラティヴが通約されることによって相互了解が達成されることにそれほど期待していないようにも見える。むしろ，お互いにもう二度と良好な関係を回復・構築することはないだろうという予感のもとで，それでもなおお互いに話しあい，相手の思いをある程度まで理解し，そして，あきらめたり，許したり，忘れたりするところまでたどり着ければそれでよい，と考えているようにも見える。そこで和田が重視するのは，関係を断ち切るときの作法のようなものである（和田 2004：176）。もう二度と顔を合わせたくない相手に対しても，相手を尊重する姿勢を維持し，暴力的な対応をしないこと，それが最低限のところで社会を成り立たせていると和田は考える。もちろん，そういった関係切断のための関係性の質を最大限まで高めることを和田は理想として語る（和田 2004：176）。しかし，私が思うに，和田の議論が過度に説教くさくならないでいるのは，けんか別れもしかたがないというような一種の諦念から和田が議論を展開しているからではないだろうか。この許容できる紛争処理のギリギリのラインというものは，おそらく紛争当事者にとってのギリギリの選択でもあるだろう。そして，和田の法社会学はそこに寄り添いつつ，そのラインを少しでもよい方向に押し上げようと努力するのである。

　関係切断の作法という論点には，紛争当事者とそれに寄り添う和田の法社会学がたどり着いた現実的な切実さがある。それは人類学者にとっても大きな示唆をもつように思う。

　もちろん，人類学者も死別や看取りの問題など別れの問題についてはこれまでにも多くの研究をおこなってきた。しかし，より広い意味での別れの作法，さらにいえば，二度と顔を合わせたくないような相手との関係切断のための関係性のありかたといった問題には，まだ十分に踏み込んでいないように思う。

174　第2部　臨床の法

実際には，都市的な環境であっても，田舎であっても，人類学者のフィールド
では，人と人とはつながっているばかりではないし，つながっていることはよ
いことばかりでもない。つながりを断ち切り，できるだけお互いの視界のなか
に入ってこないようにしながらひとつの空間のなかを生きていることも多い。
そのようななか，近年，日本における「社会」人類学の牙城である東京都立大
学（首都大学東京）系の中堅人類学者たちが中心となって，「シングルの人類学」
の枠組みのもと，関係切断の作法にも注目する議論をはじめようとしているこ
とは興味深い（たとえば，馬場 2014）。

　このようなことを考えていると，ふと，思い出すことがある。私が10年ぐら
い前にベトナムのフィールドで体験したエピソードである。それは，医療紛争
ではなく，むらびとの過失致死に関わるトラブルだった。むらのトラック運転
手が，作業場で遊んでいたよそのむらの子どもを荷台に載せて帰る途中，子ど
もが荷台から落ちて死んでしまった。遊び半分でトラックに乗った子どものほ
うにも落ち度があるので，刑事事件にはならず，双方の家族のあいだで示談が
成立した。賠償金のほか，葬式の経費と運営を加害者の男性が負担することに
なった。私は加害者の親族集団の代表やむらの世話役，加害者の友人などと
いっしょに通夜に出向いた。まだ浅い時間だった。おそらく，遅い時間になる
と，被害者家族の親族や知人や近所の人々がたくさん集まってくるので，そん
なところに乗り込んでいくのはいろいろな意味であまりよくないことだと考え
たのだろう。加害者の男性は茶菓の差配などをしつつ，私たちのところに来て
謝辞を述べた。このとき，私はまだあまり法人類学や法社会学には関心をもっ
ていなかったので，このエピソードは，私のフィールド・ノートにはむらびと
の助け合いとつながりに関する事例として記されている。そこには，通夜に
いっしょに出向いた私の知人がベトナムの農民がいかに熱心に助けあうかとい
うことを私に対して力説していたことや，後日，加害者の男性にインタビュー
したとき，むらびとたちは精神的な支援をしてくれても，経済的な支援はして
くれなかったと彼が嘆いていたことなどが書いてある。しかし，いま思うと，
あのあと加害者と被害者の家族はどうやって関係を断ち切ったのだろうか。お
互いに別のむらに住むとはいえ，狭い地域内でのことなので，またどこかで顔
を合わせることもあるだろう。それとも，命日などには家を訪ねているのだろ

うか。もし，機会があれば，そういった話もちゃんと聞きなおしたいと思う。もっとも，そんな話を蒸し返されては加害者も被害者も迷惑かもしれない。

　和田の法社会学から，けんか別れの人類学へ。そんな道筋をつけることができるだろうか。また人類学者が「○○の人類学」をひとつ思いついたと言われないように，しっかり考えてみようと思う。

【参照文献】

馬場淳 (2014)「ウソと縁──あるホームレス的存在者の虚実」椎野若菜編『シングルの人類学2──シングルのつなぐ縁』人文書院，21-45頁.

和田仁孝 (2001)「法廷における法言説と日常的言説の交錯──医療過誤をめぐる言説の構造とアレゴリー」棚瀬孝雄編著『法の言説分析』ミネルヴァ書房，43-72頁.

──(2004)「現代における紛争処理ニーズの特質とADRの機能理念──キュアモデルからケアモデルへ」早川吉尚・山田文・濱野亮編『ADRの基本的視座』不磨書房，157-199頁.

──(2006)「医療事故紛争のナラティヴ」江口重幸・斎藤清二・野村直樹編『ナラティヴと医療』金剛出版，93-106頁.

──・中西淑美 (2011)『医療メディエーション─コンフリクト・マネジメントへのナラティヴ・アプローチ』シーニュ.

176 第2部 臨床の法

★コメント2−2
解釈法社会学とエスノメソドロジー／会話分析

北村隆憲

---

1 はじめに——解釈主義とエスノメソドロジー

　和田教授は，その問題把握の斬新さと確かさ，領野横断的な視野，さらには強靭な批判精神で，日本の法社会学研究を長らくリードしてこられた。教授は，従来のモダンな科学主義リアリズムとしての法社会学の暗黙の研究前提を，ポストモダンの諸理論との格闘の中からラディカルに解体するとともに，権力としての法ディスコース構造とその制約に抵抗する主体の実践との再帰的な関係を中心にすえた解釈法社会学の立場を鮮明に描き出すことによって，法社会学の新たな研究プロジェクトを呈示され，理論的かつ臨床的に，この研究プロジェクトを具体化する瞠目すべき研究を次々と発表されてきた。筆者はいくつか年下だが同世代に属し同じ法社会学を専攻してきた者として，常に畏敬の念をもって教授の主要な論文や著書を拝読してきた。

　私事にわたるが，法ディスコースについて，筆者自身は1990年代に，（ポストモダン思想以前の，ではあるが）構造主義的な記号論と物語論の知見を，「法意識」の経験的・質的分析へと接続する方途を探っていた時期がある。その試みの中で，人々の日常的紛争をめぐるトラブル物語り言説の中に範型的な物語構造を経験的に発見することを通じて，「法意識」を個人や集団の心理的・認知的属性としてでなく，人々が「法意識」の概念やカテゴリーを，トラブル物語を語るなかで語り実践のリソースとして使うことにより，トラブル語りのなかの自己と他者の行為を理解可能なものとしている様子を描き出そうとした（北村 2000 ; 2004）。こうした研究の試みのなかで，エスノメソドロジーからのアイデア——社会的場面において理解可能な秩序が達成される成員の方法の探究——を生かそうとした。個人的には，その後，エスノメソドロジーとそこから

派生した会話分析のアプローチ（以下，EMCA）による法研究に，より強くコミットすることになった。その理由は，このアプローチが大変ラディカルな社会観に依拠しつつも，系統的かつ精密な経験的研究の産出を可能にすると思え，法的相互行為への研究アプローチとして極めて有効であると確信したからだった。そこで以下では，EMCAの観点から，和田教授の主要著作を再読して感じた点についてコメントをさせていただく。

2 「理論」構築とエスノメソドロジー

　和田教授は，モダンな諸理論が想定する「事実」や「現実」の客観性・普遍性の「間主観的な一致を保証する基盤は，実は究極的にはどこにもない」（和田 1996：221）ゆえに，それらの意味について「無限の解釈可能性」が許容されることをポストモダン思想とともに承認しつつ，権力の言説や構造の必然的な桎梏に抗して，ブルデューやセルトーの理論との格闘を通じて，この散在する権力を創発的に「密猟」する「したたかでしなやかなポストモダン主体」の概念を構想・洗練させ，無限の戯れに安住することなく，法言説と法主体のプラクティスとの複雑なポリティクスを描き出す解釈法社会学の見事な理論的彫琢を達成された。

　EMCAは，「実践」学（praxeology）とも呼ばれることもあるものの，「プラクティス」，「主体」，「社会構造」，「権力」といった諸概念について，研究者の分析のための理論的概念としては整備や洗練をすることに関心を持たない。EMCAは，それらを成員の現象として，つまり人々の社会的実践のなかで志向される実践内在的な現象として研究する。特定の状況で行われる人々の諸活動の理解可能性がその人自身によってどのように「実践的な」探求の主題となっているか，どのようにその理解可能性が方法的に達成されているのかを記述しようとする。

　EMCAは，社会的相互行為がわれわれにとって通常，直截に理解可能であるという事実を発見するとともに，そこから人々の社会的行為の探求を開始する。日常生活の場面における諸行為のもつこの自然な理解可能性は，場面の成員が継続的に達成するものであり，このように社会的行為を方法的に達成することがその場面を有意味なものとして説明・理解をすることと同値であるとい

う相互反映性の現象に基づいている。その観点からは、「構造」と「主体」との相互性やディレンマ（とその解決）を描く諸理論は、分ける必要のなかったものを引き裂いてからつなぎ合わそうとしているようにもみえる。EMCAは、それを初めから不可避的に特定の社会的場面に埋め込まれた理解可能な行為として把握する。

3　「無限の解釈可能性」と社会的実践

　ポストモダン理論は、「無限の解釈可能性」という問題を提起して、言語を始めとするすべての記号システムや行為記述がもつ原理的な文脈依存性と無限の拡張可能性について、言語や意味のラディカルな不確定性を示すことで意味（の確定性や普遍性）という概念を理論的、哲学的に脱構築しようとした。

　それと対照的に、ガーフィンケルが言語の「インデックス性」と呼んだ現象は、社会成員自身にとっての「現象」である。EMCAは、日常的で理解可能な知識・推論を用いて社会的相互行為を行う社会成員にとっては、そのような非決定性は社会生活を継続する上でなんら困難を生じさせるものでなく、行為を進行させていくために実践的に十分なものであることを見出す。「訴訟件数500件」（和田 1996：219-221）という言明について、その意味の無限の解釈可能性の探求を行うポストモダン的な「読者一般」は実際には存在しない。その言明は、すでに初めから何らかの実践的な文脈の中に埋め込まれており、現実の読者によって、特定の関心、関連性、当座の知識の下で、つまり特定の実践的状況の中で読まれる。社会成員たちは、彼らの実践の中では、「客観的世界」をむしろ当然視し、それに依拠することによって、それを理解可能なものとしてつくりだしている。EMCAにとって意味の非決定性という「問題」があるとすれば、それは「無限の解釈可能性」や「間主観的な一致を保証する基盤」の不存在という研究者が行う理論化としてでなく、初めから還元不可能なあり方で行為の文脈に埋め込まれている、人々にとっての現象として探求されるだろう。したがって、EMCAにとっては、「インデックス性」は哲学的な主張ではなく、行為者が一瞬一瞬理解可能な行為を協同的に達成していく方法に目を向けさせて、そのインデックス性が人々によってどのように扱われているかを探求するための方法論的な概念である。

★コメント2-2 解釈法社会学とエスノメソドロジー／会話分析　179

　和田教授は，「すべての解釈の等価性というポストモダニズムの視点」に対して，「やはりそうは言っても妥当な解釈の幅や優劣に関する体感的感覚が存在するという直接体験」(1996：89) に言及されている。教授のテキストの中で十分に敷衍されているように見えないこの「体感的感覚」こそは，理論家（和田教授）の実践（理論化活動）のなかでインデックス性がどのように扱われているかを示す興味深い現象として存在しているように思われる。

4　研究の正確性基準としての「多様な声の交差」

　解釈法社会学にとって研究の正確性基準は，自身の枠組みによって対象を理解するのではなく，「他者の声」つまり研究対象の人々や別様の解釈をする人々の声との交差の中で，「対話と解釈の交差を喚起する多元的な『開かれた対話』を志向する研究プラクティス」(1996：228-237) として在る。教授の経験的研究 (e.g. 2001) の読者は，そのまことに「厚い」記述が研究対象者との深い交流や綿密なフィールドワークによって成し遂げられていることに確信を持つだろう。ただ，その作品の「声」が対象者たちのどのような声とどのように交差したのかを，論文の読者は知ることができないように思われる。また，彼らの「声」に関する別様の解釈を許すような形式でデータが示されてはいないように感じる。しかし，この正確性基準が解釈法社会学にとって本質的なものであるとすれば，通常の質的・経験的研究の著述方法を越えて，研究報告（論文など）のなかに何らかのやり方で「声の交差」の可能性を系統的にビルトインすることが求められはしないだろうか。

　関連して，法言説の支配と法実践による即興的更新という「実践論の構図」(2006：46) が，スキーマとしてあまりにも強靭かつ精巧に構築されており，「構図」の説明の中に仮説的にすでに様々な論点や問題点が縦横に先どられて議論されていることもあって，経験的分析との間に「ゆらぎ」の余地が与えられていないように感じることがある。このことは通常，緊密な理論的整合性として称揚されることだが，ラディカルな解釈主義においても同様なのだろうか。

　会話分析では，分析対象となった詳細な会話トランスクリプトをテキスト中に表示して，研究対象者や読者によるその分析の妥当性や正確性の再検討を促す。こうした研究上の慣行により，すくなくとも一定程度，「他者の声との交

180 第2部 臨床の法

差」の可能性を系統的に担保することが試みられている。

5 法実践の経験的探求へ向けて

和田教授の解釈法社会学プロジェクトは，具体的な探求テーマとして「法プラクティスのエスノグラフィー」や「法アカデミズムの法社会学」を提示する（1996：238-241）。和田 2004では，学部・法科大学院における法学教育のカリキュラムの一貫として，法の普遍性・一般性・体系性というイデオロギー的表象にもとづく法ルールの解釈を主とする法学教育とは異なる構造を有する，現場（法律事務所）の法実践感覚としての「技法としての法」を研究するとともに，それを実践的教育へとリンクさせることの必要性が主張されている。

EMCAによる経験的研究は，研究対象の人々による社会的諸活動の達成を詳細に分析することで，実践の現象領域に読者を入り込ませて理解させ，その適切な遂行に検討をくわえることを読者自らに促す。法専門家の諸活動についても，すでに多くの経験的研究が存在する。そこでは法専門家（と非専門家）による諸活動の一瞬一瞬の実践感覚に深く寄り添う「生きられた」姿での法実践の相互行為技法の分析が試みられている。筆者が邦訳したものだけでも，弁護士が依頼人に有罪答弁をするよう説得する技法（M・トラヴァース），刑事裁判の反対尋問において弁護人が「質問」形式のみのなかで「非難」を行う技法（さらに被告人が「返答」のみをする中で非難を回避する技法）（P・ドリュー 1979＝2015），法廷の専門家証人への尋問を通じて被告人である警察官の暴行を適正な職務活動として表象させる技法（Ch・グッドウィン），そして，調停人が紛争当事者の口論を非明示的に阻止しつつ和解の可能性を達成する技法（A・ガルシア），などについての分析がある。筆者自身も，裁判員評議において裁判官が評議を非明示的なやり方で法的に統制する技法（北村 2014），ミディエーターと紛争当事者が調停過程を協働的に管理する技法（2015），従来の臨床法学教育が教示する誘導尋問の技法が不規則的応答に対して対処できない事情（2012a；2013），法律相談での相談者の抵抗と弁護士の対処の技法（2012b），などについて分析を試行している。EMCAによる分析は，法実践者の相互行為の一瞬一瞬の行為連鎖を，行為者の観点から内在的に解明するものであり，私見によれば，法実践者のリアルな実践感覚を保存しつつ，相互行為上の選択肢とその帰結について

の振り返りや想起を促進することで，法の臨床教育として利用可能なものである。

解釈法社会学もEMCAアプローチによる法と社会研究も，社会的世界や研究実践について異なる道具立てと視覚からではあるが，法と社会とをアクチュアルに描き出そうとする志を共にするのだとすれば，その真価は個々の（その意味はさておき）「経験的」研究を通じて示されていくほかないだろう。和田教授の卓越した分析力と深い洞察力に基づく解釈主義アプローチからの法的プラクティスの探求が今後もさらに精力的に進められていくことに疑いはない。和田教授の主要な業績を今回再読することで，研究対象の人々の「声」への強い感受能力に裏打ちされた，和田教授の優れた研究力に鼓舞されて，教授が遥か先を悠々と進み行く姿を遠くに望みながらではあろうが，筆者もまた法実践の経験的研究を進めていく決意を新たにさせていただいた。

【注】
1） 簡便な紹介としては，トラバース（2001＝2009）およびその「訳者解題」がある。また，樫村志郎教授によるEMCAアプローチによる法研究の諸業績を参照。
2） 以下の研究事例については紙数の関係で元著者名のみを挙げる。それらの書誌については，ドリュー（1979＝2015）の「訳者解題」および「訳者付録：エスノメソドロジー・会話分析による「法と社会」研究論文の翻訳紹介」を参照。

【参考文献】
北村隆憲（2000）「トラブルの物語分析―在米日本人に対する面接調査に基づいて」東海法学第24号，55-91頁．
―― （2004）「法の物語と紛争の語り」法社会学，60号，59-75頁．
―― （2012a）「反対尋問のビデオ・エスノグラフィー――弾劾と防御の方策とコミュニケーショントラブル」鹿児島大学法学論集，47巻2号，137-168頁．
―― （2012b）「誘導尋問に対する証人の『はい／いいえ』を超える返答の帰結」法曹養成と臨床教育，no.5, 150-155頁．
―― （2013）「弁護士のアドバイスへの依頼者の拒否と抵抗」の可視化――臨床法学教育における「即時分析」から」法曹養成と臨床教育，no.6, 167-171頁．
―― （2014）「評議における裁判官の発話の位置とデザイン」法社会学会ミニシンポジウム「裁判員はどのように議論し考えるか」日本法社会学会報告．5月11日，大阪大学．
―― （2015）「ミディエーションの相互行為分析の試み――調停技法を可視化する」ミディエイション交渉研究所通信（桐蔭横浜大学・ミディエイション交渉研究所）．〔東海法学51号に転載〕
トラバース，マックス（2001＝2009）「"生ける法（Law in Action）"――エスノメソドロジーの視

182　第2部　臨床の法

　　点から」(北村隆憲・内山安夫訳) 東海法学41号，252-228頁.

ドリュー，ポール (1979＝2015)「日常会話と法廷尋問の順番交替組織 (上・下)」(北村隆憲・当山
　　紀博訳) 東海法学50号，97-181頁：東海法学51号.

和田仁孝 (1996)『法社会学の解体と再生——ポストモダンを超えて』弘文堂.

——(2001)「法廷における法言説と日常的言説の交差」棚瀬孝雄編『法の言説分析』ミネルヴァ書房.

——(2004)「技法としての法」和田仁孝他編『法社会学の可能性』法律文化社，149-164頁.

——(2014)「法と共約不可能性——『被害』のナラティヴと権力性をめぐって」和田仁孝他編『法の
　　観察——法と社会の批判的再構築に向けて』法律文化社，137-158頁.

第**3**部

紛争・交渉　法の声・ひとの声を聴く

臨床的ADR論——個別的なるもの

中村芳彦

I ——問題の所在

　ADRをめぐる議論は，裁判外紛争解決手続の利用の促進に関する法律（以下，ADR法という）の施行以降，各種のADR機関の相次ぐ創設，金融・医療・原発など各種専門型ADRの活発な動き，あるいは対話促進型ADRのような手続モデル論や調停トレーニングの盛行などによって，それまでのADRの姿から大きく変容して多面的な動きを見せている。

　他方で，認証ADRは，その数自体は大幅に増加したものの，利用がほとんど見られない機関が多いなど，複雑な様相を呈しているとも言える。

　しかし，そうした，言わばADRの諸相が拡散していく過程において，その求められる議論の基本的視座は，ADR自体の持つ特質から，制度設営者としてあるべき制度論や手続過程におけるADRモデル論を，抽象的に描いてみせることでは必ずしもないであろう。むしろ，ひとつのケースの具体的経過を関係者による「複数の物語」として捉え，そのような多声的な関係形成過程を，手続に関わる第三者（通常のADR手続では，調停人や手続実施者と呼ばれる。以下では，もう少し広い意味を込めているので，第三者と表現する）の目から眺めてみることが，まずは必要だと思われる。

　そして，そうした個々の場面での人々の関わり合いの姿を描くことは，これからの社会において，どのようなADRが必要とされているかを考えるひとつの出発点となり得る。また，そのような努力の中からADRの手続が示唆する紛争処理過程のあり方全般に対する問い掛けの持つ意味をしっかりと見据えていく個別・具体的なADR論が求められていよう。

　制度であれ手続であれ，既存のモデルを目の前の当事者に当てはめるのでは

なく，あるいは，事例研究のような形で，回顧的に手続を振り返って，あのとき，どのようなことが起こったのかを分析するだけではなく，「今ここ」での振舞いの姿そのものを問い続けることの意義を，もう一度考え直してみることが必要であろう。

　法や型という枠から離れて，目の前に現在する当事者とともに，その時々にかけること，そこで描き出される対話過程の具体的な在り様から，現場志向のADRを目指していく姿勢である。

　そのためには，個々の当事者との実際の関わり合いの中で，日々苦しみながらも，模索していくADRの姿を，まずは仔細にイメージしてみることが求められる。

　言うまでもなく，現実のADRの姿を描く場合は，個々の場面における関わり合いというミクロの視点とさまざまなADRのあり方の全体像というマクロの視点が必要である。しかし，これまで，その両者がバラバラに議論されてきたように思えてならない。個人を考えることは，当事者双方や第三者との関係を論ずることであり，それは，同時に制度や社会のあり方を見据えていくことである。つねに目の前にいる一人の当事者から始めながら，手続や制度の姿を論じる視座が求められる。

Ⅱ──ADRにおける第三者の立ち位置と振舞い

　はじめに，手続過程に関わる第三者の立ち位置や振舞いの姿をどのように描くかである。ケースは多様であり，当事者は多声性を持った存在である。構えを持たないことが構えであり，言葉で語ることができない沈黙をこそ聴くべきである。また，考えることは聴くことである。こうした広い意味を持つ「聴くこと」をおろそかにして，ひとつの視点から語ったり，最初から枠組みを持って臨むこと自体が無意味なことである。ADRにおいて他者との関わりは，こうした特性を持つ当事者をめぐる相互行為として立ち現れていく。

1　拘りを受け止める

　まず，第三者の佇まいは，他者とどのような立ち位置で関わるかに現れる。

当事者は別々の世界を見ており，何かに拘るところから紛争が生起している。第三者の役割は，当事者の視線で，紛争が，どのように見えているのか，何に拘っているのかを，丁寧に認識していくことから始まる。

　そこでの当事者の拘りはさまざまである。たとえば，事実に拘る場合，相手の態度に拘る場合，自分の見解に拘る場合，手続の進め方に拘る場合，強い不安を示す場合，眼前でさまざまなパフォーマンスを繰り広げる場合など，その態様は人それぞれである。

　拘る行為は，当事者にとって何らかの特別な意味があり，第三者としては，まずは，これをそのまま受け止めるところに手続の意味がある。

　ともすると，第三者は，自らの専門性や社会常識で拘りに反応し，これを制してしまいがちである。こうした対応は，その人固有の声や物語を聴かずに終ってしまうことに繋がる。

　たとえば，手続当初に当事者の一方が，相手方の同席を拒否し，とにかく自分の話を聞いて欲しいと言ってきた場合はどうか。

　当然に別々に話を聞くという考えもあれば，両者同席で手続を進めることを説得するという考えもあろう。いずれも，ADRのあるべき姿を，自分なりにイメージしていることに起因しよう。しかし，現場志向の考え方からすれば，一義的な答えを予め用意しておくことは困難である。

　その拘りは，どこからきているのか，話を聞いてみる。その理由は，ADRの手続に至るまでに，さまざまな経過を辿ったことによる相手方への強い不信や自らの不安であったりする。あるいは，相手方に代理人弁護士が付いていることによる力のアンバランスが語られる。まずは，そうした拘りに耳を傾けてみる。

　その間，相手方に対しては，反対に不信や不安をもたらさない十分な配慮を試みる。

　大切なことは，わからないことへの無前提の関心である。さまざまな状況を考慮に入れつつ，それぞれの声を制しないように，その時々にふさわしい現実的な関わり方を考えていく。

　この場合に，第三者の具体的な振舞いとはどのようなものか。

　構えを持たないで，語られたこと，未だ語られていないこと，そして語り難

188　第3部　紛争・交渉

いことを推知していく。合わせて，第三者自身が「自分自身の声を聴く」ことを通じ，絶えず自省していく。疑うことは自分を明るくしていくことである。

　紛争渦中の「今ここ」で，これを実践することは，容易なことではない。ナラティヴ・セラピーの言う「無知のアプローチ4)」を実践するには，この人ならば，ひとまず自分を受け止めてくれると感じられること，また当事者の心の動きに敏感であり，受容する雰囲気を持つことが大切であろう。これにより，当事者が自らの声を発し易くし，それを受け止めていく。

　当事者にとっては，何を言い得るかではなく，何を言い得ないかが問題である。言葉にできない感情にどれだけ気が付くことができるか。

　また，多くの拘りを受け止めていると，「その人が問題だ」と思う自分がいることにふと気が付く。その気持ちは，当事者に見えない反応として伝わっていく。この場合は，「人が問題ではなく，問題が問題である」と問題を外在化し，問題がその人に影響を与えているもうひとつの姿の方を見る。そして，固有の物語として構成された事実を眺めて，ニュートラルな自分にいったん戻る。そして，当事者の認識のズレが隠してしまっている別の事情の方に目を向けていく。

2　当事者の多声性や事案の多様性への配慮

　当事者は，同時に複数の声を持ち，迷い，揺れ続ける。他者の存在や自らの別の声に大きく影響される中で，第三者は，どのように関わることが可能か。

　ADRは，当事者の双方が，複数の声を持ち合うあう場として立ち現われ，その関係性が刻々と変化していく。

　ADRに持ち込まれる事案は，多種多様である。離婚，相続，交通事故，建築，医療事故など日常性と専門性が交錯する。こうした事態は，一面で専門的ADRの発生を促すが，多声性という特徴自体は変わることがない。

　当事者の接触過程での声のズレ合いから生まれるものは何か。多声性は，紛争の行く先を自らが選びとる自律性の支援において，どのように位置づけられるか。

　複数の声を殺さずに，ADRの手続過程でありのままに，表れていない声，語り難い声を推し測り，揺れの諸相の中で，その方向性を模索していく。その

ために，当事者間での揺れの相互認識が必要となる。

その過程で，それぞれの自己は，自己の中で現れる他者，自己の中にあらわれる別の自己との対話的自己を徐々に形成していく。[5]

ADRは，こうした多声性を受け止めるためのシステムである。第三者の側で，形ある指針や方向性を定めるわけでなく，当事者と共に揺れながらも，揺れと自らとの距離を丁寧に測りつつ，その関係性の中で，変化の兆しを待つ動的な関係形成過程としての特質を持つ。

3　専門性の棚上げ

現実のADRでは，弁護士や司法書士などの法律の専門家が，第三者として関わることが多い。その場合の基本的な振舞いとして，自分の持つ専門性で，当事者の声や物語を切らないことがある。たとえば，法律家は，要件があって効果があり，原因があって結果があるという因果関係的思考に拘り，あるいは何が事実であるかを証拠によって認定しようとする。

しかし，当事者が求めている「真実」は，もともと証明できないような事実や心理的事象であったりする。

また，機関ADRにおいては，その規則や手続モデルにより，定められた方向へ当事者を誘導しがちである。その結果，第三者は，当事者との会話のプロセスに身を委ねる姿勢になり切れず，手続をコントロールするのが自らの役割であるとして振る舞う。あるいは，経験や先例に基づいて当事者の話を解釈する。

その結果，語られていない物語，語り難い物語に気づくことなく，当事者が十分に声を発する機会を殺いでしまう。専門家に求められる立ち位置は，まずは，自らの専門性を棚上げして，当事者の多声的な声を聴くことである。

4　シャトルADRのあり方

ADR機関以外での日常的な出来事をめぐるADRの過程は，[6]多くの場合に，審理期日を開いて手続を行うのではなく，第三者は，両者それぞれと個別に面談をし，その間を繋いでいくシャトル構造になることが多い。[7]

たとえば，職場や学校における社員や学生同士のトラブルに労務担当者や教

員が第三者として関わるといった場合である。

　この場合の第三者は，交互面接を繰り返していく。その場面は，当事者による転移や逆転移[8]を生じないように配慮しながら，それぞれの立場に立って共に考え，その個別面接における変容の過程を，第三者自身の中でその時々につなぎ合わせて，その方向性を模索するプロセスとして描ける。第三者は，個別方式が陥りがちな，手続の恣意的なコントロールを回避し，当事者双方が，その望む方向に向かうように寄り添うことが必要である。

　シャトルADRでは，同席でない分，カウンセリング的な色彩が強くなるが，関係性のあり方に十分に思いをめぐらせ，自らの職責上の立場も前提としつつ，現実面での関わりも行い，じっくりと待つ姿勢がとくに重要となる。その多くは，何らかの合意をめざす訳でなく，両者の関係性の変容により，新しい方向性を見出す機能を果たすものとして位置づけられる。

　また，シャトルADRでは柔軟性を持った対応が可能であり，精神的・心理的問題を抱えている当事者がいる場合，共通認識を持った精神科医や臨床心理士と連携し，それぞれの立ち位置で，当事者の多面的な自己に関ることを通じて，その人自身の中で一定の方向性への統合が見られることがある。

Ⅲ——ADRの具体的手続過程

　以上のような基本的な立ち位置の検討を経て，個別ADRの手続過程をどのように描けるかを問い直してみる。この段階で，初めて，調停手続や，法的な場面での第三者の振舞いの姿を具体的に論じることが可能となる。

　ADRの手続過程を考えるとき，最初の挨拶や相手の話を途中で遮らないといったルール作りから入ることが多い。しかし，ここでは，そうした約束事以前のプロセスのあり方を考えてみたい。

　恐らく，すぐれた臨床家は，多くを語らず，淡々と眼前のさまざまな事象に対応する。しかし，ADRを広めようとする動きは，ともすると，わかりやすく，シンプルにと，いつのまにか，モデルやマニュアルとして形を整え，汎用可能性のあるものとして他者に提供されていく。

　しかし，無限の星のように広がる当事者の意識と関係の諸相の中で，それ

は，ともすると，あまりにも型どおりに，多くのケースを当事者の意思と離れて一定の方向に誘導してしまうというジレンマを抱え込む。

1　ファースト・コンタクトの意味

　当事者との最初の出会いにおいて，第三者は，当事者それぞれの感性を，全身で感じ取る。仕草や表情や間のとり方などのノンバーバルな面での関わり合いの重要性は，たとえば，電話会議のような形で，その場に不在の当事者の声とだけ向き合う調停の難しさを考えるとよくわかる。[9]

　具体的手続を始める以前に，受付段階で，他者によるインテークがなされ，あるいは申立書に経緯や請求，要望が書かれることが多い。その場合でも，とりあえずこれを棚上げして，当事者の直接の声と向き合う。

　信頼関係形成のスキルとして「傾聴」が挙げられる。しかし，信頼は「するもの」ではなく，「生まれるもの」である。実際に信頼が育まれることは，容易ではない。「聴くこと」は重要であるが，当事者間の認識のズレを丁寧に相互に確認し，ディスコミュニケーションを明らかにするやり取りを通じて，当事者と第三者の間をつなぐ見えない糸が形成されると感じられることも多い。[10]すなわち，ADRにおける信頼形成は，そうした相互の認識のズレを，その場に居合わせた者同士が共有し合う体験過程でもある。

2　同席の意味

　手続当初，同席は難しいと感じられるケースがある反面，同席方式を積み重ねていくと，同席でなければ見えないことの存在に気がづく。

　双方が別席方式に慣れた弁護士同士の場合には，同席方式は相手方のいる面前で自らを閉ざして，法的なやり取りに終始することも多い。

　しかし，当事者双方や一方が本人である場合，同席方式は，さまざまな反応を当事者に呼び起こす。そこでは声や物語が交錯し，フレームの違いを相互に認識させられる。たとえば医療ADRでは，患者や遺族側は，事故が，自分にとっていかにつらい体験であったか，あるいは医療者へのさまざまな不信を語る。これに対して，医療者側は，どのような努力を自分達はしたのかという医学的な説明を試み，あるいは法的に過失がないことを主張する。

192 第3部 紛争・交渉

多くの場合に，議論はかみ合わずに平行線をたどる。紛争は，ひとつの客観的事実として，存在している訳ではない。現実は，異なった視点を持つ当事者の意味付けの違いによって構成され，その認識の差異を確認する過程が同席手続の意味である。

お互いがケースに対して付与している意味の違いを確認し合い，そこから，再び新たな思いが形成される。

そして，第三者は，当事者の関係性の変化をきめ細かく見ていく。しかし，多くの場合に繰り広げられるのは，両当事者が繋がりを見出して架橋する共約過程ではなく，差異の大きさを改めて思い知らされるのが現実である。

たとえば，男女間紛争で，付き合ってうまくいっていたように見えたときの互いの認識そのものが，実は大きく食い違っていたことが後でわかるという紛争以前からのズレの確認から始まったりする。

しかし，その展開は，そうした問題の対話の場すら十分になかった当事者にとって，構成された現実から，さらなる意味の世界を紡ぐ可能性の入口として作用する。改めて場をつくるところから始めなければならない。

3　対話というプロセスを掘り下げる

このような過程を辿ることは，むしろ対立を激化させ，より解決困難な現実を突き付けられるだけのようにも見える。しかし，対話を深みあるものとして掘り下げていくには，不可欠なプロセスである。

対話には，そこでお互いの言葉を手掛かりに考える時間を持つこと，確かめながらゆっくりと考える時間を共にし，分かちあうという意味がある。

そこで，自己の固まった物語を揺さぶるのは，他者によって構成された現実を突き付けられる経験が必要である。

たとえば，前述の男女間の紛争では，共同生活の根底から問い直される。第三者は，当事者の表情や反応，拘り，関係のあり方の認識を通じ，両者間の不調和の諸相を把握し，意味のズレの構造を把握していく。

当事者は，相手方の視点や拘りを認知することで，自分自身の声や物語との織り合わせを行う。

語る行為は，同時に聴く行為を誘発し，その相互連鎖の中で，自己の位置付

けを見直していく。もちろん，その結果として，混沌が克服されたり，問題解決の糸口が見えたりする訳ではない。むしろ，混沌を深めていくことが多い。

しかし，対話は結論を出したり，合意を求めたり，決着をつけたり，成果を挙げるためのものではもともとない。

第三者が，対話の促進者になることが，相互理解を生み出す程に，現実の事態は単純ではない。しかし，第三者は，容易に諦めることなく，混沌の物語の証人として，その場に佇む。期日を重ねてでも，じっと時が来るのを待つ。何らかの変化を生み出すかもしれない不安定さに耐え続ける。その役割は，混沌を当事者が如何に受け止め，どのような声や物語を紡いでいくかを見守っていくことにある。

4　仮設の争点

訴訟では，争いのある法的な争点（たとえば，医療事故における過失や因果関係を基礎づける事実など）を抽出し，その前提事実を証拠で認定して法を当てはめ，判決に帰結する。これに対し，ADRで拘りの対象となるのは，仮設の争点である。

それは，当事者の多様な拘りを示すものではあるが，法的な争点と同一ではない（たとえば，まずは何が起こったかをしっかりと説明して欲しい，あるいは明確な謝罪をして欲しいなど）ことを議論の起点とすることで，さまざまな展開が育まれる。

もともと，事実自体が当事者によって語られたひとつの仮説であり，裁判におけるように確定されるべき対象ではない。そこで相手方が語る事実は，予想外あるいは不十分なものであることも多いが，いずれにしても自らの次なる方向性を見出していくツールになる。

また，人は感情を言葉で表すだけでなく，さまざまな出来事や人物の姿に仮託していく。「あの時あの人との間でこのような出来事があった」（たとえば，手術前に担当医師に言われたあの一言）という象徴的シーンの語り直しは，単なる共感による応答では得られない特別の意味を持つ。

当事者から語られる仮設の争点を話し合うことで，従来の関係性をもう一度見直したり，拘りが次第にほぐれたり，当事者間で語り得る別のことに気づく

ことがある。こうした仮設に向き合うことで，新たに生み出されるものに，丁寧に目を向けていく。大切なことは，何気ないもの，ささやかなもの，さりげないもの，ありふれたものへの気づきである。

そして，語られた仮設が，反対に何を隠してしまっているかを考えることは，仮設が仮説に留まるもうひとつの意味である。

5　語られていないものと語り得ないもの

同席の場で，当事者が，相手方に対して語りかける内容や言葉にならない思いは，自分の拘りとともに，それまで相手方が話してこなかった「本当のこと」（たとえば，何故あのとき，あのような説明に終始したのかなど）をしっかりと語って欲しいこと，型決まりの書面を送ってくるのではなく，自分の声に正面から向き合って欲しいという強い欲求である。

相手方は，多くの場合に防御的な対応をし，法的な物語に話を置き換え，専門性や証拠の不明確性を指摘し，拒絶反応を引き起こすことも多い。

こうしたせめぎ合いの現実を前に，いかにして語られていないもの，語り得ないものに辿り着くことができるか。あるいは，そうしたものの配慮へと当事者が向き直り，新たな展開に繋がることが可能か。それは，そもそも共約不可能なものなのか。当事者の基本的な立ち位置が問われていく。

そのような現実を前に，第三者が，安易に個別方式に切り替えて，説得を試みると言った手法は，語ろうとしない，語り得ない当事者に十分な対応をしたことにはならない。

むしろ，それぞれの当事者が，自分の物語を紡ぎ，その違いが明らかになったときにこそ，同席手続は，その存在意義を発揮する。

血反吐を吐く思いをしつつ紡がれた声や物語は，時として思わぬ展開で相手方に届く。法の物語を語る者も，仮面の背後に自らの声がある。仮面の僅かな隙間から変化の兆しが見えたり，語られなかった出来事も，その理由が何らかのきっかけで示され，考える手がかりが得られたりする。交錯した物語のやり取りから両者の接点が発見される。他者の語りこそ自己の固まった物語を揺さぶる契機である。

そこから生まれるものは，多くの場合に，新しい物語や，ユニークな結果と

呼べるものではない。紛争にはつねに，別の物語を生きる相手方がいて，受け入れられる他者の物語には限りがある。

しかし，求められることは，あくまで認知の枠組みに，隙間を作ることである。新しい物語と呼べなくとも，相手方への少しの気づかいや，事案に真摯に向き合う姿勢，自分の思いを受け止めてもらえたという経験，直接の当事者自身の出席や声による説明などの，小さな積み重ねが事態を僅かでも変えていく。

第三者は，当事者が，心の隙間を作り出しやすいように少しずつ配慮をしていく。それは，さまざまな仮面の物語を離れ，小さな芽を生み出す土壌作りである。

6　自己物語との関係性

第三者にとって，ADRは，当事者によって，自己を揺さぶられる場である。スキルの次元を超え，自らの生き方を問い直される。第三者は，中立や公平の観念に捉われたり，他者の視点のままで自分の存在を留めると，事態の展開は急に困難になる。

ADRは，法であれ，社会常識であれ，何らかの静止したものを打ち立てる手続ではない。そうだとすれば，第三者自らも，共に悩み，温かく優しく，しかも自らを疑い，粘り強くかつ冷静でいるという難しい役割を求められている。自らの人間性が問われ，限界を深く自覚させられる。誰しも，自己の認知の制約から免れることはできない。たとえば，男女関係をめぐる問題で，当事者の一方が，精神的・心理的問題を抱えているときに，同席手続で語られた相手方の思わぬ一言が，当事者を深く傷つけ，大きなダメージを与えてしまう。言葉は常にリスクを伴う。言葉にはただ，無償の責任しかない。

他面で，対話過程を日常性と異なった特別な事態と捉えてしまうと，当事者の自在性を奪う。何よりも，伸びやかに振る舞える場であることが求められる。

同時に当事者も，自らに深く問いを突き立てられる。それは第三者には答えられない問いであり，自らがその場にいることの意味を問い続けられる。

どのような物語も存在し得て，何が起こるかわからないという不安定さの中で，方向性を慎重に探って行くしかない。当事者とともに揺れながら，第三者としての目を持ちつつ，展開していく物語は，どこかの方向へと向かう。それ

は，事態の収束という方向でなくとも，第三者は，共にその場に居続ける以外にない。辿り着くことの難しさの前にたじろがないことは，変容への途を切り開くための貴重な一歩である。

であるがゆえに，個別的なるものの検証は極めて重要である。「個別的なものは普遍的なものである」という道程が，何かによって歪められていないかという倫理的課題を問い続ける。それは，守秘義務や手続規律のルール化以前のADRの基本的作法であり，第三者が自分自身を捉え直し続けるメタ・ナラティヴを把握することでもある。

7 中立・公平性との関係

手続過程において，第三者として，「中立」「公平」であることは，あまり意識しない。むしろ，両者の間にいて，耳を澄まし，それぞれの物語を素直に受け止め，わかりにくい点について疑問を述べ，それぞれが考えを深めていく。大切なのは，人の言葉の中にある沈黙を聴くことである。その方が，対話過程に力を与え，変化を生み出していく手掛かりとなる。

第三者は，何かを判断する存在ではない。したがって，正しいものが何かを想定する必要はない。中立や公平という言葉の背後には，何らかの正しさを基準とした判断が潜んでいる。正しいか，間違っているかで分けられないところに，紛争の質感がある。第三者が，中立や公平を口にするとき，それは，当事者の動きを止める抑止力として使われる危険を内在している。求められるのは，当事者の意思や自律を尊重し，両者が同じように振る舞えるというADR自体の力の働き方に過ぎない。

むしろ，当事者の声や物語を，その背景を含めて理解することは難しい。変化していく当事者の気持ちや関係性の変化に丁寧に付き合い，共にその場にいて，行きつ戻りつを繰り返す。当事者が，他者の視点を獲得し，第三者が当事者の視点で考える，あるいは自分自身の問題として捉え直す経験は，新たな媒介項を作ることに繋がり，固着した関係性の変容をもたらし得る。第三者が，当事者の世界に入り込むことで，当事者自身が何かに気付き，浸りきっていた自らの世界から，少し距離がとれることもある。

もとより，第三者が，当事者の物語に取り込まれずに，適切な現実的・心理

臨床的ADR論　197

的距離を置くことが合わせて必要である。そのことは，自分自身が転移・逆転移関係のなかで身動きができなくなって，紛争の渦中に巻き込まれることを回避する。第三者は，自省しつつ，じっくり「待つ」ことを通じて，そこに集う人々が，自らを振り返り，あくまで自分自身のあり方を考える場を保つ。

　たとえば，当事者の第三者に対する転移の問題は，機関ADRであれば，手続外での当事者と第三者との直接のやり取りを回避し，事務局や手続管理者に連絡役を委ねることで，その現実的距離を保つ工夫が意味を持つ。

　また，一方当事者に代理人弁護士がいて，力のアンバランスが生じる場合の第三者の役割をどう考えるか。

　この問題の核心は，むしろ代理人がいることで，話し合いが，法的争点に集約して，紛争の本質的部分を隠してしまうことの方にある。そのバリアを如何に外して，当事者の声を直接に発する場を作り出すかが課題となる。法的専門性の偏りは，第三者側で，代理人の付いた当事者側の了解を得つつ，適切に情報開示をすることなどにより，対処可能な問題であろう。

8　共振性あるいは即興性

　第三者の役割を考えるうえのひとつの大切な視点として，共振性あるいは即興性が挙げられる。

　第三者が，いわゆる事件の落としどころや解決イメージを頭の中で想定すると，たちまち手続は硬直化する。

　同席の何気ないやり取りから，突然生み出されるものや新しく芽生えるものに出会う。また，期日を重ねると，関係者間に「信頼関係」という型苦しい言葉とは異なる何かが共振し合う関係が育まれることがある。[11]

　それは，偶然に，その場に響き合うリズムが刻まれる瞬間である。たとえば，隠されていたカギとなる争点の創出，事態展開への何らかの糸口，何処かで通い合う気持ちの表出，互いに何かに拘ることの無意味さへの認識などとさまざまである。

　このような共振が起こっても，直ちに事態の解決につながるわけではない。しかし，こうした経験を丁寧に積み重ねることで，当事者の関係のあり方が少しずつ変化していく。

198　第3部　紛争・交渉

　また，共振性と並んで即興性がある。第三者は，その場で瞬時に反応する。その細かなやり取りが，事態展開に影響を与える。当事者から語られる言葉に触発され，疑問点を確認し，理解を深める質問を行い，具体的な希望を表明してもらうなど，時々に思い浮かぶ事柄を瞬時に返していく。技法は，即興性によって，そのあり方をつねに問い直されていく。

　関係性はパフォーマンスの中に埋め込まれている。当事者の状況や表情との相関関係の中で，その時々の判断に委ね，あらかじめやり方を定めない。即興性と共振性とは表裏の関係にある。それは，その場の雰囲気に育まれたものであると同時に，語り得なかった声の表出の時でもある。ADRの旋律はかくして形作られる。

　当事者は複数の声を持っている。「組織の一員として今回の対応はやむを得なかった。しかし，個人としては，忙しく対応していて，至らなかった点も確かにあった」などなど。自分自身のもう1つの声との対話を試みることで，即興性は多声性の中で対話を促し，事態変容へのきっかけともなり得る。

9　法的なるものの意味

　法律家が第三者となる場合には，法的評価や提供をめぐる葛藤を呼び起こす。

　1つの立場は，法的な情報も「有効に利用すべきひとつの物語」であり，得られた法的な情報や証拠を解釈し，それを織り込んで対応策を考える立場が考えられる。このような見解は，従来の伝統的な調停モデルと整合性のある現実的な対応策と言われよう。

　しかし，多くの場合，法的情報は，請求を求める側に対して制約要因として作用する。当事者の自律は，内なるパワーであるが，法は，外からのフォースである。このため，当事者の対話過程は法的世界によって狭められてしまう。

　ADRにおいて，法的情報はどのように取り扱われるものだろうか[12]。

　法や事実は，法的三段論法により，行き先を定めた物語を形成する。こうした手法は，話し合いがどこへ向かうかを定めずに，「個別的なるもの」「語られていないもの」「語り得ないもの」との出会いを求めて行くADRの手続とは相容れない。法的な枠組みで，当事者の声や物語を評価すれば，ユニークな思いは否定されざるを得ない。

他方で，自分の物語を生きている者同士が，何とか共存し，認め合って生きて行かざるを得ない現実も存在する。法は，元来そうした場合の備えであった。

まずは，法のバリアを外して，「語られていない物語」が述べられる状況作りが何よりも不可欠である。

たとえば，医療ADRにおいて，医療者側から，「法的請求を取下げてくれれば，もう少し話をすることができる」と語られることがある。これは，医療者の事故後の初期対応で十分な説明や対応がなされなかったことへの不満の表れとして，法的請求という形を取らざるを得なかった患者側との意識のズレに起因する。

あるいは，男女関係をめぐる慰謝料請求のケースでも，心の痛みを自らが評価した金額を直接に相手方に語ることで，初めて声が届く。いきなり定型的な損害賠償額算定基準を示されても，押し付けられた感が残るだけであろう。

このように，まずは当事者の振舞いを優先し，それを受容していく過程が必要である。法は，謙虚に，その声に深く静かに耳を傾け，自らの固定的な物語に誘導することなく，法そのものを個別性の前に変容させ，つねに脱構築して行く努力が求められる。

他面で，当事者自身も，示される法情報が，自分にとってどのような意味を持つものであるかを考え，自らを振り返るツールとして，自分の物語と織り合せていく。

その過程は，決して生易しいものではないが，当事者と法のそれぞれの振舞いが，個別的なるものの前に共振し合う関係が育まれることが，既存の法の枠組みを乗り越えつつ，他者との関係性をもう一度取り結ぶために求められている。

10　合意形成過程

ADRの手続過程において，何らかの合意を目指す側面を否定することは難しい。手続過程そのものにADRの存在意義を認めるとしても，その集積の結果として合意がなされることは自然の流れでもある。それは，当事者にとって，紛争の「解決」とは言い難いが，1つの区切りとしての意義を持っている。

そこで合意形成過程とはどのようなものであるかが問題となる。

200　第3部　紛争・交渉

　合意の生まれるプロセスは多様である。従来よく語られるように課題を特定し，当事者に複数の選択肢を考えてもらい，相互に了解可能なものを形成していくといった手法は，あくまで一般論としての意義を有するにとどまる。

　現実には，むしろ当事者が色々と話し合ったものの，行き詰ってしまったところから初めて対話が始まることを実感させられる[13]。それは，それぞれが物語を受け入れるための理解や納得のプロセスではない。むしろ，すでに述べた様々な小さな変化を生み出す出来事の積み重ねと，長い時間を共に語り合ったという関係者の姿勢や佇まいの変化が収束へと向かわせる要因となり得る。

　あるいは，合意をせずに問題を引きずったままでいることの深い痛みを当事者が感じることがある。たとえば，「七回忌」といった区切りの時期を契機として，むしろ亡くなった者のためにと遺族が自覚的に合意を選び取る。その期間の葛藤は，当事者自身でなければ決してわからない苦しみを経たものである。合意は，黙して語られなかった悲しみの表出である。

　そういう現実の前で，合意は意思表示の合致であるという近代法的理解では捉えられない意味を含意する。

　すなわち，合意は，当事者が，ADRというステージにおいて，自らをどう区切りを付けていくかというそれ自体がプロセスそのものである。

Ⅳ——ADR制度論への示唆

　このような個別的なものを重視するミクロ的ADR論からすると，現在のADRをめぐる状況はどのように描けるか。

　たとえば，ADR拡充の動きの中で，司法型ADRや行政型ADRを含んだADR全体の目的論，あるいは民事訴訟を含めた目的論という視点が語られている[14]。

　あるいはADRの各種の展開過程を辿り，法的規律や共通ルールを，手続や制度に担わせていくことで，ADRの更なる拡充を図ろうという議論も展開されている[15]。

　もとより，各ADRが司法の効率化，行政的救済あるいは専門的対応といった，それぞれの目的や性格の違いを強調して，多様性を追求できることは

ADRの重要な特徴のひとつである。

こうした試みは，目に見え，形になりやすいものを整理して，ADRの体系的理解や，一元的な目的を求めるADRの「ハード・ランディング」を目指す動きへと繋がっていく可能性を持つ。

しかし，ADRが，つねにもう１つの声や物語を生み出し，新しい１歩を目指そうとするならば，ともすると固定的なものを求める動きに結びつきかねない。

そもそも，何がADRかが，定まっているわけではない。日常の人々の関わり合いが，いつの間にか，ADRの様相を呈する。たとえば，家族・友人・学生間，上司と部下などなど，そこにトラブルや紛争の芽があれば，誰か別の人が関わると，ADR的展開となる。もし，それをADRと呼ばなければ，認証ADRの現状が示すように，地に足を根ざしたADRは今後も育たないだろう。目の前の多様な現実を一人の他者として見つめていくこと，そこでの振舞いの諸相がADRの基本的なあり方を規律する。それは，１つの目的に収斂したり，合意や解決を最初から目指すものではない。

こうしたミクロな世界を織り合わせ，重ね合わせることで，マクロ的なADRを構築していく透徹した視点が求められる。

確かにミクロ的な世界は言語化が難しい。それは，イメージや時間の流れによる日常的な物語としてしか語り得ない。しかし，今，こうした広がりと奥行きを持った視点でADRを育てていくことで，ADR全体の「ソフト・ランディング」を目指す時期を迎えているように思われる。

ADRの存在意義は，当事者と第三者との私的なかかわりが，そのまま最もパブリックであるような場を，今ここに作り出すことにある。

V──おわりに　　臨床の向う側にあるもの

このように見てくると，ADRにおいて問われ，求められるものは何かという基本的な問いに立ち戻らざるを得ない。

現実のケースに関わる程にわからなくなり，何かをイメージすると裏切られる。いつのまにか思い描いた共約幻想に気付かされ，挫折感を味わう。無知の[16]

姿勢を心掛けつつも，各期日ごとに，何が起こるだろうかという不安を感じさせられる。

　そのような中で，何かが突き付けられ，自らを問われ続けていく。第三者は，自らの佇まいで即興的に関わる以上のことはできない。多様な当事者と紛争の諸相の前では，決め手となるモデルや技法があるわけではない。しかし，覚悟をもって，誰かがそうした場に立ち会わざるを得ない現実が存在する。

　問われ続けているのは，つねにあくまで「今ここ」での瞬時の振舞いである。その時の自らの感覚を鋭くしていく。ひとつひとつのケースにおいて，共に揺れながら，当事者自身によって作り出されていく固有のカギを見つけていく。当事者や紛争が，型に嵌ったものでない以上，何かを語ることと，何かができることはつねに異次元の事柄である。

　臨床という言葉は，病にある人とそれを見つめる健康な他者との立場の違いを彷彿とさせる。しかし，このようにはじめから立場を分けてしまうと，当事者の実像は見えてこない。共に，混迷の中にある者として，生かされた者同士の関わり合いの中で，いかなる振舞いをするかが問われている。「臨床の向う側にあるもの」を強く意識するのは，そうした平場の等価性の世界に身を置く意味と危うさを問い続ける試みが求められているからである。

　個という代替不可能な存在は，言葉によって理解を共有することは，大きな限界がある。「言葉にすることのできない」想いに，自らが立ち会い，そっと寄り添うことで，それぞれの当事者の中に育まれていくものを，じっと見守ることしかできない。

　ADRという試みは，司法システムの一端を担いながらも，さまざまな価値を取り込める多様性・多声性を有している。各個人が他者との共生の中で，何を支えに生きるかがわからない状況で，どう振る舞うかが問われている。それは，専門性や政策目的や効率性といった他者の物語を展開する場である以前に，人々の多声的な声を聴く，日常に深く根差した試みとして，繰り広げられる。「臨床の向う側にあるもの」を求めていくことは，そうした自分自身に突き付けられた終わりのない問いである。

【注】

1) 事例検討会には，ADR法における弁護士の助言のように，期日前に行われるものと，事件終了後に第三者を報告者として実施されるものがある。前者では，事案の問題点や特徴などを議論することになるが，どうしても一般論やイメージの段階にとどまりやすく，当事者の個別性から「あとは実際に期日を開いてみないとわからない」ということにならざるを得ない。後者では，第三者が事案の特性や問題点を報告するが，事後だから言えることも多い。また，「臨床の知の面白さは，個別性から普遍性に至る道をちょっと間違えたら失敗する」（河合・鷲田（2010：181の河合発言参照））と言われる難しさを含んでいる。

2) このような考え方は，とくに社会構成主義的な観点から語られる（野口（1999：308））が，臨床の現場で仕事をしている者にとっては，共通にみられる感覚であろう。

3) ADRにおける事実認定については中村（2007：77〜92）においてかつて論じたことがある。

4) ナラティヴ・セラピーにおける無知のアプローチについては，シーラ・マクナミー，ケネス・J・ガーゲン編（1997：59-88）参照。

5) ハーマンス＆ケンペン（1993：2006）。

6) 和田仁孝教授の言うソフトウェアとしてのADRの考え方である。和田教授が，自らが実践されている医療メディエーターによる現場対応の試み（和田・中西（2011））は，ADRの本質を考えるうえで数多くの示唆を与えてくれる。

7) シャトル調停（shuttle mediation）は，通常，調停で当事者を同席させず，調停者が2人の間を行ったり来たりすることと説明されている。しかし，ADRを広く捉えていくと，第三者の役割は，両者の間をつなぐだけでなく，合わせて自らの職責（たとえば，労務担当者や教員）との関係が問われたり，より多くの他者（たとえば，医療機関や心理臨床家など）との連携を伴う複合的過程であることが多い。そこでは，開かれた対話が求められていく。

8) 心理用語で，転移とは，クライエントが治癒者との間に抱くある種の感情のことを言い，逆転移とは，治療する側がクライエントに対して抱く感情を言う。

9) 電話会議による方法は，原子力損害賠償紛争解決センターの口頭審理などで広く行われている。

10) ディスコミュニケーションにおけるズレの問題については，山本・高木編（2011）の特に「座談会　ズレながら共にあること」（177-209）を参照。

11) 同席手続では，雰囲気のような非言語的な部分の役割が大きいことは，電話会議の方式でADRを行う場合には，そのような関係形成がしにくくいことが端的に物語っている。

12) ADRにおける法情報提供については，和田（2009）参照。

13) 鷲田（2010：129）は，家庭裁判所の調停委員から聞いた話として，ぎりぎりの決裂のときにこそ，ほんとうの話し合いの途が微かに開けることがあると紹介している。

14) 垣内（2015：148）は，ADR促進の目的を，当事者の自己決定を豊穣化することにあると述べる。

15) たとえば，山田（2014：445以下）では，残された課題としては，ADRと仲裁・裁判手続の移行・連携，ADR機関間の連携・協力，棲み分け，相談機関とADR機関の連携・協力，法律家・各種専門家への情報提供が挙げられている。

16) 共約不可能性と第三者の位置については，和田（2014）参照。そこでは，「大切なのは，共約不可能性を解消することではなく，むしろそれを認めることではないだろうか」（103）と述べられている。

【参照文献】

垣内秀介（2015）「民事訴訟制度の目的とADR」『民事手続の現代的使命　伊藤眞先生古稀記念論文集』有斐閣，129-153頁

河合隼雄・鷲田清一（2010）『臨床とことば』朝日文庫

シーラ・マクナミー／ケネス・J・ガーゲン（1992＝1997）『ナラティヴ・セラピー——社会構成主義の実践』（野口裕二・野村直樹訳）金剛出版，59-88頁

中村芳彦（2007）「ADRにおける事実認定」和田仁孝編『ADR　理論と実践』有斐閣，77-92頁

野口裕二（1999）「社会構成主義という視点—バーガー＆ルックマン再考」，小森康永・野口裕二・野村直樹編著『ナラティヴ・セラピーの世界』日本評論社，17-32頁

ハーマンス・ケンペン（1993＝2006）『対話的自己』（溝上慎一・水間玲子・森岡正芳訳）新曜社

山田文（2014）「ADRの現状と課題」『実務民事訴訟講座第3期　第1巻　民事司法の現在』日本評論社，423-448頁

山本登志哉・高木光太郎編（2011）『ディスコミュニケーションの心理学　　ズレを生きる私たち』東京大学出版会

鷲田清一（2010）『わかりやすさはわかりにくい？——臨床哲学講座』ちくま新書

和田仁孝（2009）「ADR手続における専門性と法情報——日本型法環境とADRの機能」『仲裁とADR　第1号』9-18頁

——（2014）「ナラティヴの交錯としての紛争」川野健二・八ッ塚一郎・本山方子『物語りと共約幻想』新曜社，81-104頁

——・中西淑美（2011）『医療メディエーション—コンフリクト・マネジメントへのナラティヴ・アプローチ』シーニュ

したたかな紛争当事者の紛争解決

仁木恒夫

> Até um dia, até talvez
> Até quem sabe
> ——João Donato

I——はじめに　　法との接触のあとに

［事例1　土地売買］

　　Aは70代の男性。かつて問題の土地にはAの家屋しかなかったが，その土地を分
割して一部を知人が購入し家屋を建てた。その後，その隣人が子供の代になってか
ら，2007年1月ごろに不動産屋が来て自宅からの通路部分の土地を買えと言ってき
た。不動産屋は360万円での買い取りを求めてきた。その金額を聞いて，素人では
だめだ，専門家に依頼しようと思った。最初，弁護士は自分たちの職業から比べる
と一段も二段もはるかに高い気がするので，どうしようかとは思った。最初は○○
の法律相談に行った。そこで詳しい相談をしたければ弁護士会にいくことを勧めら
れた。弁護士会法律相談で対応した弁護士に依頼しようとしたら，事務所まで来る
ようにいわれた。弁護士に相談をするのははじめてだった。その後，弁護士は囲繞
地通行権があるからお金を支払う必要はないといっていた。結局，弁護士がすべて
相手方と土地購入の話を15万円でまとめてくれた。弁護士費用は，着手金が15万円，
報酬金が3万円だった。

　これは，ある紛争当事者が「法との接触」を経て，「理想的な」解決を獲得し
た事例である。不動産屋が高額で自宅からの通路部分の土地の買い取りを要求
してきたのに対して，弁護士に依頼することにより，当初の要求から大幅に減
額された費用で当該土地を購入することができたのである。即座に自分に有利
に決着がつき，当事者もこの解決に満足していた。
　しかし，紛争当事者が紛争解決を求めて法的機関に接触をする場合，この［事
例1］のような終息を迎える紛争は，必ずしも多いとは言えないであろう。紛

206 第3部 紛争・交渉

争当事者が期待する結果が，スムーズにもたらされるわけではないからである[1]。また，そもそも法的機関が制度目的を紛争解決においたとしても[2]，解決基準を示したからといって必ずしも紛争当事者の紛争行動が確定的に終わるとはいえないであろう[3]。それでは，この[事例1]のように期待どおりには進まない場合に，紛争当事者はどのような行動をとるのだろうか。

　ところで，従来，紛争過程の動態については，一般の紛争当事者が法的機関にどの程度，どのような経路で接触するのか，そこにどのような要因が作用しているのかについての経験的調査が実施され，その実態が解明されてきた[4]。その一方で，紛争当事者が，法的機関に接触したのちの行動については必ずしもそれと同等の関心は向けられてこなかったように思われる[5]。本稿は，紛争当事者の法的機関への接触後の紛争解決行動の一端を明らかにしようとするものである。とりわけ，紛争当事者の視点に焦点をあてた紛争処理理論を展開する和田仁孝の「したたかな密猟する主体」論を徹底し，これを経験的資料と突き合わせながら検討を行う。

Ⅱ——したたかな密猟する主体の紛争解決

　紛争当事者が法的機関において期待するような法的助言や解決が得られない場面には様々な態様が考えられる。ここでは，そうした事態を理論的にとらえる手がかりとして，一般の紛争当事者の法的解決への過剰期待と過少期待に着目した和田仁孝の見解をみていきたい[6]。和田の理論は，直接には紛争当事者の訴訟利用に関するものである。それに対して，本稿では，紛争当事者の法的機関との接触を，裁判所による法的解決だけでなく，裁判所外の弁護士会や法律事務所での弁護士による法的助言など，法専門職による法的言説の提示をふくむものを広くとらえている。より詳細に見ていけば，もちろん法的機関ごとに紛争当事者の期待のあらわれも異なってくるであろう。しかし，和田の理論が，紛争当事者の法的言説との接触後の期待の変容という動態的な過程に焦点をあてている点は，本稿の問題関心にとって示唆的であり，その一般的な特徴をとらえるうえでは有効な手がかりとなると考えるのである。

　和田は次のように述べる。紛争当事者は，法的解決を選択したとき，そこに

多様な意義を盛り込む。そして，法的解決を，情緒・関係を含めた全面的解決と考える一方で，相手方に対する勝利をも意味すると考える。ところが，実際には紛争は法専門家により法的言説に切り詰められることで，期待を寄せていた情緒・関係的な側面は封殺されることになる。そのことで，紛争当事者は，法制度の理念モデルに呪縛され[7]，もう１つの期待である法的問題かぎりでの勝利へと先鋭化させていく[8]。こうして，紛争当事者は，当初の法への過剰期待を法への過少期待へと変容させていくのである。和田の理論は，紛争当事者が法的機関と接触したさいに，法へと疎外されていく機制を的確に明らかにしている。より幅をもっていた紛争当事者の紛争解決への志向性が，法の統制を受ける領域内に自ら過激に収斂していく危険性を批判的に論じており示唆的である。しかしながら，こうした理解に，和田自身の紛争当事者論を重ねてみるとき，少し異なる当事者の行動が視野に入ってくる。

第１に，紛争当事者は，日常的な規範を，法的機関の法的言説の外形のうちにすべり込ませようとする。和田が指摘する紛争当事者の過剰期待は，ある意味で日常的な規範のあらわれである[9]。規範的な過剰期待が，一般的な法的請求として救済されうるものかどうかは紛争当事者には分からなくても，法的機関に助言を求めてみようという行動をうながす一因となっているのである[10]。そして，この紛争当事者は，和田によれば，「日常的なプラクティスのなかで不断に支配をすり抜け，それを逆手にとって創発的に抵抗する」「したたかな密猟する主体」としての一面をもっている[11]。そうした紛争当事者の行動には，「他者によって押しつけられたゲームのなかで，網の目をかいくぐりつつ無数の手法をあみだすことで『なんとかやっていく』[12]」場面も見いだせるのではないだろうか。すなわち，紛争当事者は法的機関に「押しつけられた」法的言説に過剰な期待をなんらかのかたちで結びつけようとすることもあると考えられるのである。

第２に，法的機関と接触し，期待通りの助言が得られなかった紛争当事者が，過度に法的な勝敗にのみ先鋭化するのとは別様の行動展開もありうるのではないだろうか。この点で，尾崎一郎の法の主題化についての議論が参考になる[13]。近年，法の主題化という表現が頻繁に使用されるが[14]，尾崎はこの概念を，少なくとも一方当事者が相手方との間で発生している問題を法的な問題として

208　第3部　紛争・交渉

認知すること，それを言語化して相手方に伝達すること，相手方が提示された法的枠組みを受容し，法的コミュニケーションに応じること，の3つのステップからなる事態であるとする。そしてそこから，法的枠組みは紛争当事者が問題を意味づける多数の枠組みのうちの1つに過ぎないこと，他の枠組みをあえて排除し，違和感を当人も覚えつつもその枠組みにコミットすることなどを含意するとしているのである。尾崎の指摘をここでの関心にひきつけてみれば，紛争当事者が法の主題化によって法的言説に準拠したコミュニケーションに入ったとしても，それは宗教，占い，政治，教育といった多数の枠組みの1つにすぎないのであり，必ずしも紛争を把握する他の枠組みが完全に放棄されているとはいえないのである。ここでも「したたかな密猟する主体」としての側面を重ねてみると，紛争当事者は，日常プラクティスの中で他の枠組みとの関連づけを解釈的に変え，¹⁵⁾制度理念の言説による支配をすり抜けていくというのが多くの場合の実情に近いのではないだろうか。すなわち，紛争当事者は，全面的に制度理念に呪縛され法へと疎外されてしまうのではなく，他の枠組みも併せて使いながら「なんとかやっていく」のではないかと思われるのである。

　以下では，こうした「したたかな密猟する主体」としての側面に重心を置きながら，事例に即して，紛争当事者が紛争の解決を模索する行動の具体的な態様を見ていく。¹⁶⁾

Ⅲ──日常的規範の法的規範への潜伏

　紛争当事者が法的機関に接触した時点で抱いている期待について，具体的な事例にそってみてみよう。[事例2]は，元同僚を介して行った株取引での損失を回収したいという紛争事例である。

[事例2　株売買]

　Bは50代の男性。2004年，同じ会社に勤めていた元同僚が，Bに未上場株について「こういう株を買わないか」という連絡をしてきた。その当時，自分は株のことはぜんぜん分からなかったので，「儲かるのであれば」ということで，一口30万円の株を3口買って，その人間が指定した会社の口座に振り込んで支払った。一株が100万円～300万円になるとのことだった。ところが株券をなかなか渡してもらえな

かった。騙されているのではないかとも思ったが，会社の他の同僚も紹介されて株を買っていたので，だいじょうぶだろうと考えた。その株券は３年半くらい経ってから渡してもらった。その後，その株について分割があり，３口が６口になった。そのさい，10口以下では売れないので，こちらでもう一度その株を，同じ会社の別の株と交換する形で買い取りたいといわれた。その会社は有名な会社でもあったので承諾したのであるが，どうもその株券は無効なようであった。それで，もう一度買い戻したいといったが，それには応じてくれなかった。その間，また違う会社の株を勧められて購入したが，上場された時点では三分の一で取引された。手続を含めてトータルで160万円くらいの損失になった。なお，この最後の株の購入以後，元同僚とは連絡が取れなくなった。

　それでBは，何とか取り立てられないかと考えて，相談機関を探索した。最初は，区役所の無料相談にいった。そこでは，「株取引をしている相手方の会社が東京なので，訴訟を起こすとしても東京でやらないと費用倒れになる。だから，泣き寝入りしたほうがよい」というようなことを言われた。事前に概要をまとめていったが，時間は15分程度で親身に対応してもらえなかったように思うし，納得もいかなかった。それから２～３か月，何か方法はないか考えたが分からなかったので，今度は弁護士会の法律相談に連絡を取ることにした。まず東京の弁護士会に連絡をしてみると，「一度，○○の弁護士会にいってみるように」と助言をもらったので，そうすることにした。○○の弁護士会での相談担当弁護士は，知識もあり親身に対応してくれた。時間は30分程度だった。その弁護士には受任してもらえず，別の弁護士を紹介され，その弁護士の事務所へ行った。

　Bは，未上場の株で詐欺に遭ったことを説明し，お金を取り戻したいということとだました人間を罰したいという要望を伝えた。弁護士によると，会社があれば交渉していろいろできるケースもあるが，相手が名前を変えたり住所が分からないということも多々あるので，このケースでお金が取れるという確証はないと言われた。騙した人間については，資産もないだろうし回収は難しいと思われる。刑事事件にもならないだろう言われた。結局，最初の交換した株については，100万円くらいのうち70万円くらいを取り戻せたが，手数料や弁護士費用がひかれて，手元には33万円程度しか戻ってこなかった。支払は10か月くらいの分割になった。あとの取引の分は，当初は会社に連絡がとれ半分は返金すると言っていたが，その後連絡がつかなくなり回収できなかった。

　この［事例2］において，紛争当事者Bの要求は「お金を取り戻したいということ」と「だました人を罰したいという」ことであった。相談を受けた弁護士は，詐欺を理由とする投資資金の回収については，「会社があれば交渉していろいろできるケースもあるが，名前を変えたり住所が分からないということも

210　第3部　紛争・交渉

多々あるので，このケースでお金が取れるという確証はない」とし，また騙した人間についても「資産もないだろうし回収は難しいと思われる。刑事事件にもならないだろう」としている。いずれも困難な見通しが示されているが，特に「罰してほしい」という怒りの感情に結びついた要求を法的な対応で満たすことは困難であろう。したがって法制度の側からみれば，ここでのBの要求は情緒的な要素もふくむ過剰期待となるのではないだろうか。

　次にみる［事例3］は，紛争当事者が，無職の長男と同居生活をしているが生活に困窮し，次男に扶養請求を求めるというものである。

［事例3　家族問題］

　Cは60代の女性。Cは長男と2人暮らしだが，長男がウツ状態で，自分の年金生活で息子を養っていくことができない。Cは約20年前に離婚している。いま両親の住んでいた家にいるが，妹，両親ともすでに亡くなっている。母親の葬式の時，長く音信不通だった姉がやってきて，それ以来，ときおり借金をしにくる。近所の人々とはほとんどつきあいはない。親族間で以前お金のことでもめて，弁護士会に相談にいったことがあった。

　離婚のとき2人の息子の親権は元夫がもつことになった。慰謝料はなかった。自分は実家に戻ってきた。次男は父親とはうまくやっているようである。次男は要領がよく，以前，連絡してきて400万円貸してくれと言ってきた（返してはもらったが，心には引っかかっていた）。離婚後1年くらいして，元夫が面倒を見てくれということで荷物をもって長男をこちらに連れてきた。しかし，元夫は，自分たちが長男を利用していると考えるようになり，長男を連れ戻しにきたが，その後また長男はこちらに帰ってくることになった。最初，長男は，働いているうちはよかったが，そのうちウツになり職もやめて自殺行為を行ったりするようになった。母親の介護のため家をバリアフリーに改装したが，そのあと長男が暴れて壊しまた改修しなければならなくなった。警察に来てもらわなくてはならないときが何回もあった。これまで病院，市役所福祉課，福祉事務所，保健所，引きこもりの家族の教室など，いろいろなところに相談にいった。病院にいくと長男はウツとは診断されなかった。弁護士にも相談してきた。2007年の夏に，今回，どうしようもないのでまず家庭裁判所にいって，そこで法律相談センターを紹介されてそちらへ相談に行った。

　法律相談センターの相談では，元夫に対しては長男本人であれば扶養を求める調停も起こせるが，Cでは起こせない。そこでCは次男に対して，生活が困窮しているので扶養を求める調停を起こしてはどうかという助言を受けた。弁護士の話を聞いて，自分が受けて立たないといけないという覚悟ができた。

2007年9月に調停を申し立てると，そこに元夫も入ってきた。調停は別席方式で行われた。元夫は，金銭的援助はできないと述べた一方で，長男を警察や病院に連れていくのを止めるようにと言ってきた。かわりに，父親は自分が面倒をみると言っていたが，それもなされないままであった。調停では，元夫は調停を取下げてほしいとも言ってきたが，Cにはそのつもりはない，話がつかなければ裁判までやるつもりだと伝えた。2007年11月に調停は成立した。最終的に調停では次男と話し合った。次男は月5000円も払えないということだったが，月1000円，手数料をひいたら580円をCの口座に振り込むことにしてもらった。

長男は現在でも20日くらい部屋にこもりきりの状態である。いまは親が残してくれた財産で生活しているが，生活は困窮している。でも，もう元夫や次男には何もいっていくつもりはなく，自分でなんとかするつもりである。自分のこれまでの苦しい胸の内を聞いてもらえるのは占い師であるとCは述べる。

　この事例は，生活に困窮する紛争当事者Cが，本来であれば離婚前の元夫に対して扶養を求めたいと考えたが法的に根拠が成立しないので，弁護士の助言を経て，元夫と同居している次男に扶養を求めることにしたものである。弁護士の関与は相談で終わり，その後，C本人が家庭裁判所で調停を行っている。調停の場には元夫も関係人として出席している。ここでは，Cは，法的解決の問題を弁護士の助言にそって次男に対する扶養請求として限定してとらえているが，当初の要求であった元夫もふくめた話し合いの場をもつことが可能になっている。したがって，表面上，Cは弁護士の助言に抑圧されてはいない。ただし，この問題の背景をみると，引きこもり状態にある長男の身の振り方と親族がそれにどのようにかかわるのかという根深い問題があることがうかがわれる。すでにこれまで，病院，市役所福祉課，保健所，警察と多様な機関が関与してきており，複合的な問題への多角的な支援を必要とする状況にあることが分かる。

　さて，紛争当事者が法的機関に接触した段階で，情緒・関係的要素もふくめて過剰期待を抱いて来訪する具体的事例をみてきた。ここで，事例にもう少し立ち入ってまとめておこう。[事例2]では，紛争当事者は民事賠償の相談において「罰してほしい」という期待を持ち出した。それは，日常生活における素朴な秩序観を反映しているのではないだろうか。そして弁護士はこれをまったく取りあげないというわけではなく，この元同僚を相手として損害賠償及び刑

212 第3部 紛争・交渉

事手続発動の可能性を検討している。[18] また，［事例3］では，当初の法的問題で
あった扶養については，次男との間で月々1000円という金額で決着がなされ
た。この法的解決が，金銭という経済的な意味においては紛争当事者の期待に
そったものといえないことはいうまでもないだろう。しかし，調停において，
相手方当事者は次男であるにもかかわらず，関係人として参加した元夫が，む
しろ紛争当事者に長男の処遇について積極的に要求してきている。合意内容
も，次男を，そしてその向こうに彼と同居する元夫をみながら，非常に負担の
大きい長男の世話に係留しておく象徴的な解決にはなっているのではないだろ
うか。すなわち，法的解決の許容される範囲内において，日常的な規範に引き
つけた関係的な解決をつくりだしていると見ることも可能なのである。[19]

　こうした理解によれば，紛争当事者が法的機関に寄せる過剰期待は，日常的
な規範を反映したものである場合が一定は存在することが推測される。そし
て，紛争当事者の期待は，法的機関において，当初は過剰であると思われても，
法的言説へと反映させる可能性が検討され，ときには間接的ではあっても法的
言説を流用して実質的にその欲求を実現する可能性が模索されるのではないか
と考えられるのである。[20]

IV──紛争当事者の解決の模索

　紛争当事者は，日常的な秩序観に由来する過剰期待を抱いて，法的機関に接
触してくる可能性がある。法的機関において，当事者は自身の秩序観を法的言
説に浸透させたり潜伏させたりしようとする。それでも，その期待が満たされ
ないことも少なくはないであろう。しかし，ここまで見てきた事例によれば，
過剰期待が満たされないことから反転して先鋭的な過少期待へと向かうという
わけでもないように思われる。むしろ，紛争当事者は過剰期待を相対化して，
ときに他の枠組みも動員しながら，解決を多角的に模索しているのではないだ
ろうか。もう一度，前節でみた事例に戻ろう。

　まず［事例2］では，たしかに「だました人を罰したい」という紛争当事者B
の願望はかなえられなかったが，弁護士から「お金が取れるという確証はない」
と言われていた損害につき弁護士の交渉により戻ってきた分もあった。そのた

めであろうか，紛争は，弁護士報酬には不満を残しながらも，終息していっているようにみえる。他方で，[事例3]では，紛争当事者Cは，次男および元夫に，長男の面倒を見ながら年金生活を送らなければならない自分の生活状況を常に意識させる解決を調停の場で作り出しはしたが，困窮し苦悩を抱えた状況は解消されていない。紛争当事者Cは最後に「自分のこれまでの苦しい胸の内を聞いてもらえるのは占い師である」と述べているのである。紛争当事者はそれぞれ，[事例2]では一部とはいえ困難な回収が実現できたことにより「罰したい」という感情的欲求を相対的に低下させて，[事例3]では「占い」という別の枠組みで事態を変えることはできないかを模索している。このように紛争当事者は，法的機関との接触を通して実現することが困難な期待を，複数の枠組みを使うことで安定させようと探索しているとみることができる。そして，じつは紛争当事者は，法的に一応の結論が出たあとだけではなく，紛争処理過程全般を通して，そうした複数の枠組みの操作をしているのではないだろうか。[事例4]をみてみよう。駐車してあった自動車が盗難車に追突され損壊したため，その賠償を求めようとした事案である。

［事例4　交通事故］

Dは50代の男性。自宅の2階が事務所になっている。2007年，事務所で仕事をしていると，自宅の横に停めていた仕事用のバンに，高価な新車が大きな音を立ててぶつかっていた。薬物をやって新車を盗んだ男が，警察の自動車とヘリコプターに追われて逃げてきていたが，猛スピードで曲がろうとして曲がりきれずにバンに激突したということであった。警察には「一銭もだせないよ」「これはもう盗難車で盗んだ人が悪い」と言われた。Dは，その犯人が拘置所に入っているときに会いに行くと，最初は「弁償します」「すぐに友達をいかせます」と言っていたが，何の音さたもなかったので後日あらためていくと，犯人の刑事裁判がすでに終わっており，刑務所に入る直前だった。犯人は「刑も決まってしまったから，そんな弁償をする必要がない」といっていた。犯人の刑期は2年半くらいだということであった。損壊した自動車を修理屋さんにあずけて修理見積りを取ってもらうと100万円くらいだった。修理屋さんから自動車を引き取るように求められたので，そのまま駐車代を払って駐車場に置いておくことにした。

Dは，まず○○交通事故相談所にいった。そこでは販売店側にも盗難被害者にも責任があるという助言を受けた。警察から盗難被害者の連絡先を聞いて直接連絡をとったが，向こうも自分は被害者であるということで要求には応じてくれなかっ

214　第3部　紛争・交渉

た。そこで弁護士会の法律相談へ行くことにした。相手方は母親と住んでいるらし
いが，借家で収入もないみたいなので，「裁判には勝つのは間違いないが，裁判費
用もとれないのではないか」と言われた。法律に対しては音痴なので弁護士にいわ
れたまま，もし間違って言われていても「そうかな」と思ってしまうだろう。その
後，Dは，これとは別件の紛争であるが，引越センターの自動車が事務所の日よけ
テントを壊したのにそのことを認めないので，簡易裁判所に相談にいった。そのと
きに本件の自動車の損害についても相談をした。そこでは「ダメです」と言われた
が，「もう一回，自分でやってみなさい」とも言われた。

　この事案では，紛争当事者Dには加害者に対する損害賠償請求権があること
は明らかではあるが，加害者は自分の刑事罰が確定して以降はまったく対応し
ようとはせず，資力の点でも回収はほぼ不可能であることが，弁護士から示唆
されている。法的な正当性が確保されても現実には費用倒れになるという意味
で，救済は得られない事案である。Dは，弁護士の法的助言を受けて，それ以
上の法的行動をとらなかった。ここでは，Dは，経済的枠組みを法的枠組みに
優先させたといえるのではないだろうか。しかし，Dは，完全に紛争を終息さ
せたわけではなかった。その後，別の損害賠償問題が発生したさいに，簡易裁
判所の窓口においてまたこの出来事も持ち出して相談している。ふたたび法的
枠組みでの救済の可能性を探ろうとしていたのである[22]。
　このように紛争当事者が終息へ向けて「なんとかやっていく」過程では，さ
らに，本人の操作の及ばない状況変化にも影響を受けることを考慮しておく必
要があるだろう。次の[事例5]で，紛争当事者は，職場で受けた暴行への対応
以後，会社から不当な扱いを受けたとして法的機関に出向いている。この事例
をみてみよう。

[事例5　労働関係]
　Eは40代の男性。1995年，○○に住んでいるときに，勤務している会社の職場で
「暴力沙汰」などがあった。酒の席で，そのとき一番若いEが意見を言えといわれ，
思ったことを言ったところ，相手が怒り追いかけてきて暴力をふるわれたのであ
る。頭を殴られたので，翌日，病院に行って，診断書も作ってもらった。Eの母親
は，その暴行にかかわった7人を家に呼び，一筆書かせた。このことを会社に報告
したが，事件は土曜日のことなので，会社は勤務時間外のことは補償しないと言わ

れた。そこで、診断書は警察に提出した。すると本社にもその情報はわたり、大問題になった。Eの母親の言い分では、会社の課長や部長からはよく思われなかったようすである。その後、Eは職場であちこちに回されることになり、まともな待遇を受けたいという希望があった。法律相談には、とくにためらいもなくいった。相談では、弁護士から「会社が大きいのでおとなしくしておいた方がいいですよ。表ざたにすると不利になりますよ」といわれた。弁護士に行くと勝てるか勝てないかの話になってしまう。時間もかかりそうだったので、結局依頼はしなかった。相手に障りのない程度に、組合や人事や上司に職場を変えてほしいと伝えた。解決の糸口は、転勤の話があったので、それを何回か言って、いまは△△でお世話になっている。転勤の話は３年前からあったが、その当時は転勤できる状況ではなかった。いまは会社で不当な扱いはない。

　この事案でも、紛争当事者Eは、会社から受けている不当な待遇について相談しているが、弁護士からは「おとなしくしておいた方がいい」と言われ、その時点で法的解決を断念している。やはりEの関係的側面に対する過剰期待が「封殺された」ともいうことができそうである。しかし、E自身は、職場を替えてもらうことで事態の解決をはかろうとしつづけ、本人は具体的な内容については明言していないが、転勤できる状況が調ったときに転勤になり、環境が改善されたと述べているのである。紛争当事者にとっての紛争の終息は、ときに先行きが不透明なまま進み、偶発的な状況変化を受けて何とか切り抜けていくなかで達成されるということもありうるのである。

V――むすびに

　紛争当事者が、法的機関に接触したのち、期待に適合した助言が得られなかった状況において、どのような行動をとることが予想されるのかを、「したたかな密猟する主体」という側面に焦点をあてながら検討してきた。和田が批判的に論じていた、訴訟当事者の過剰期待が過少期待へ転換し法へと疎外されてしまうという可能性がある一方で、「したたかな密猟する」紛争当事者は、その危険に曝されながらも、法的言説を消費し、またそれを相対化する他の枠組みを動員しながら「なんとかやっていく」という実相も垣間見ることができた。

216　第3部　紛争・交渉

　こうした紛争当事者の，簡単には諦めず，解決を求めて模索する姿には，柔
軟であるがゆえの強靭さを見てとることもできるのではないだろうか。しかし
他方で，紛争当事者の何かの解決にすがろうとする探索行動が自然であるから
こそ，法的制度はそこに注意を払い手当てをする必要も出てくる。ここでみて
きた紛争当事者の探索行動は，一見不当と思われるものはなかったように思わ
れる。けれども，紛争当事者が反社会的勢力に接触を求めることもないわけで
はないし，そうではなくてもすでに法専門職に相談をしていながら，そのこと
をまったく伝えずに別の法専門職のもとに相談しにいき取り返しのつかないよ
うな助言を遂行してしまう危険性もある。法的機関は，法的言説で対応しうる
かぎりの解決で紛争から離脱してしまうのではなく，特に期待が満たされない
紛争当事者については，その後への何らかの配慮も制度内に組み込んでいくこ
とも必要なのではないだろうか。

　ところで，本稿では，紛争当事者の紛争「解決」行動を経験的に検討してき
た。このことには違和感を抱かれるかもしれない。なぜならば，ここで依拠し
た和田の理論は，紛争を紛争当事者の認知の変容に重点を置きながら，第三者
機関によって「解決」されるという理解を厳しく批判してきた。[23] そうした和田
の立場からすると，紛争は「解決」されることはなく，紛争当事者の紛争「解決」
行動という表現は不適切であるようにも思われるからである。しかし，紛争処
理の主体としての紛争当事者という見方を前提とするならば，ほとんどの場
合，紛争当事者は紛争の「解決」を意欲して第三者機関に接触しているであろ
う。[24] 和田自身も，紛争当事者は，「自身の交渉によって，『解決』を志向した行
為を行う」[25] とも述べている。ここでは，紛争「解決」をそうした意味で使用し
ている。

　しかし，そうした和田理論の紛争理解に立ち返り，ここで検討してきた問題
をふりかえるならば，「紛争の固定的な意味での『解決』というものはあり得」
ず，冒頭で見た [事例1] のような事案であっても，紛争当事者Ａの「紛争状況
に関する認識や情緒的な葛藤は消えることなく，紛争に間接的に関わった周囲
の人々やその後に新たに取り組んだ個人との関係のあり方にも反映し，影響し
ていくに違いない」。[26] 人々の認知・関係のあり方において，紛争交渉過程は続
いていくのであろう。

＊本稿は，文部科学省科学研究費基盤研究（A）「紛争当事者のニーズから見た裁判所外紛争処理制度―経験的データによる総合的検討」（課題番号17203008）の研究成果の一部である。

【注】

1）　村山他（2010）440頁によれば，全国の法律相談センターを利用した当事者のうち，法律相談のあとどうすることになったかという質問に対して，33.5％が「自分でやってみる」，20.7％が「まだ決まっていない」と回答している。このことは，[**事例1**]のように弁護士の助言が即座に当事者の期待に合致することが必ずしも多いわけではないことを推測させる。

2）　たとえば，六本（2004）10頁では，「この裁判所は，当事者の相対立する主張のどちらが正しいかを，最終的・確定的に決定する役割を負わされることになる」としている。また，わが国の民事訴訟法学において，代表的なものとして兼子（1965）25頁，三ヶ月（1959）6頁など，民事訴訟制度の目的を紛争解決とする見解が有力に主張されていることは周知のとおりである。

3）　樫村志郎発言「紛争は終わらないことができるというふうに，社会制度は出来上がっているわけです。……本気で最後まで争いたい，いつまでも争いたいという人に対しては，裁判は決してその争いを終わらせることはできないのだということです。」「昇りゆく人々の対話」法生態学研究会編（1993）27頁参照。

4）　特定領域研究「法化社会における紛争処理と民事司法」の成果の一部である松村・村山編（2010），樫村・武士編（2010），フット／太田編（2010）の諸論稿の多くは分析の主眼を紛争当事者の紛争処理機関への接触段階までにおいている。

5）　ただし，守屋（1995）22頁は，紛争過程を，問題解決を目指す当事者間の交渉過程全般の中に位置づけるという観点から，「紛争解決とは，両当事者が，一定の対立的相互作用を展開した結果として，当事者自身が当初設定していた交渉課題そのものに対する選好を安定化させるに至り，その安定化した選好を基盤として紛争行動を終結させることに合意することである」とする。

6）　和田（1996a）269-287頁による。

7）　制度理念の呪縛については和田（1994a）19-22頁も参照。

8）　和田・前掲（1996a）でも引用されているが，和田（1991）第三章では，現代の都市社会においては紛争当事者の裁判外における紛争解決ニーズは，紛争当事者間に多層的な役割関係がないため調和的解決にではなく，法的争点に限定した解決に置かれている。そして，このような紛争当事者は法を相対化してとらえており，戦略的武器として法を使用するとするのである。

9）　和田（1994b）97-115頁では，不法行為制度領域において，制度が当事者の日常的感覚を反映したものにはなっていないとしつつ，日常的感覚においては責任観念のうちに，謝罪，労役提供，交渉への対応，社会的非難の受容，刑事罰の受容など多様な表現をとる「関係志向的責任負担」ともいうべき観念があることを指摘する。こうした「関係志向的責任負担」は，日常的な規範ということができるであろう。

10）　このようにずれがあるとしても，紛争当事者が紛争解決のために法的機関に接触しようと動機づけられる背景には，ギデンズ（1993）が論じるような，法という象徴的通標と専門家システムという抽象的な能力に対する信頼があることが指摘されるかもしれない。しかしまた，それと併せて，人々の日常生活のなかでインフォーマルな法の比喩が自然に使用されていることが，人々の法への接触を容易にするように思われる。たとえば，Silbey and Ewick（2002），

218 第3部 紛争・交渉

pp.201-216は，雪の中の駐車場に誰かが雪かきをして椅子を置いているとき，通常，この椅子は伝統的な所有に適合するのと同等の敬意と尊重を引き出すとする。そして，法は，フォーマルな専門的意味では不在であるが，私的所有概念の特定の構築をめぐって市街の社会関係を組織するなかで，概念的及び道徳的には存在している，と指摘しているのである。ただし，Silbeyらは，さらに人々の日常の語り口の中から異なり矛盾する3つの法イメージを取り出し，それらの異種混融が合法性を強化していると指摘しているが，この指摘についてはなお慎重な検討が必要ではないだろうか。

11) 和田 (1996b) 174頁。和田の「したたかな密猟する主体」が依拠する基本的なアイデアについてはセルトー (1987) 参照。

12) 和田・前掲 (1996b) 175頁。

13) 尾崎 (2009) 45-67頁。

14) 尾崎は法の主題化の概念を検討するにあたり，村山・濱野 (2012) とロットロイトナー (1995) とに言及している。これらの論者と尾崎の定義の大きな違いは，法の主題化を段階的な行為からなる過程ととらえ，その最終段階に相手方との法的コミュニケーションに入ったことを含んでいる点である。法の主題化という概念の固有性を明確にしようとするものであり，またこの概念を過程としてとらえている点で興味深い。もっとも，尾崎の概念に従えば，本稿で取り上げる事例のうち[**事例5**]は法の発動もなく，法の主題化の過程を経ているとはいいがたいであろう。

15) Greenhouse (1989) は，アメリカのジョージア州のある町に居住するバプテストの秩序観を検討する。バプテストの秩序観では，神の法を司法制度のルールと対置させ後者を敬遠するが，そうした秩序観はこの地域で歴史的に様々な政治的争点に対してバプテストが偶発的にとることになった姿勢のなかで形成されてきたものであることを指摘する。ある信念を共有する集団について，法的言説が他の諸言説との関係のなかで布置を偶発的に形成するものであることを示す研究である。Greenhouseはさらにアメリカ人一般の秩序観に敷衍して，紛争当事者は法と関連づけられた様々な分節によって世界を理解していることを指摘する。そして，一人の人間のうちに同時に存在するこの様々な役割のあいだで競合が生じるとするのである (p.268)。興味深い議論であるが，それに続いてアメリカ人のうちに自然法的秩序観と法実証主義的秩序観が同時に存在しており，後者と結びついた専門的第三者の関与が「訴訟好き」イメージと結びついているとする分析は，ある面で妥当するにしても，それに止まるのであればやや皮相的ではないだろうか。

16) ここで取り上げる事案は，法律相談調査研究会が日本弁護士連合会と協力して実施した弁護士による法律相談についての調査研究で収集されたものである。この調査研究の中心は，「どのような問題を抱えた市民が，どのような経緯で法律相談センターあるいは法律事務所に法律相談に訪れるのか，法律相談の結果はどのようなものか，相談者は相談相手の弁護士をどのように評価しているかを（村山他・前掲 (2010) 458頁）」法律相談来訪者を対象に行った質問票調査により定量的に明らかにしようとしたものである。当該調査票では，設問の最後に聴き取り調査の可否について訊ねており，「協力できる」とした回答者に対して聴き取り調査を行っている。本稿で取り上げる事案は，そのうち，関西地域で，2009年1月から3月にかけて収集されたものである。調査は次のような手順で実施した。上記対象者に依頼状を送付したのち，調査対象者宅他の場所を訪問し，1〜2時間，おもには調査票の質問項目を具体的に話してもらった。本稿で使用する資料は，録音機器により録音したものを反訳し，その発話を可能な限り生

かしつつ再構成している。また当事者が特定されないように、事案の性質を損なわない限りで修正・匿名化している。なお、関西地域でのこの聴き取り調査は、守屋明教授（関西学院大学）と筆者が実施した。

17)　藤本（2004）112頁。

18)　和田（2004）では、これまで法外へと排除されてきた人々の感情が、法言説により構築していく「法の感情構成機能」と、適合しない感情は抑圧、制御、無効化する「法の感情抑圧機能」との作用を受けるとする。そして、そこに、さらに横溢していく感情を管理し、制御するテクノロジーが生じてきていることを指摘する。和田は、修復的司法やADRで活用されている傾聴・共感の技法、質問技法などはまさに感情管理のテクノロジーであり権力的作用にほかならないとする。この場面での弁護士の対応も、傾聴・共感の技法、質問の技法などをADRと共有する法律相談での感情管理テクノロジーとみることもできるだろう。そうした法律相談の理解に立てば、なおいっそう以下で見るような法専門職の監視を離れた場での紛争当事者の行動が重要になるのではないだろうか。

19)　Rosaldo（1995-1996）, pp.1037-1045では、1991年の湾岸戦争前にRosaldoがアメリカ合衆国とメキシコの国境を訪問したさいの印象的なエピソードが紹介されている。Rosaldoは、国境付近には警備員がいて監視していると想像していたが、そうした取締りはなく、壁のそばの屋台でタバコを買っている人々が、「いまだ、国境を駆け抜けろ」とでもいう合図を待って国境を超えていったのである。物理的な境界線さえも状況に応じて越境されていくエピソードであり、言葉による合法と不法の境界線もまた状況の中で人々によって越境されていくことを示唆する。

20)　和田（2001）43頁以下は、「アレゴリー」という装置を介して日常的言説と法言説とが相互浸潤する可能性を、ある医療事故訴訟を素材に経験的に分析する。

21)　わが国の紛争処理過程において、感情の言説をみていこうとするならば、弁護士や裁判所などの法的言説と対抗的に援用され微視的な権力が作用する場面がより前景化してくるかもしれないが、紛争の中心である紛争当事者間さらにはとりまく関係者の間での感情的言説の作用もあわせて検討することが可能かつ有益であろう。この点、Abu-Lughod（1990）, pp.24-45は、エジプトのベドウィンでの調査に基づき、ベドウィンの恋愛の歌を感情の言説として、権力の戯れのなかでのその含意を明らかにしようとする。Abu-Lughodは、恋愛の歌が弱者の抵抗の言説になっており、ベドウィンの階層秩序のなかで抑圧されつつ他方で称賛されるというアンビヴァレントな位置を占めることを指摘する。そして、その社会的文脈の中での位置が経済構造の変化とともに変容していることを明らかにする。こうした知見が参考になるだろう。

22)　この事例では、関係性が希薄な紛争当事者間での紛争において、紛争当事者が反復的に法的機関への接触が観察される。それは、現代都市社会に特徴的な紛争当事者の紛争行動として和田が指摘する戦略的法使用と親和的な行動にもみえるが、他方で法的機関の反復的利用にはより複雑な効果が発現する可能性もある。Yngvesson（1985）, pp.623-646では、長期的に継続関係にある当事者間で発生する紛争は、紛争処理フォーラムでの処理を介して関係変動を引き起こすという観点から、それは極めて密度が濃く多層的に関係をもつ社会においてだけでなく、関係の密度が薄く一面的に関係ともつ社会においても、やはり紛争当事者によって紛争処理フォーラムが利用されることがマサチューセッツ州の地域社会の事例をもとに指摘されている。そしてそこでは、一定の紛争当事者は、裁判所で受け付けてもらえない申立てでも繰り返し持ち込もうとし、そして結局は却下になるものの、それに先行する交渉・ヒアリングに時間をかける。そこで両者間の関係変動の可能性をもった手続運営がなされているとするのであ

220 第3部 紛争・交渉

る。もちろん，[事例4]は，法的機関の反復的利用とはいっても，異なる機関へのアクセスである。しかし，紛争処理フォーラムの動員がもたらす効果を考える上で示唆的な議論であろう。

23) 和田・前掲（1991）序章，同『民事紛争処理論』第1章および第2章。
24) 廣田（2006）40頁では，「切実に解決を望んでいるクライアントに対して，弁護士が『紛争を解決しましょう』と言わずに，『紛争を処理しましょう』などとは，とうてい言えない。ここはどうしても，『解決』でなければならない。」との指摘がある。
25) 和田・前掲（1994a）58頁。
26) 和田・前掲（1994a）59頁。

【参照文献】

尾崎一郎（2009）「紛争行動と法の主題化」太田＝フット＝濱野＝村山編『法社会学の新世代』（有斐閣）45-67

樫村志郎・武士俣敦編（2010）『現代日本の紛争処理と民事司法2　トラブル経験と相談行動』（東京大学出版会）

兼子一（1965）『新修民事訴訟法体系　増補版』（酒井書店）

ギデンズ，アンソニー（1993）『近代とはいかなる時代か？──モダニティの帰結』（而立書房）

セルトー，ミシェル・ド（1987）（山田登世子訳）『日常的実践のポイエティーク』（国文社）

廣田尚久（2006）『紛争解決学　新版増補』（信山社）

藤本亮（2004）「法意識と法行動の間」和田仁孝＝樫村志郎＝阿部昌樹編『法社会学の可能性』（法律文化社）101-122

フット，ダニエル・H／太田勝造編（2010）『現代日本の紛争処理と民事司法3　裁判経験と訴訟行動』（東京大学出版会）

法生態学研究会編（1993）『裁判活性論　法律学は対話だ　井上正三ディベート集1』（信山社）

松村良之・村山眞維編（2010）『現代日本の紛争処理と民事司法1　法意識と紛争行動』（東京大学出版会）

三ヶ月章（1959）『民事訴訟法』（有斐閣）

村山眞維他（2010）「わが国における法律相談利用の実態」法律論叢第83巻1号411-458

村山眞維・濱野亮（2012）『法社会学　第2版』（有斐閣）

守屋明（1995）『紛争処理の法理論』（悠々社）

六本佳平（2004）『日本の法と社会』（有斐閣）

ロットロイトナー，フーベルト（1995）（越智啓三訳）『現代ドイツ法社会学入門』（不二出版）

和田仁孝（1991）『民事紛争交渉過程論』（信山社）

── (1994a)『民事紛争処理論』（信山社）

── (1994b)「交渉的秩序と不法行為訴訟」棚瀬孝雄編『現代の不法行為法』（有斐閣）97-115

── (1996a)「『法的紛争解決』概念の揺らぎ──訴訟利用期待の構造と変容」宮澤・神長編『法社会学コロキウム』（日本評論社）269-287

── (1996b)『法社会学の解体と再生──ポストモダンを超えて』（弘文堂）

── (2001)「法的における法言説と日常的言説の交錯──医療過誤をめぐる言説の構造とアレゴリー──」棚瀬孝雄編『法の言説分析』（ミネルヴァ書房）43-72

── (2004)「『感情』の横溢と法の変容」法社会学第60号1-13

したたかな紛争当事者の紛争解決 　221

Abu-Lughod Lila (1990) "Shifting Politics in Bedouin Love Poetry," Catherine Lutz and LilaAbu-Lughod eds. *Language and the Politics of Emotion* (Cambridge University Press), 24-45.

Greenhouse Carol (1989) "Interpreting American Litigiousness" in June Starr and Jane Collier eds. *History and Power in the Study of Law: New Directions in Legal Anthropology* (Cornell University Press), 252-273.

Rosaldo Renato (1995-1996) "Forward" *Stanford Law Review* Vol.48, 1037-1045.

Silbey Susan S. and Patricia Ewick (2002-2003) "The Double Life of Reason and Law" *University of Miami Law Review* Vol.57, 497-512.

Yngvesson Barbara (1985) "Re-Examining Continuing Relations and Law," *Wisconsin Law Review*, Vol.1985, 623-646.

アドボケイト活動と「意思決定支援」

佐藤彰一

I ——パラダイム転換

1 能力不存在推定からの決別

　自由で自立した個人の存在，その諸個人が織りなす社会活動，近代以降の人と社会の見方は基本的にそのようなものとして展開されることが多い。ポストモダンの洗礼を受け，主体概念のゆらぎを経験したのちも，書斎的知識としてはともかく，現実社会における議論は，それほど変わっていない。そうした中で，自立も自律もしていないとまわりから見られている人々，たとえば認知症の方や知的障害・精神障害をお持ちの方々について，私達はついつい次のような考え方をとりがちである。

　　「この人は，判断能力が十分ではないか，存在していない。そのために周囲のことはもちろん自分のことについても適切な判断をすることができない。その結果，社会生活や日常生活でとても困難な状況に置かれることになりがちである。だから他の人がその人に代わって，その人のことについて判断をしてあげなければならない」

　このような考え方は，「能力不存在推定に基づく代行決定型権利擁護」と呼ぶことができる。世界の人々は長らく，このような考え方に基づいて成年後見制度を設計し，動かしてきた。そのような考え方・見方を前提にしたアドボカシー（権利擁護）[1]も，そのようなものでしかなかった。つまり管理型，保護型のアドボカシーである。しかし，どんなに重い認知症の人であっても，その人なりの人生を生きてきた経緯があり，その人なりの思い，そして判断がありうる，いま世界はそう考え始めている[2]。適切な判断が自分ではできないと周囲から見られていた人々も支援さえ受ければ，その人なりの決定ができる。いま，

意思決定に困難を抱える方々に対するものの見方のパラダイム転換が世界で起きているのである。

　このような変化は1990年台から始まっていたが，障害者の世界でこのパラダイム転換を決定的にしたのは，2006年12月に国連において採択された障害者権利条約の12条の解釈をめぐって展開された議論だと言って良い。その議論は，古典的な自立概念や自己決定論議に反省を迫ると同時に権利擁護の仕組みについてのパラダイム転換を世界に要求するものであった。

　知的障害者の家族の組織である国際育成会連盟もいち早くこの問題に注目し，2008年11月18日には，行為能力に制限を加える成年後見制度は権利条約12条に抵触するとの意見書を採択し，いくつかの議論を経て2014年7月2日意思決定支援促進ガイドを発表している。そして同じ月の12日に「自立していても1人ぼっちじゃない」と題する意思決定支援の冊子をサイトに掲載したのである。この一連の意見表明において国際育成会連盟は，代行決定の制度である成年後見制度からの決別を明確に示していると言って良い。

2　ジェニー・ハッチの物語

　いま世界で起きている成年後見をめぐるパラダイムシフトを劇的に示している例を紹介しよう。

写真　スピーチをしたダウン症の女性

　2014年5月29日にアメリカのバージニア州アーリントン市で開かれた成年後見法関係者の第3回世界会議に，1人のダウン症の女性が壇上でスピーチを行い，参加者から万雷の拍手喝采を浴びた。世界が注目したこの女性の経験は以下のものである。

　2012年7月8日アメリカのバージニア州にあるニューポートニュースという我々日本人には聞き慣れない都市の裁判所に，ある成年後見申立てが提起された。申立人は母親のジュリア・ロスさんと義理の父であるリチャード・ロスさんの2人である。ジュリアさんが前の夫との間に設けた当時29歳になるダウン症で知的障害のある娘さんジェニー・ハッチさんに成年後見人をつけてほし

図 ジェニー・ハッチの後見人選任をめぐる人物関係

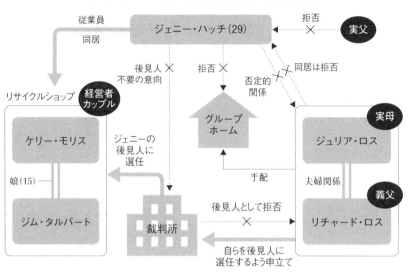

い，その成年後見人には自分たちを選任してほしいという申立てであった。

　アメリカの成年後見制度は州ごとに違っていて，よくわからないことが多い。この申立てでは後見人の権限を指定して申立てを行っている。その内容は，ジェニーの生活全般，とくに誰と住むのか，どんな医療行為を受けるのか，誰がジェニーの世話をするのか，これを決める権限を後見人に与えることを裁判所に求めている。日本の後見類型よりも居所指定権や医療同意権を含めている点で強大な権限である。裁判所は，すぐさまジェニーに特別代理人（Guadian AD Litem）を指定し，この特別代理人と母親側の代理人のやりとりの結果，1か月後の8月27日に仮の後見人が選任される。日本でいうところの審判前の保全処分のようなものである。仮の後見人には第三者のサービス提供事業者が選任されたのであるが，この仮の後見人は，年があけた2013年1月に辞任する。辞任の理由はよくわからないが，代わって仮の後見人に選任されたのが申立人の母親と父親であった。ジェニーの生活のすべてのことを決定する権限が仮に申立人に与えられたのである。

　ジェニーは2008年4月ごろから市内のリサイクルショップでアルバイトをしていて，近くの家族ぐるみの友人と暮らしていたのであるが，自転車事故を起

こして病院に入院した。入院中に，友人がなんらかの理由でアパートを退去したため，ジェニーは退院後にどこにも行くところがなくなってしまい，この成年後見申立てが提起されるころは，ジェニーはそのリサイクルショップの経営者の自宅で寝泊まりしていたのである。ジェニーの実の父親は，ノースカロライナに再婚して住んでいてジェニーと暮らせないとケースワーカーに答え，母親と義理の父はジェニーとの関係が以前から良好ではなく，やはり一緒に暮らせないと回答していた。ジェニーを受け入れた経営者は，ケリー・モリスさんとジム・タルバートさんという2人のカップルで，ジムには脳性麻痺のある15歳の娘さんがいて，4人で暮らしていた。母ジュリアは，この事態を非常に心配して，グループホームの調整を行い，ジェニーの移動を経営者に申し入れた。リサイクルショップの経営者は母親の要求を受け入れ，ジェニーは，いったんグループホームに入る。ところが，ジェニーは，そこでの生活が嫌でまた経営者の自宅に逃げ帰るのである。成年後見は，その2日後に申し立てられた。ジェニーはグループホームのどこが嫌だったのか。報道によれば，パソコン使用も携帯電話の使用も禁止され，子ども扱いされたことが嫌だったそうである。

　この裁判は，全米の注目をあびることになる。ワシントン・ポストをはじめ有名新聞が報道し，CBSテレビなども全米に報道している。そしてワシントンにいる人権派弁護士が派遣され特別代理人と一緒に弁護活動を行うこととなった。この弁護士が，まず行ったのは，母親側が指示しているジェニーの面会制限の撤回であった。仮の後見人が選任されてからジェニーはグループホームを転々とさせられていたが，母親側が仮の後見人に就任した後は，母親側の承認がないとジェニーに関係者が会えなくなっていたのである。母親の許可を受けるためには，裁判の話をしてはいけないなどの厳しい制限がついていた。これでは弁護活動ができないので，ジェニーの代理人はこの撤回を裁判所に命じてもらい，そののちに裁判所に専門家の鑑定意見をはじめさまざまなソーシャルレポートを提出したのである。

　法廷の審理は非公開であるが，ジェニーは出廷して明確に「私には後見人はいらない，私のことは私が決める」と述べたそうである。あまりにしつこくジェニーが発言するため裁判官が，いったんジェニーに退廷命令を出したこと

もあるようである。

　2013年8月2日，裁判所は決定をくだす。その内容は驚くべきものであった。概要は次の通り。
1）　ジェニーを後見に付す。
2）　後見人にはリサイクルショップの経営者を選任する。
3）　後見の期間は1年で終了する。
4）　後見人の権限は限定的なものとする。
5）　後見人は，決定にあたってまず意思決定支援の手法をとらなければならない。
6）　後見人は，ジェニーの意思に反した決定ができない。

　後見人がついたわけであるから，母親側の申立ては形の上では認容である。しかし実質的には完敗であろう。ジェニーは後見人となった経営者カップルと正式に暮らすことができるようになり，後見期間がすぎたいまもそこで暮らしている。
　この事件をどう見るか。障害者の親御さんは子どものことが心配である。管理の行き届いた施設で安心・安全な生活を送ってほしい。母ジュリアは，ジェニーが自分とは一緒に生活できないにせよ，誰だかわからないリサイクルショップの経営者と一緒に住むのは許せない，そう思ったに違いない。グループホームの方がジェニーにとってより良い生活を送れる場所である，そう信じている。母親が思っているジェニーのベストインタレストである。しかし，母の思いは，母の思いであって，ジェニーには自分の思いがある。権利擁護（アドボカシー）の要素である自己決定の尊重と生活利益の確保が母と娘でずれてしまっているわけである。しかし裁判所が検討すべきなのは母の思いを尊重するのか，娘ジェニーの思いを尊重するかではなくて，ジェニーの思い（意思）を尊重することがジェニーにとっての生活をよりよきものにするかどうかである。そのバランスを見た上で，ジェニーの思いを尊重することが後見人の役割であり，そうした役割を担える人物は経営者側だ，そう裁判所が判断したのである。しかも，非常に変わった後見人の選任形態である。後見人には実質的にはなにも代行決定をする権限が与えられておらず，意思決定支援をすることが求められているのである。明らかにこれまでの後見人のイメージとは違う後見人である。後見という制度を使いながら代行決定を否定しているのである。世

界のパラダイム転換の動向を反映するものである。

3　意思決定の諸相

　意思決定支援と代行決定の違いを正確に理解するために，意思決定（Decision Making）の諸相についてやや広めに整理しておく。関係する概念をいくつか並べておこう。

　　1）　AさんのことをAさんが決める（自己決定）
　　　　　それを支援する：Supported Decision Making
　　2）　AさんのことをBさんが決める（代行決定）
　　　　　ただしBさんの思いで決めるわけではない：Substitute Decision Making
　　3）　Aさんのことを関係するBさんと一緒に決める
　　　　　A・Bさんもともに決定結果に責任あり：Shared Decision Making
　　4）　AさんのことをBさんが決めてAさんが同意する
　　　　　Bさんが決定結果に責任あり：Informed Consent
　　5）　沢山の人に関わることを集団的に決定する
　　　　　共同体的決定：Collective Decision Making（労働協約など）

　1）は，意思決定支援あるいは支援された自己決定（Supported Decision Making）と呼ばれるものである。意思決定はご本人が行うものではある（自己決定）が，そのためにはサポートが必要だと考えるのである。この時，支援者は，決定に関与しないと言われている。決定結果に責任ももたない。そこで留意すべきは，支援がある決定の誘導にならないか，決定に関与しないと言いながら，情報を操作することで決定を誘導していないか，である。[7]
　2）は，代行決定（Substitute Decision Making）と呼ばれるものである。ご本人がご本人のことを決めるのではなく，他人がご本人のことを決めている。しかし，その際，他人が他人の考えでご本人のことを決めるわけではなく，あくまでご本人の代行として決定を行うことが重要である。他人の考えでご本人のことを決めた場合には，代行決定ではなくて他者決定である。基本的に成年後見制度は，代行決定だと位置づけられているが，ご本人の立場で判断ができるのか，第三者や周囲の立場で決定を行っていないか，それは結局のところは他者決定ではないのか，また意思決定支援と併用できるのか，など微妙な問題を沢

228　第3部　紛争・交渉

山抱える決定類型である。

　3）のShared Decision Makingは医療の世界でよく使われることばである。[8]これはDecision MakingをShareするわけであるから，共同決定である。医療の世界では，患者の治療結果について医療側も責任を負うため，患者の意向だけに医療者が盲目的に従うわけではない。そういう特殊な関係がある場合に観念される概念である。この時，Shareする患者側には別途，意思決定支援が必要であろう。医療側ももちろん患者の意思決定を支援するであろうが，そこには医療側の立場からする一種の役割衝突が生じるわけであり，患者自身の立場に立つことのできる意思決定支援者は，Shareする医療者とは別に存在しなければならない。

　4）の説明された上での同意（Informed consent）は，医療の世界で少し前までよく主張された決定概念である。これは一緒に決めているように錯覚してしまうが，患者が決めるものではなくて，医療者が決めていることについて患者が同意をしているものである。医療は基本的には侵襲行為であるため，同意を得ないで侵襲的な医療（たとえば手術）を行うと犯罪行為となってしまう。手術の必要性や内容を決めるのは医者であるが，同意がないと責任が問われる。したがって同意を取るわけであるが，決めているのは医者である。このとき十分に説明されないと同意は有効ではない。また同意があれば，医療側はなにをしても免責されるわけでもない。また，同意を与えるかどうかは患者側の決定であるから，そのことについて自己決定のための意思決定支援が必要であるが，それは別の側面になることは，Sharedと同じである。

4　プロセスモデルとイベントモデル

　意思決定（Decision Making）に関連する言葉は以上のように，いろいろある。しかし，どの言葉であっても，決定については，プロセス的把握が必要となる。ある特定の時点，たとえば契約書や同意書にサインした時に決定が行われたと考えてしまうと，シェアもサポートもインフォームも時間的に成り立たない。シェアするためには，その前提に話しあいが必要であるし，コンセントをもらうためには説明をしないといけない。Supportedは，そもそもサポートの過程が必要である。代行決定は，イベント的に把握することが可能なようにも見え

るが，そこにおいても，ご本人の立場にたって代行すると理解するのであれば，その人の人生経過，趣味嗜好などの把握の上で行うわけであるから，事前のプロセスが必要である。このように決定とは，ある瞬間にボンと決めることと理解されがちであるが（これを決定のイベントモデルと呼ぶ），いろんなことを時間をかけて考慮していく，悩んでいく，決める前提としてのプロセスがあるのである（これを意思決定のプロセスモデルと呼ぶ）。最後に印鑑を押したり署名したりするのは儀式であって，その前にいろんなことが必要である。[9]

　法律の基本構造は，イベントモデルで組まれていることが多いが，現実にはプロセスモデルと相互に流動化が計られている。たとえば，各種の契約過程における付随義務としての説明義務などがそれである。われわれの実体験としても，プロセスで法的な行動をとるのが現実である。ただ，理念としてイベントモデルのもつ意味もある。それは，「区切り」をつけることであり，その時点での「意思決定」を確定させる意味を持つ。しかし，同時にイベントはプロセスの中の一時点で出来事である。

5　社会関係の相互依存

　もう１つ，意思決定支援の世界で重要な観点がある。表現が難しいが，それは，個人をありのままに尊重することである。自立した主体，意思の強い人・弱い人，合理的な人，依存的な人，関係的自我，などなど人間をめぐる言説はさまざまに存在するが，いずれも人間をモデル化した言葉である。モデルは思索のツールとして有用な側面はあるが，生身の人間は，どれか１つのモデルに当てはめて理解できるほど単純な存在ではない。自分ですら自分のことが分からない場合もある。１人の個人の中に「自分のことは自分で決めたい」という思いと「自己決定は辛い」という思いが混在し，「他の人に助けてほしい・助けたい」という思いと「ほっといてほしい・関わりたくない」という思いとが，同時に混在している。論理的には混在するはずはないが，それが人間である。そのような人間同士が微妙な関係を保ちながら，相互に依存して社会関係がなりたっている。そう理解した上でないと「自己決定」の「支援」など，そもそも観念的にも現実的にも成立しえないのである。

　ここにいう「相互依存」（Interdependence）とは自立（Independence）を否定す

230　第3部　紛争・交渉

る趣旨ではない。自立をしていても無人島で1人で暮らすわけにはいかない現実を示しているだけである。また，社会関係の中にすべてを投げ出してしまって主体的な応答をしないこと，つまり盲目的な依存（Dependence）を容認するものでもない。相互依存の中で意思決定支援が重要になるのは，そうした関係性の中でややもすると人間の主体性が失われがちになることを防ぐことにあり，人間の尊厳を守ること，そしてそれは社会の中で生活することで，はじめて確認できることであり，したがって，ひとりひとりにとっての「善き生」の実現は，社会の相互依存関係の中を生きることで始めて可能になることを意味している。相互依存は，すでにケースワークの母と言われるメアリー・リッチモンドが指摘しているところである。[10]

　人によっては，善き生を自律（Autonomie）に求めるかもしれない。自律とは自分で決めた規範に自分が従うことであると理解されるが（ちなみに他人が決めた規範に従うことが他律である・Heteronomie），カント的な自我・主体概念を前提にすれば別であるが，外の世界からの影響をまったく受けないで自分の理性のみにしたがって，いわばひとりきりで行う自己決定は，程度の差こそあれほとんどすべての人間にとって難しい。したがって，あくまで自律という表現にこだわるのであれば，意思決定支援は，自律の支援とならざるをえない。これを自己決定支援と同義だとすれば，ひとりでは自律できない人に対する支援をどう理解するのかが問題となる。自律としての自己決定の支援概念には，したがって常にパターナリズムの理解が問われることとなるが，このことはすでにかなりの知見の蓄積がある。[11]

　他方で，たとえ自らの設定した規範だとしても，そもそも規範的な支配を嫌う人もいるだろう。また規範設定がそもそもできない人もいる。このような人達にとっての善き生は自律ではなく，別に理解するのか。それとも，自律概念が異なるのか。これはまだ充分に整理されていないように思われる。しかし，人間存在の発展可能性，いわゆる成長に善き生を求める見解はすでに指摘されているところである。[12]

II —— 意思決定支援の意義

1 意思決定支援の実例

　現実の意思決定支援の例として，胃ろう増設を拒否したＢさんの例を紹介しよう。支援者は成年後見人である。全国権利擁護支援ネットワークのメンバーが市町村申立てで成年後見人となった人のケースである。

　ご本人は，32歳の重度心身障害の男性で，生まれてからずっと車椅子の生活をしていて，言葉がほとんどない。ただ，いやなことがあった時は返事をしない。自分の好きなことをやりますかとか，好きなところにいきますか，好きなものを食べますかと聞かれた時には「うん」と答え，いやなことについては返事をしないという特徴がある。ご両親は早くに亡くなっており，ずっと大規模な入所施設で暮らしていたが，ある日，行政の方針で民間の施設に移ることになった。大規模施設の利用は措置によるものであったが，民間施設は契約なので，首長申立てで後見人をつけたのである。こういう後見人の使い方は，施設利用の都合だけで後見人をつけることを目的としておりあまり好ましいとは思えないが，施設側が後見人の利用がないと施設利用を認めないと主張する例は，全国的にないわけではない。とまれ，施設は良い施設で個室に住んでご本人も満足した生活をして外出支援もしたりして社会性が出てきて，最初は好調であった。

　この方はしかし，なかなか食事が難しい。1時間かけて食べる。施設の職員もゆっくり食べさせていた。ある日，発熱して入院された。施設側は誤嚥性肺炎を疑ったが，入院して調べると誤嚥性肺炎ではなく気管支炎で，大過なく戻ってきた。ところが，このことをきっかけに施設側が誤嚥性肺炎を心配して，このままでは施設として支援ができない，胃ろうをつけてほしいと言い始めた。入院していた病院の医者も，施設の医者も，胃ろうをつけた方が安全は安全だと言う。ご両親はいないので施設側は，おばさんに連絡をとって同意書に署名してもらった。つまり関係者は，胃ろうの造設で意見が固まっていたわけである。

　周知のように成年後見人には手術について同意権はない。しかし，この事態

232　第3部　紛争・交渉

をほっておくわけにいかなくて，後見人はどう対応するか悩んだ。そこでご本人の意思を確認したいと思った。基本的には，同意権はご本人が行使するものであって，成年後見人はもちろん親族であっても法律上当然に同意権があるわけではない。あくまでご本人の意見・意向を確認すべきたと考えたわけである。そこで，成年後見人は胃ろうを説明する絵図をつくってご本人に見せた。そして聞いた。「どう？」。前の施設も今の施設もご本人の意思確認には協力してくれた。絵図をみせて「どうする？」と聞いたわけである。聞き方も手順があって，返事ができる，好きなことを先に聞いていって，合間にいろんな話をする。好きな話になると「ウンウン」と返事するが，胃ろうの話になると黙る。どうも「いやだ」思っている。しかし同時に「施設で暮らしたい」との意思も表明する。施設側は安全な食事の支援のために「胃ろうが条件だという」。

　この成年後見人はフットワークのいい人で，施設の医者と入院した病院の医者の意見だけでは足りないと思い，胃ろうのことについて詳しい専門病院の意見を聞いた。その結果「嚥下能力の回復はリハビリのやり方次第ではできるのではないか」との回答を得た。そこで後見人は，胃ろうについての意見を整理したいと思って，支援職員，医師，看護師，スタッフに全員集まってもらって議論した。最初の医者の意見，セカンドオピニオン，ご本人の意向などを踏まえて方針を再検討をしたわけである。その結果，「嚥下能力のリハビリで回復の可能性があるならやってみようか」という話になった。もっとも，いまの施設は「安全確保ができないなら無理だ」と主張するので，施設を移るという選択肢も検討した。それをまたご本人に説明する。施設を移る質問をする。ご本人が「同じことを聞くなよ」と思うぐらいに何度もしつこく聞く。その結果，胃ろうはやはり嫌だという意向が明確になって，施設を移ってリハビリをすることになった。移った施設でリハビリをして嚥下能力も回復して食事も食べられるようになって，今はパソコンがなぜか打てるようになった。自分の意思の伝達能力も向上してきた。よかった，よかったという話になったのである。

2　何が支援されたのか

　前述の例は意思決定支援を考える上で，非常に示唆に富んだ例である。繰り返しになるが，成年後見人に同意権はない。代行決定はできない。しかし，意

思決定支援として胃ろうについてご本人に説明して，「何についてご本人の判断が求められているのか」を了解してもらって，ご本人の希望を聞いているのである。その確認も，ご本人の意向の表明の特徴を知り抜いている職員の協力を得て，ご本人に，時間をかけて場面を変えて，繰り返し確認している。これは，一般に意思確認支援ないしは意思疎通支援と呼ばれるものである。

　また，確認する時にセカンドオピニオンとして「胃ろうをつけるかどうか」という選択肢だけではなく「リハビリの可能性」の選択肢を増やしている。実現可能なものはどれか，可能な選択肢を広げて用意し，希望を確認している。意思決定支援の一部として，周囲の環境が用意している既存の選択肢だけでなく，ご本人の希望が広がる方向での選択肢を開発して提供しているのである。胃ろうが嫌だからやらないというだけでは，結局，生活がどうなるかわからないわけであるから，拒否する決定の場合の生活の可能性を確認することが必要である。可能性を確認する，あるいは広げる，これを意思実現支援と呼んだことがあるが，「確認された意思を実現する」との意味で誤解されることがあり適切な呼称とは言えない。実現可能性支援とでもいうべきかしれないが，端的にご本人のエンパワーをしていると理解したほうがわかりやすい。

　意思決定支援をめぐっては意思形成支援，意思確認・疎通支援，実現支援の３つがあると主張されることが日本では多いが，これを時系列的な順番だと理解することは現実離れである。実際には，エンパワー，選択肢の拡大，意思疎通などの各支援は，同時並行で行われるものである。そうであれば意思形成，意思確認，意思実現が仮に並べて意識されたとしても，これは，意思決定支援において考察されうる要素をならべたというにすぎない。またエンパワーメントとしては後述のように，留意されるべき要素はこれだけに限らない。したがって，意思決定の要素として意思形成，意思確認，意思実現と並べて説明することは誤解を生む可能性が高いため，避けたほうが良いし，使用する場合は，そのようなものとして，これら概念の使用者が充分に注意することが必要である。

　とくに，意思実現支援ついては，言葉そのものに懐疑的な人もいる。つまり，それは意思決定支援の名のもとに，ご本人の意思を誘導しているのではないかという問題提起である。しかし，アドボカシーとしての意思決定支援をやるの

であれば，実現可能性のない選択肢をしめしても正確な情報提供をしたとは言えないし（したがって意思形成に瑕疵があることになるし），ご本人の希望しない選択肢ばかりを並べて「さあ選択しない」と迫る行為やご本人に経験や理解の及ばない選択肢を示して「選択してください」と言っても，ご本人意思に配慮したことにも生活利益を考慮したことにもならない。そもそもご本人に取ってなんらのエンパワーにならない。困惑するだけである。人生への積極的な希望が湧くような選択肢を探る支援は意思決定においては必要不可欠というべきである。問題は，支援者が選択したくない選択肢の実現可能性をあたかも小さなもののように説明し，支援者の好む選択肢の実現可能性があたかも高いかのように示すことで，自己決定を支援者の好む方向に誘導することがありうることである。したがって意思形成，意思確認とセットにして意思実現をならべて説明することは，誤解と誘導の危険を隠蔽する問題の多い言説であると言わざるをえない。[13]

3 何を支援するのか

意思決定支援はいったい何を支援するのか。いくつかの手がかりがある。まず，北野（2015：164以下）[14]は，意思決定・表明支援で重要な原則として次の4つを上げている。⑴第1原則「エンパワーメント支援の原則」。これは社会参加の選択肢の幅を広げる体験を共に繰り広げ，本人の年齢・性別に一般的な社会参加・参画の広がりをご本人と共に楽しめること，と定義されている。⑵第2原則「意思表明支援の原則」。本人の使いうるあらゆる表現・表出・表明方法を駆使して，本人がその思いを表明することを支援しることと定義されている。⑶第3原則「自己覚知と民主的討議の原則」。常に複数の支援者と多様な専門職のチェックに開かれた状況を設定し，自分の立ち位置や影響力に自覚的であることと定義されている。⑷第4原則「本人のリスクを冒す自由と，支援者の見守る自由の原則」。リスクや失敗を冒す本人の自由を支えながら，本人のリスクやクライシスに関して，それを常に本人とコミュニケートしサポートすることと定義されている。この4原則は，北野の言う本人と支援者の「相互エンパワーメント」概念を前提に作られており，ご本人と支援者とが共に語り紡ぐ支援を基調にしている。筆者はまだ充分に咀嚼できていないが，青葉園

という施設における重度心身障害者支援の実践と，それに伴う深い思索に裏付けられており参考にすべき考え方である。

　また，石川（2009：10-12）[15]は，決定する主体の内的能力を検討するために「自律」の能力を，行為主体性（agency），選好形成（preferences），合理性（rationality），表出（expression）の４つの能力に分けている。その上で環境（他者・社会）との相互関係を考察するのであるが，ここに言う行為主体性とは，存在者として主体性の意味であり，人間として認められることである。選好形成は，対立する複数の欲求のどれを優先するかを決める選好を形成する能力である。合理性とは，各選択肢の実現可能性に対して，一貫性を持つ合目的性と社会規範や社会通念上の価値に対する一致性により判断する能力と構成される。表出は，自身の意思を表出する能力，ならびに他者の理解を得るためのコミュニケーション，交渉能力を含む。またこれらの能力に影響を与える環境要因としては，社会や文化を支配する価値観に基づく存在の否定，イデオロギーを含む外的な誘導，社会通念に照らした抑圧等を抽出している。なお表出については自律の必要条件であっても，単独では十分条件でないことを強調している。石川のこの分類によれば，意思決定支援とは，ここにいう自律能力の支援となろう。もっとも基底的なものが行為主体性であり，人間として認められることなく抑圧された人生を送ってきた人々は，この主体性を開拓するために支援が必要である。この点は，北野の第１原則「エンパワーメント」と相通じるものがある。また，選好形成では支援者の誘導の可能性が排除できないし，合理性の支援においては，社会規範を強調することで支援者がむしろ抑圧的になる可能性があることを指摘している。これらの点は，北野の第３原則，第４原則の提唱に相通じるものがある。石川の分類は，支援の対象を示す点で魅力的であるが，能力の有無をベースに支援を考察するため，その有無の判断を，誰がどのように行うのかの難問を抱え込むことになる，そのことに石川も自覚的である。

　以上を踏まえて意思決定支援の実践知としては，当面，次のような理解を前提にすることで満足するほかないのではないかと，今のところ考えている。つまり，何について判断を求められているのかを明確に理解してもらう支援，必要な情報（選択肢を含む）を支援者において可能な限り正確に，かつ，本人の人生への希望が高まる方向で示しうる支援，本人の意見を理解する（確認する）た

めの支援，そして，これらに共通する支援者の姿勢として，「自己決定の尊重」
と「生活利益の確保」，そして「連帯感・エンパワーメント」の3つのバランス
感覚をもった権利擁護のセンスを持つことである。なお，この点の留意点は，
次節において再度考察する。

4　支援された自律？

　前述の北野も石川も福祉分野の研究成果であるが，法律学の世界でも意思決
定支援は，それほど突飛な概念ではないと思われる。
　たとえば，森田 (1998) [17] は，成年後見法の立法提案が論議されているなかで，
法技術的な道具概念として「支援された自律」を提出し，民法以外の特殊立法
に見られる様々な政策的動向を「自律の否定」と「支援された自律」，「自律へ
の回帰」に整理した上で，自律への回帰は「支援なき自己責任」をもたらし，
「支援された自律」は，「自律なき支援」と「支援なき自己責任」の間で揺れ動い
ていることを指摘している。もっとも，森田の場合，自律は自己責任とセット
で理解されており，自律概念がやや古典的である。また立法の後に登場するで
あろう成年後見制度 (つまり現行成年後見制度) の評価も，「一方で意思自律の再
建を志向し，他方でヨリ個別化・具体化された支援を与えるもの」とする点で
現在の我々の理解と異なっている。これは禁治産制度と比較しての話であり，
成年後見制度の制定時のひとつの観方を示すものであろう。
　これを受けて山本 (2004) [18] は，自己決定をなそうとする本人と眼前にいる相
手方・関係者との関係のあり方に焦点をあてることで，自己決定と正義のあり
方を再構築しようとする。すなわち支援とは，支援者が本人を説得することで
はなく，また外在的なルールを適用することでもなく，本人の声を支援者が聞
くこと，語り合いのやりとりの中から主体性や決定が醸しだされること，それ
を山本はみずから「非援助の支援」と呼び，民法学において検討されるべき自
己決定や正義論は，そうしたものを念頭において論議されるべきであると主張
している。この山本の見解は，前述の北野の相互エンパワーメントに基づく意
思決定支援のありようと親和性を有しており，非常に興味深い。もっとも，こ
れを法制度として検討することは至難であり，いわば小さな法の枠組みのなか
で思考されるものである。その点では，森田の見解とは次元を異にする見解で

あるが，こんにち世界的な動向として起きているパラダイム転換とは同期している。認知症の高齢者や知的障害者は，自分の意見を聞かれることがなく，言っても無視される。選択肢も与えられることがなく，いつの間にか声が出なくなる。その人達の声を聞くこと，そもそも声を出してもらうようにすること，それが北野が西宮で行っていた実践知であり，山本の見解は，そのことを法律学的に表現しているのである。

Ⅲ──ベストインタレストとエンパワーメントの中で

1 イギリスの考え方

　意思決定支援へのパラダイム転換を図る世界の動きの中で，わが国にも紹介され注目を浴びている国のひとつがイギリスである。イギリスでは，2005年のMental Capacity Act（意思能力法と訳されることがある）の法制化以降，判断能力の不足している人々に対する各種支援が整理されてきている。2014年からはCare Actを新しく制定し，これにともない意思決定支援の仕組みにも再改革を施している。ここでは，そこで主張されている考え方の要点をご紹介する。[19]

　イギリスの意思決定支援の思考の第1の特徴は，判断能力存在推定原則である。「どんな人にも必ず意思がある。意思があると推定しろ」。支援するときに「この人，大丈夫かな」と思ってはいけない。人間にはどういう人であってもその人なりの思いがある，そういう原則である。

　第2の特徴は，愚行権の承認である。ご本人の選択や決定が，支援者から見て賢明ではないと思えても，そのことから，その人に判断能力がないと評価してはならない。言っていることが到底ご本人のためにならないことに思える，しかしそれでも，それはその人の意思能力がないことを示すことではない。第3の特徴は，代行決定より意思決定支援を優先させる原則である。「どうもおかしい，物事の判断ができないのではないか」と支援者が相手を評価するためには，その前にあらゆる支援の可能性を追求する必要がある。その人の意向を確認することが可能な事柄を全部実施した上で代行決定が必要かどうかを評価せよということである。

　第4の特徴は，代行決定にあたってはベストインタレスト（最善の生活利益）

238　第3部　紛争・交渉

の確保を必須とすることである。ここで言うベストインタレストは，決して支
援者の考えるベストインタレストではない。支援者が推測するご本人の選択の
ことを意味する。ここは実践的にはかなり難しい判断になる。そこで，ご本人の
これまでの生活歴を調査し，周囲の人たちが認識しているご本人の意向をも調
査 し て ご 本 人 の 意 思 を 代 弁 す る 第 三 者 代 弁 人 (IMCA と 呼 ば れ て い る・
Independent Mental Capacity Advocate) を設置し，ご本人意向を確認する支援の
仕組みを構築している。

　第5の特徴は，必要最小限の原則である。代行決定による介入は，本人の能
力を活かすための必要最小限のものに限るべきだとするものである。

2　障害者権利条約の影響（韓国など）

　イギリスの動向に強い影響を受けて最近，制度改革を行った国が，韓国であ
る。成年後見を後見，限定後見，特定後見の3つの類型に分ける点は日本と似
ているが，一番の特徴は特定後見で，これは日本の補助とは異なり取消権の付
与の可能性がない。ご本人に対して特定の支援を行うために裁判所が後見人を
選任するわけである。まるでジェニー・ハッチのケースのようである。残念な
がら，期待したほどは利用件数が延びておらず，やはり後見類型が韓国でも多
いようであるが，改革のベクトルは，確実に世界の動向と共鳴している。

　さて，その韓国が最近（2014年9月15日）に国連障害者権利条約のモニタリン
グ委員会から批准後の改革についての調査結果を受けたのであるが，改革が足
りないとの厳しい勧告を受けている。代行決定から意思決定支援へ早く移行す
るようにと厳しく指摘されている。意思決定支援を一部導入したぐらいでは，
国連の委員会は納得しないのである。2014年4月に公表された国連の委員会の
一般意見では代行決定をいっさい否定している。意思決定支援が原則で代行決
定は例外であるとの考え方からすれば，成年後見はラストリゾートであるべき
で，ベストリゾートのように利用促進を勧めることは権利擁護の観点から改め
られなければならない，これが世界の動向であり，パラダイム転換の意味であ
るが，国連の委員会は，ラストリゾートとしての代行決定も否定するのであ
る。「即刻その方向で改正せよ」こうした意見にすぐに対応できる国は，おそ
らくほとんど存在しないだろう。しかし，いずれにせよ日本の現状は世界の動

向とは共振していないのであるから，日本は韓国以上に厳しい勧告を受けることが懸念されるところである。

3　Life三層構造と意思決定支援の担い手

　日本の福祉職の中には，Lifeの3層構造という言葉がある。[20]Lifeには，「生活」と「人生」と「生命」の3つの意味がある。意思決定支援と言っても，このそれぞれで様相が異なると思われるが，これにそって意思決定支援を少し検討してみよう。[21]

　日常生活における意思決定支援は，直接の生活支援と大きく重複する。むしろ，この担い手は，福祉サービス従事者や，家族，友人など身近な人々と想定される。どこで何を食べるのか，どこへ出かけるのか，こうしたことの決定を支援するためには，ご本人の意向を確認することが中心になるが，重い知的障害の方々の場合には，写真や絵カードなどのさまざまな工夫は考案されている。iPadやスマートフォンなどの電子機器の利用も進みつつある。

　この領域では，基本的にご本人の意向を確認してそれに従った生活支援を行うということが中心になるが，場合によっては，ご本人の我慢を支援者が要求する場合がある。たとえば，金銭管理や体重管理である。これは一見すると本人意思を無視した支援のように見えるが実際には，大きなところで，ご本人がそうした管理が「自分にとって必要だ」との了解がなければ（つまりご本人の基本的な意思決定がなければ），うまく進まないし権利擁護支援にはならない。

　どこに誰と一緒に住むのか，ジェニーの事件ではこれが問題であった。胃ろうをつけるかどうかは，いささか生命の問題に近くなるが，いちおう人生設計の問題と考えられる。

　これらは生活支援の枠組みを維持するか変えるのか，この判断を伴うものであるから意思決定支援の担い手は，直接支援の従事者だけでは充分ではない。なぜなら，直接支援の担い手を変更することも含めて判断することになるからである。ここでは，直接の生活支援の担当者を超えて，ご本人の立場にたちきれる第三の意思決定支援者が必要である。胃ろうの例では，たまたま成年後見人が，その役割を担ったわけであるが，成年後見人である必要はかならずしもなくて，意思決定支援に習熟した権利擁護支援従事者であれば，それで良い。

240 第3部 紛争・交渉

日本の場合，相談支援事業者が念頭に置かれるが，日本の相談支援の現状は直接支援の事業者と相談支援事業者とが同じ法人や組織であることが多く，ご本人の立場にたった意思決定支援という側面から見て重大な懸念がある。この領域では，ご本人の意思を重視することが鉄則であり，代行決定は法的な手続と権限に従ったものに限られると言うべきである。

重大な手術の選択と同意，延命措置の適否などの終末医療，これらはすべて生命に関わる判断である。この判断の特徴は，決定したことが失敗に終わった場合に，再チャレンジができない点にある。したがって，意思決定支援も訓練を受けた専門職が担うべきであり，単純な代行決定は観念しづらい。決定結果につき責任と権限を持った共同決定者が必要である。共同決定も難しい場合は，裁判所などの制度的代行決定が必要であろう。わが国には，まだそうしたことについての議論が十分ではない。[22]

4　エンパワーメント

前述のように決定がプロセスを伴うものであり，人間存在は複雑多様であり，そうした人間が相互依存の中で生きているとの理解を前提にすると，エンパワーメントとは，ご本人が決定プロセスに主体的に係ることを支援することであり，相互依存関係の中でご本人が自己を喪失しないようにすることである。

そうだとすれば，意思決定支援にはいくつかのさらなる留意点が存在する。いくつか並べてみよう。

1）　意思決定支援は，自己決定を強制するものではない。

なんらかの情報を提供して，さあ決定しなさいと相手に迫るのは支援でもなんでもなく脅迫めいてくる。余裕をもって考えてもらう。ご本人がまだ決めたくないなら，決定しない自由は留保されるべきである。

2）　意思決定支援は，決定の結果が失敗に終わった場合の自己責任を追求するものではない。

たとえば1人暮らしを，高齢者や障害者が選択して，なかなか暮らしが困難な状態になったときに，それはご本人が選んだことであるとして支援を拒むことがあってはならない。また再検討・再決定を行い，支援を継続すれば良いだけである。

3）　支援者が望ましいと思う決定とは異なる決定を被支援者が行っても支援を打ち切る理由にならない。

「それを選択するのであれば，施設から出て行ってほしい」，これは支援ではなくて脅迫である。先の胃瘻の例ででてきた施設がその実例である。

4）　代行決定は，意思決定支援ができない場合のLast Resortである。

　ご本人のことは，ご本人が決めるのが原則であり，それを代行するのは，ご本人の意向が確認できない支援者側の力量不足である。意向が確認できない事態が，ありえないとは言わないが，それをご本人の能力の問題と捉えると支援は成り立たない。支援者側の能力の問題である。支援者側に意思決定支援の能力が尽きた時に限って，代行決定を考慮すべきである。したがって，意思決定支援を行うか否かは，被支援者の「能力の問題」とは関わりがない。被支援者が，ある問題（決定が必要であるとご本人が意識している問題）について，支援ができると支援者側が判断するかどうかの問題である。

Ⅳ──意思決定支援　いくつかの懸念

1　連絡会議の意味（隠れ功利主義を乗り越えるために）

　意思決定支援には，いろいろな立場の人がかかわることが必要である。それは，思い込みを防ぐという意味もあるが，同時に，その人の生活を24時間にわたって1人の人間が把握することはありえない現実と，（高齢者や障害者に特徴的であるが）ある人の思いを把握するためには24時間の生活を見ていく必要があるからである。

　そしてそれは実際に集まらないと意味が薄れる。障害者や高齢者のケース会議や連絡調整会議をやる場合，関係者で出席できない人が書類で報告する場合があるが，書類での報告は力が弱い。書類だと事前に気がついたことしか書かないし，それ以上の気づきが関係者に期待できない。ところが，関係者が現に集まってワイワイやることで，初めてご本人の様子がわかることが多いのである。家族はずっとご本人といっしょにいると思いこんでいるが，実際はそうではない。知っているのは家庭に帰った時だけである。日中活動でいっしょにいる人は別の人である。日中活動もいくつかのケースがあって，いくつかの施設がかかわっている。家でやっていることと外でやっていることは違う可能性がある。家でやっていることも外でやっていることも同じことをやっているのは，それなりの意味があるし，家でやっていることを外でやってないとなると，そこには何かの意味があることになる。

242　第3部　紛争・交渉

　日常的な細々した話であるが，おしっこする時にどうやるか，食べる時にどんな食べ方をするか。椅子に座っているかどうか。施設だったら椅子に座って食べるが，家では椅子に座って食べない，それは，家だとくつろいでいるからなのか，などなど，場所が異なると行動が異なることがある。それを詳細に検討することで，いろいろご本人の意思を検討できる。

　そういうことは集まらないと話せないし，報告書では気づけない。施設の人は施設のことだけで，家の中のことはわからない。いろいろな人がかかわって意見交換して「この人はこうなんだ，こういうことをやっていますよ」となって初めて「この人はこういうことをやっているのか」ということがわかる。「あそこだったらこういうことをやってない」となると，ではなぜ別の場所ではやるのか，そこではやらないのか，そこにご本人の意思の表明があるのではないか，それを受け止めて対応ができるのではないか，などなど支援の手段を膨らませる可能性がでてくることもある。そのためには，その人に24時間かかわっている人全員が集まらないといけない。かかわる人が一堂に会して初めて意思決定支援ができるのである。

　また，いろんな人が集まる意味は，集まった人の都合で方針を決めて，ご本人に押しつけるためのものではない。繰り返しになるが，ご本人の思いをそれぞれが確認するためにいろいろな人たちが集まるのである。たとえば，ある社会福祉士さんからこんな話を聞いたことがある。認知症の高齢者の方が10年ほど精神病院に入っていた。しかし，精神病に罹患しているわけではないので，薬の投薬も必要なく，実際に投薬も受けていない。それでも，その人は閉鎖病棟に入っていた。そこで成年後見人が現場にいって「この人をなぜここにおくの？」と病院とかけあって退院させた。その病院にはソーシャルワーカーがいる。退院する時，成年後見人に病院のそのソーシャルワーカーは「あなたは勝手に退院させてどうするんだ」と言ったという。しかし，ご本人は退院したがっているという意向を，成年後見人は確認していたのであるが，ソーシャルワーカーはご本人の意向を確認していなかった。では，なぜ閉鎖病棟に入っていたのか。周りの人たちがご本人抜きで必要のない閉鎖病棟入院を決めこんでいたのである。ここで「勝手に」というのは，ご本人の意向との関係ではなく，病院の意向との関係だけで述べられている発言なのである。この例のように，

ご本人の意向を確認しないソーシャルワーカーが現実にいて，そうした人が連絡調整をしても単なる談合の意味しかないのである。なぜ談合するのか。いうまでもなく支援者やまわりの家族にとって，それが一番支援し易いからである。ご本人さえ閉鎖病棟に入ってくれていれば，まわりの人間はみな幸せ。それで，最大多数の最大利益が達成されるのである。そのことを明示的に言う人達もいるかもしれないが，多くの場合は，それがご本人の利益になると言って，まわりの利益を隠すことがある。

　人里離れた入所施設や精神病院に高齢者や障害者を「隔離」して，そこで安心生活を享受してもらおうとする日本の社会福祉全体が，こうした功利主義的な観点を隠して設計・運営されている面があると入っても良いが，功利主義に加えられるメインの批判，つまり人間個人の尊厳を蔑ろにするという側面が当然にある。[23] では，どう防ぐか。ご本人の意思決定支援をきちんと行うことである。連携の会議にご本人に参加してもらう。たとえ話ができなくても，あるいは無駄な意見が多くても，ご本人を目の前においてだと，ご本人無視の隠れ功利主義的談合はできない。かりにご本人の参加が望めない場合でも，集まった人たちは，自分たちの都合を調整するために集まっているのではなく，ご本人の意思（あるいは思い）を確認するために集まっているという緊張感をもっていることが必要である。支援者全員がその自覚があることが望ましいが，それも難しい場合が多いであろうから，会議の中にそうしたことに留意のできるアドバイザー（これがアドボケートである）がいることは必須であろう。

2　人生設計は強要できない（意思決定しない自由もある）

　意思決定支援の中に意思形成支援という言葉をいれるかどうか，本稿では誤解をまねくので否定的に書いているが，しかし，こうした言葉を使わないまでも，前述のように北野はエンパワーを支援内容に含め，石川は行為主体性をはじめとする各種自律概念を支援内容に含めている。いずれも主体性の形成を支援内容に取り込んでいるわけである。通常は，そうした支援の実施に大きな異論はないであろう。

　しかし，世の中には，主体性の形成，自己の意思の形成などという観念とは相容れないような人もいる。そうした人に，主体性をもってもらうように支援

244　第3部　紛争・交渉

をすることが常に妥当であろうか。

　たとえば，こんな例がある。学歴は高く良い勤め先にも恵まれていたが，中年期に躁うつ病を発症し，勤め先は退職，家族（妻と2人の子ども）とも別れて精神病院の入退院を繰り返していた人が，自宅と金銭管理ができないために支援者がついたが，退職金は1か月で使い果たす，社会学の本を買いまくる，嘘をついてお金を要求するなどの行動を示していた。この人は，落ち着いているときは，自分の行動に自覚があるが，調子が悪くなると，頻回の電話をかけ，コンビニのものを盗む，図書館の本を盗む，などの触法行為を行い，台風の日にデートに出かける，裸で走り回る，自殺企図等の行動を起こすなど，トラブル続きである。支援者は，それぞれの行動に対処し，コンビニには謝りに行く，タクシーで帰るよう促すなどし，金銭管理も週2・3回の手渡しを継続し，ウソを付いての金銭要求は「騙される」ことでお金を渡すという支援をしていた。

　このケースの場合，まわりの関係者の中に「今後，どうしたいのか」と，いわば主体的な自己形成を促すような支援を試みた人がいたが，うまく支援できなかった（関係が悪化した）。ご本人的には自己人生の形成などとは無関係な生活を営んでいて，そのことでは何も困っていないのである。関係を継続できた支援者は，自殺願望や触法行為などのたびに，それが問題化するのを防ぐ支援を行うと同時に，あとはご本人の個別偶発的な行動への対処（これを意思決定支援と言えばいえるかもしれないが，ウソをついてカネを無心する決定や，コンビニに盗みに入る決定を意思決定とは呼ばないだろうし，ましてや，コンビニに謝りにいくことを意思決定支援とは呼ばないだろう），入院（癌疾患を患っていた）にむけての意思決定支援，生活面でのヘルパーの利用支援などを行っていた。つまりは，大きな人生設計や自律などは放置状態においたままの支援である。ここでは自己形成支援は行われていないのであるが，それがご本人にとって過ごしやすい支援であったと評価できる。ではなぜ，ご本人が過ごしやすいのか。繰り返しになるが，自己形成などしなくても，困らないからである。少なくともご本人は，そう思っている。同じような事態は，ゴミ屋敷の高齢者でも経験すると聞いたことがある。決まりきったマニュアル的な支援では，意思決定支援はできないことを示している好例と思われる。

V──おわりに

　意思決定支援は，権利なのだろうか，それともそれ以外のもの，たとえばケアなのだろうか。あるいは権利とケアの両方にまたがるものであろうか。本書の編者から頂戴した当初テーマによれば，そこまで議論しなくてはならないようである。また，仮に権利性があるとして，では，その実現や救済はどう考えるとよいのだろうか。かりにケアの領域の話だとすれば，その実現はどうあるべきであろうか。

　ケアの議論は，周知のようにメイヤロフに始まる盛んな蓄積があり，とくにギリガン以降の正義とケアの２つの倫理をめぐる議論は，多くの研究がある。しかし，本稿を執筆する過程で一瞥した限りでは，センやヌスバウムの正義論はケアの議論との接点を持たない。彼・彼女たちの正義論が人間発達（開発），つまりメイヤロフ流に言えば成長概念であるが，それを中心に据えているにもかかわらず，相互に没交渉である。それはなぜなのか，いまのところ充分に整理できていない。

　また，権利性があるにせよ，ケアの世界の問題であるにせよ，その実現に向けての手段をどのように考えるのか。イエーリング流の権利のための闘争を考えるのか，ハーバード流交渉術のような戦略か，あるいは和田教授が医療メディエーションで打ち立てておられる手法を駆使するのか，あるいはまったく別の観点から整理するのか，このあたりも講演や授業などでは，少しずつ話をしているのであるが，今回の原稿には間に合わない。結局は，あちこちで話したり書いたりしていることの焼き直しに過ぎなくなったが，和田教授も還暦を迎えてなお元気なようすであられるようなので，少しだけ年上の私もまだまだ知的探求の旅をやめないことを誓って，筆を置くとしよう。

【注】

1）　権利擁護という言葉は，Advocacyに対応する日本語であるが，これを「権利擁護」と訳し始めたのは1990年代以降である。おそらく当時の政策目標であった社会福祉の基礎構造改革と関係があったものと思われるが詳細は不明である。しかし，どのような意図があって「権利擁護」

246 第3部 紛争・交渉

の訳語が与えられたとしても，それは「権利」の「擁護」に留まる活動ではない。巷間において
そのような誤解が時折見られるが，「権利」に限定して理解する見方は特殊日本的であると言っ
て良い。アドボカシーの理解については，次の2書がまとまっている。ベイトマン（1998），小
西（2007）。

　　筆者は，年齢・社会的属性・障害など，理由は様々であるにせよ，何らかの事情によって自
分の思いや意見を他の人に伝えたり主張したりすることができず（あるいは伝え方が弱く），そ
のために社会生活を営む上で困難を抱えている人たちの声を，人や社会に伝える活動を権利擁
護と理解している。代弁活動が多いであろうが，その究極の姿は，ご本人が自分で伝えること
ができるようにする支援活動であり，セルフアドボカシーと呼ばれている。意思決定支援もそ
うした活動の一つとなる。なお，筆者のこの理解については，佐藤（2013）99-112頁ですでに
述べている。

2）　認知症の方にもその人なりの意思があり，その人らしい生活と人生が確保されるべきである
と説いたのは，キットウッド（2005）である。とくに236頁〔原著136頁〕にある新しい文化と古
い文化の対比は，パラダイム転換をビジュアルに概観している。

3）　障害者権利条約12条と成年後見制度の関連については，我が国でも多数の文献が登場してい
るが，本稿との関係では次の3つを挙げておく。上山（2012）34頁，同（2014）42頁，川島（2014）
71頁）。とくに，上山（2014）は，障害者が民事上の法的問題でどのような扱いを受けているか
を丁寧に説明しており，権利擁護従事者にとっては格好の学習素材である。

4）　http://inclusion-international.org/supported-decision-making-dialogue-guide/

5）　http://inclusion-international.org/independent-alone/
　　なお，この冊子の日本語訳が次のサイトに掲載されている。
　　http://www.dinf.ne.jp/doc/japanese/intl/un/independent-alone/index.html

6）　Jenny Hatchに関する裁判資料を含む情報は次のサイトにある。
　　http://jennyhatchjusticeproject.org/

7）　意思決定支援と代行決定の区別については，明確に現実場面で区別ができない側面もある。
しかし，だからといってこの区別をしなくてよいというものではない。本文で述べたことは整
理のための理念型を示したものである。少なくとも自己決定と代行決定は明確に区別されるべ
きである。なお自己決定を憲法上の自己人生創造希求権として位置づける見解が，竹中（2010）
である。

8）　Informed ConsentとShared Decision Makingについては手島（2007）188-213頁を参照。

9）　プロセスモデルとイベントモデルについては，アッペルバウム・マイセル・リッズ（1994），
とくに169頁以下を参照。

10）　リッチモンド（1991）73頁以下の第5章のタイトルが人間と相互依存であり，内容的にはほ
ぼ本文に述べたことと同旨である。この本の原著は1922年の出版である。より古くは，アリス
トテレスがニコマコス倫理学第9巻9章において「人間は社会的な生き物であり自然本姓に
よって他者と共に生きる性向にある」と述べている（高田〔2012〕136頁，ただし訳は後述のヌ
スバウムによる）。新アリストテレス主義を提唱してロールズの正義論を批判的に継承するヌ
スバウムは，人間の相互依存を基本的前提にしている（2012：103，104）。

11）　ジョン・スチュアート・ミルの侵害原理の議論に際して，他者の介入が他者への侵害ゆえに
行われるのではなく，本人の利益のために他者が介入する場合のことをパターナリズムと呼
ぶ。自己決定を否定する論調になるが，社会的にはそのような現象は沢山ある。学問的な蓄積

も多数に上るが具体的な事例を通して哲学的，法学的に深みのある説明をしたわが国の名著として山田（1987）がある。また，中村（2007）が詳細な検討を行っている。とくに同書229頁以下の「侵害原理，モラリズム，パターナリズムと自律」，および249頁以下の「自律論の検討」を参照。また最近の労作として竹中（2010）も第４章において自己加害阻止原理として考察している。

12）セン（2011）414頁では，自律概念は登場せず，変わって主体性（Agency）に焦点が当てられている。センを継承していると思われるヌスバウムは（2012）104頁で主体性を人格の中心におき，それは，人間の動物的な側面をも視野に入れる点で従来の社会契約説的な主体とは異なるものだと強調している。ケイパビリティアプローチでは，自律概念から乖離する傾向があると見てよい。

13）自己決定と誘導との間の中間的な概念としてのNudge"（ナッジ）を中心に考察をする興味深い論考として石川（2013）42頁がある。

14）北野（2015）164p以下

15）石川（2009）5頁以下，とくに10-12頁。

16）権利擁護の３つの要素については拙稿「権利擁護実践における福祉職と法律職の連携について」前掲注１）を参照されたい。

17）森田（1998）111-140頁，とくに124頁。

18）山本（2004）165-196頁。

19）イギリスの制度については，菅（2010）が著名である。イギリスはその後，2014年にCare Actを施行しており制度をさらに変革している。

20）田中（2008）15頁。本書は2014年に第２版が出版されているが，３層構造の指摘は変わっていない。

21）３層構造と意思決定支援との関連を整理したのは石川時子が2014年に医療社会福祉士学会における講演である（2015：31-37）。本稿も，これに示唆を受けている。

22）厚労省は平成19年に終末期医療の決定プロセスに関するガイドラインを作成し公表しているが，平成26年にこれを改正し「患者の意思を尊重した人生の最終段階における医療体制について」とタイトルを変えたものを公表している。

http://www.mhlw.go.jp/stf/seisakunitsuite/bunya/kenkou_iryou/iryou/saisyu_iryou/index.html

23）功利主義に対する批判は，ロールズもセンもヌスバウムも行っているが，比較的，簡単に参照できるものとして，川本（1995）20頁。

24）この例は，日本福祉大の権利擁護研究センターが2015年３月に行ったフォーカスグループインタビュー調査で，使用された実際の支援例である。事例と分析の詳細は，本年中に公表される予定である。

【参照文献】

アッペルバウム，P. S.／マイセル，A.／リッズ，C. W.（1994）『インフォームドコンセント──臨床の現場での法律と倫理』文光堂

アリストテレス（2012）（高田三郎訳）『ニコマコス倫理学（下）』岩波文庫

石川時子（2009）「能力としての自律」福祉社会学50巻２号

248 第3部 紛争・交渉

――（2013）「社会福祉における『誘導』とリバタリアン・パターナリズムの近似性」『社会福祉』53号，日本女子大学

――（2015）「自己決定の重層性とその支援」医療社会福祉研究22巻23号

上山泰（2012）「障害のある人の権利に関する条約からみた成年後見制度の課題」自由と正義2012年12月号

――（2014）「障害者権利条約の視点からみた民法上の障害者の位置づけ」論究ジュリスト8号

川島聡（2014）「障害者権利条約12条に関する一考察」実践成年後見51号

川本隆史（1995）『現代倫理学の冒険』創文社

北野誠一（2015）『ケアからエンパワーメント』ミネルヴァ書房

キットウッド，トム（2005）『認知症のパーソンセンタードケア――新しいケアの文化へ』筒井書房（Kitwood, Tom（1997）Dementia Reconsidered: the Person Comes First.）

小西加保留（2007）『ソーシャルワークにおけるアドボカシー――HIV/AIDS患者支援と環境アセスメントの視点から』ミネルヴァ書房

佐藤彰一（2013）「権利擁護実践における福祉職と法律職の連携について」国際高等研究所　研究プロジェクト報告書「法と倫理のコラボレーション――活気ある社会への規範形成」研究代表者：服部高宏（2013年3月）

菅富美枝（2010）『イギリス成年後見制度にみる自律支援の法理』ミネルヴァ書房

セン，アマルティア（2011）『正義のアイディア』明石書店

竹中勲（2010）『憲法上の自己決定』成文堂

田中千枝子（2008）『保健医療ソーシャルワーク論』勁草書房

手島豊（2007）「医療をめぐる意思決定と法」樫村志郎編『規整と自律』法動態学叢書水平的秩序第3巻，法律文化社

中村直美（2007）『パターナリズムの研究』成文堂

ヌスバウム，マーサ（2012）『正義のフロンティア』法政大学出版局

ベイトマン，N.（1998）『アドボカシーの理論と実際』八千代出版

森田修（1998）『民法典と個別政策立法――〈支援された自律〉の概念によるエスキース』岩波講座現代の法第4巻

山田卓生（1987）『私事と自己決定』日本評論社

山本顯治（2004）「非援助の支援と民事法学」和田仁孝・樫村志郎・阿部昌樹編『法社会学の可能性』法律文化社

リッチモンド，メアリー（1991）（小松源助訳）『ソーシャル・ケース・ワークとは何か』中央法規出版

契約改訂合意の拘束力と公正感——覚え書き

山本顯治

Ⅰ——はじめに

　契約締結後の事情の変動により履行コストが上昇し，当初契約の条件通りに履行したのでは損失が発生するため，売主が価格の改訂を要求するという事態は，契約実務において広く見出される。価格改訂を巡るこの再交渉において，時に売主は交渉力を強化するために，価格改訂が合意されないのであれば債務不履行も辞さないとの威嚇を用いる場合がある。もっとも，再交渉における債務不履行の威嚇は，履行コストの上昇という売主のやむにやまれぬ事情を原因とする場合もあるが，買主が当初契約にロック・インされているという状況を利用し，価格をつり上げるためのbluffとして機会主義的に用いられる場合もある。さらに，再交渉により改訂合意が成立したとしても，その後，当該改訂合意は不履行の威嚇のもとに締結されたものであり，その拘束力は否定されるべきとの主張が買主の側からなされることも多い。このように，価格改訂を目指した再交渉をめぐっては，売主による不履行の威嚇がやむにやまれぬものと言えるのか，それとも機会主義的行動に由来する単なるbluffにすぎないものなのかという問題があり，また，再交渉の結果成立した改訂合意についていかなる場合に拘束力を肯定し，いかなる場合に否定するのか，その判断基準はなにかという問題が存する。

　本稿は，再交渉の結果成立した改訂合意の拘束力という問題につき，判例・立法・学際的理論の蓄積が見られる米国契約法理をとりあげる。米国においては，不履行の威嚇を伴って締結された改訂合意は，それが「強迫（duress）」に基づくものであるときには拘束力が否定されるとする見解がこれまで有力であった。もっとも，強迫法理で扱うことの妥当性については長年にわたる議論

が存しており，改訂合意の拘束力に関する判例の立場にも変遷が見られる。また，理論研究においても，近時いわゆる法の経済分析の立場から新しい論稿が相次いで公表されている。

　本稿は，理論研究の一例としてOren Bar-GillとOmri Ben-Shaharの手になる一連の論稿を概観し，今後の展開のための予備的検討を行う。Bar-Gill & Ben-Shaharは，従来の強迫を主軸とした改訂法理を批判し，不履行の威嚇を伴った再交渉の評価方法，および成立した改訂合意の拘束力について経済モデルを提示しつつ，売主の視点に立った基準が合理的であると主張する。さらに，売主が不履行の威嚇を用いてまで価格改訂を要求するのは，履行コストの上昇による損失の発生という金額ベースの利得計算にとどまらず，契約締結時点において予見できなかった履行コスト上昇分の契約当事者への分配方法・負担割合に関する公正感にも由来しているとし，契約当事者の公正感に着眼することの重要性を主張している。後者の点は，近時の「法と行動経済学 (behavioral law & economics)」の動向に代表される，法と経済学理論への心理学的知見の導入の試みと歩調を同じくするものである。

II──再交渉における不履行の威嚇の信憑性

1　改訂合意の拘束力に関する2つの視点

　"pre-existing duty rule" に基づき約因が欠缺することを理由として契約改定合意の拘束力を否定してきたかつての米国契約改訂法理は現在克服されつつある[2]。たとえば，U.C.C.§2-209(1)は，（ARTICLE 2-SALESに該当する）「契約の改訂合意に拘束力を認めるためには約因を要しない」と規定するに至っており[3]，学説においてもU.C.C.の立場は支持されている (e.g., Farnsworth 2004 : 272)。判例においても，改訂要求が「信義 (good faith)」に基づくものであり，変化した事情のもとで「公正かつ衡平 (fair and equitable)」になされたものであるかどうかという実質的観点が重視されるに至っている。

　判例には，不履行を威嚇しつつ契約改訂を要求する当事者に焦点を当て，履行コストの上昇といった「予期できない事情の変化 (unanticipated change in the circumstances)」が改訂要求をなす当事者において存していたか否か，つまり，

売主の改訂要求に正当な理由があるか否かを問うものもあるが，判例の主流は改訂を要求された当事者に焦点を当て，「強迫」法理をもって対処しようとする。つまり，改訂を要求された当事者にとって，契約が違反された場合の「救済方法が不十分」であり，「代替的取引の可能性が存しなかった」ときには，当該改訂合意は強迫に該当し取消可能とする。

　学説は多様であり，たとえば，Fried（1981：95, 99）はNozickの提示した事例を検討しつつ，相手方の「権利」を侵害する威嚇により取得された約束は道徳的な力を持たず，法的な意味での強迫に該当するのはかかる威嚇であるとする。また，Trebilcock（1993：96, 101）は，強迫を「状況的独占（situational monopoly）」の問題と捉える。状況的独占とは，契約当事者を取り巻く偶然的環境が原因となり，社会的に価値なきものと交換に価値あるものを機会主義的に相手方から搾取することができるような独占力，あるいは，競争市場において確立した交換価値から大幅に乖離したものを相手方に支払わせることができるような独占力を一方当事者が行使する状況を言い，かかる独占力が行使された結果成立した合意は拘束力を有さないとする。さらに，Aivazianら（1984：197, 200, 211）は，改訂時点における両当事者の効用を改訂合意が増大させるかどうかという観点と，改訂合意に拘束力を認めた場合に発生するモラル・ハザードや取引費用増大という観点を比較し，前者が後者を上回る場合にのみ改訂合意に拘束力を認めるべきとする。

　これらの見解に対し，Bar-Gill & Ben-Shaharは，効率性の観点からは改訂を要求する当事者における要因のみを基準とすべきとし，改訂要求をなす当事者による契約違反の威嚇が「信憑性（credibility）」を有するかどうかが改訂合意の拘束力についての唯一の判断基準であるとする。Bar-Gill & Ben-Shaharが検討する問題は多岐に亘るが，紙幅の関係から，以下では「改訂合意の拘束力の判断基準」，および，「再交渉における公正感が改訂合意に与える影響」という２点に絞って概要を紹介し，検討を加えるものとする。

2　非対称情報下での改訂合意の拘束力の条件

(1)　基本条件　　Bar-Gill & Ben-Shaharは，合理的な契約当事者を仮定し，かかる仮定の下で再交渉における不履行の威嚇と改訂合意の拘束力についての

252 第3部 紛争・交渉

評価基準をモデルを用いて明らかにする。基本条件は以下の通りである（Bar-Gill & Ben-Shahar 2002：15, 2004：394, 2005：480）。

（ⅰ）時間0では，ある財につき売主と買主が価格p_1で売買契約を締結する。買主にとっての財の価値をvとし，売主にとっての契約締結時点における財の履行コストをc_1とする。その後，予期せぬ事情の変動が生じ，売主にとっての履行コストがc_2に上昇する可能性があるとする（$0<c_1<c_2$）。また$c_2<v$と仮定し，[7] 契約締結後に売主の履行コストがc_2に上昇する確率をπとする（$0<\pi<1$）。売主・買主ともに確率πの値は知っているが，買主は実際に履行コストが上昇したか否かを知らないとする（履行コストについて情報の非対称性を仮定する）。

（ⅱ）時間1では，売主は買主に対し契約条件（契約価格p_1）の改訂を目的として再交渉を要求する。再交渉が成功すると当事者は新たな価格p_2につき合意する（$0<p_1<p_2$）。この際，買主は売主の提案した改訂価格に同意するか否かの選択肢しか有さないと仮定する。

（ⅲ）時間2では，売主は，当初契約ないし改訂された合意に基づき履行をなすか，あるいは，不履行し損害賠償を支払うかを決定する。

（ⅳ）時間3では，買主が売主に対し訴訟を提起する。この場合，時間1で改訂合意が成立していたならば，買主はその取消しを求め，これに対し売主は改訂合意の履行を求める。時間1で改訂合意が成立せず，かつ，売主が時間2で不履行を選択した場合，買主は履行利益賠償d（$=v-p_1$）を訴求するとする。[8] ただし，裁判所により認められる賠償額は履行利益賠償から乖離する可能性があるので，売主の予測する履行利益賠償をD_S（>0）とし，買主の予測する履行利益賠償をD_B（>0）とする（Bar-Gill & Ben-Shahar 2002：8, 2004：396）。また，D_S・D_Bにつき売主・買主間の情報の非対称性を仮定する。[9]

(2) **信憑性条件**（credibility condition）　以上の条件のもとで，まず改訂合意が時間1で不成立となった場合の売主の意思決定について見る。改訂合意不成立の場合，売主は時間2で不履行をなすか，当初合意通りに履行をなすかの選択を迫られる。履行を選択すれば売主の利得はp_1-c_2と表される。不履行を選択すれば損害賠償を支払わねばならないので，売主の利得は$-D_S$となる。ここで，$p_1-c_2<-D_S$であれば，合理的な売主は不履行を選択する。つまり，時

間1で改訂合意が成立しなかった場合，売主が不履行を選択するときの条件は以下のようになる（Bar-Gill & Ben-Shahar 2002：15, 2004：396, 2005：481）。

$$c_2 - p_1 > D_S \tag{1}$$

　式(1)が満たされるならば，売主にとっては不履行の方が履行よりも有利となるのであるから，改訂合意が成立しなければ売主は必ず不履行を選択する[10]。よって，再交渉における売主の不履行の威嚇には「信憑性（credible）」がある[11]。そこで，Bar-Gill & Ben-Shahar は，式(1)を「信憑性条件（credibility condition）」と呼ぶ[12]。

　さらに，売主にとって受入可能な改訂価格増額分を求めると，改訂価格 p_2 は不履行をなし損害賠償 D_S を支払うよりも，履行をなし $p_2 - c_2$ の利得を得る方が売主にとり有利となるものでなければならないため $p_2 - c_2 > -D_S$ が成立せねばならない。ここに式(1)を併せ考えると，$p_1 < c_2 - D_S < p_2$ が得られ，各辺から p_1 を引くと以下が得られる。

$$c_2 - p_1 - D_S < p_2 - p_1 \tag{2}$$

　この意味するところは，売主にとって受入可能な価格増額分 $p_2 - p_1$ は，最低でも式(2)を満たさねばならないということである。

　次に，時間1における買主の意思決定について見る。売主と買主の間には履行コストにつき情報の非対称性が存し，買主は売主の履行コスト c_2 の実際の値を知ることはできなかった[13]。よって，買主は不履行の威嚇を伴った売主の価格改訂要求が式(1)を満たすかどうか，つまり，不履行の威嚇が「信憑性ある」ものか，それとも売主の威嚇が機会主義的な bluff なのかを区別することができない。もっとも，買主は売主が不履行をなした場合に，履行利益賠償（$d = v - p_1$）を得る権利があることは知っている。この場合，裁判所により認められる賠償額は履行利益賠償から乖離する可能性があるので，基本条件において設定したように，買主の予想する期待賠償額を D_B（> 0）とする。

　このとき，改訂を拒絶し売主が不履行を選択した場合，少なくとも期待損害賠償 D_B を得ることができると買主は考えるため，価格改訂後の利得 $v - p_2$ が期待損害賠償 D_B を上回ると考えるのでなければ買主は改訂に合意しない。

254　第3部　紛争・交渉

よって，買主が価格改訂に合意するためには以下の条件が満たされる必要がある。[14]

$$D_B < v - p_2 \qquad (3)$$

さらに，買主にとって受入可能な改訂価格増額分を求めると，式(3)の両辺からp_1を引いて変形するならば以下が得られる。

$$v - p_1 - D_B > p_2 - p_1 \qquad (4)$$

この意味するところは，買主にとって受入可能な価格増額分$p_2 - p_1$は$v - p_1 - D_B$（履行利益賠償から期待損害賠償を引いた額）を下回るということである。

このとき，売主にとって受入可能な改訂価格増額分を表す式(2)と買主にとって受入可能な改訂価格増額分を表す式(4)を併せると，$c_2 - p_1 - D_S < v - p_1 - D_B$が得られるから，これを変形すると以下の条件が得られる。

$$v - c_2 > D_B - D_S \qquad (5)$$

上式は，売主と買主の間に価格改訂の余地があるための条件であり，Bar-Gill & Ben-Shaharは式(5)を「改訂範囲存在条件（"existence of a modification range" condition)」と呼ぶ（Bar-Gill & Ben-Shahar 2002：10, 15, 2004：398)。

3　非対称情報下のルールと裁判所の役割

(1)　対称情報下の合理的ルール　　仮に，契約当事者間，および裁判所との間に情報の非対称性が存しない場合，つまり，両当事者および裁判所が履行コストや期待損害賠償についての情報を有する場合には，裁判所は成立した改訂合意に拘束力を認めさえすれば効率的結果が得られる。改訂合意は，上に見た式(1)，式(3)，および式(5)が満たされるときにのみ成立するからである。[15]

まず，売主が履行コストがc_1であるのに機会主義的に改訂要求をなしたとしても，履行コストがc_1のままであることを知っている買主は，改訂要求を拒絶しても売主が履行することを知っているため，改訂要求に合意することはない。[16]また，仮に改訂合意が成立したとしても，式(1)が満たされていない以上，時間3において改訂合意の拘束力は裁判所により否定される。よって，履行コ

ストがc_1のままであるときには，そもそも売主は機会主義的改訂要求をなすことはなく，当初契約条件のまま履行が実現する。基本条件より$v > c_1$であるから，この結果は効率的である。

次に，履行コストがc_2に上昇したが，式(1)は満たされない場合，対称情報を仮定するから，買主は式(1)が満たされないことを知っている。よって，買主は売主の改訂要求を拒絶し，式(1)が満たされない以上，売主は履行を行う。売主も買主が改訂要求を拒絶すると知っているため，そもそも改訂要求をなすことはない。結局，当初契約条件のまま履行が実現し，基本条件より$v > c_2$であるから，この結果は効率的である。

最後に，履行コストがc_2に上昇し，式(1)が満たされる場合，売主の不履行の威嚇には信憑性がある。このことを知っている買主は，式(3)および式(5)が満たされるならば，価格改訂に合意する。売主も，式(1)を満たす改訂要求をなし，これに買主が合意したなら式(3)および式(5)も満たされることを知っているため，当該改訂合意には裁判所により拘束力が認められることを知っている。この結果，改訂価格p_2につき合意が成立し，契約は改訂価格p_2で履行される。基本条件より$v > c_2$であるから，この結果は効率的である[17]。

以上のように，契約当事者間に情報の非対称性が存しないという仮定の下では，裁判所は改訂合意に端的に拘束力を認めればよいことがわかる。あるいは，裁判所はせいぜい式(1)に着眼して改訂合意の拘束力を判断すれば足りる。つまり，改訂合意の拘束力判断にあたっては，売主の不履行の威嚇に信憑性があるかどうかという売主の事情にのみ着眼して判断すればよい。買主が不十分な救済方法しか有していなかったという判断要因を表す式(3)や両当事者間に改訂余地があったかどうかを表す式(5)は，両当事者間に改訂合意が成立したことを以て充足されるため，裁判所は式(3)や式(5)について特段の判断をなす必要はない（Bar-Gill & Ben-Shahar 2002：12, 14）。

しかしながら，両当事者間に情報の非対称性が存する場合，上記のような自発的契約改訂メカニズムは必ずしも機能しない。上記のメカニズムが機能するためには，再交渉における売主の不履行の威嚇が信憑性あるものか否かを買主（および裁判所）が知っている必要がある。しかし，売主の履行コストc_i $(i = 1, 2)$ や期待損害賠償について情報の非対称性が存する以上，買主は売主の威嚇が式

256　第3部　紛争・交渉

(1)を満たすものかどうか判断することができない。その結果，以下に見るように，不履行の威嚇に信憑性があるにもかかわらず改訂要求を拒絶したり，機会主義的な改訂要求に応じるというケースが生じる。前者の場合，$v > c_2$であるにもかかわらず不履行がなされることになり，社会的に見て非効率な結果が生ずる。そこで，情報の非対称性ある場合にはいかなるルールが合理的か，また，裁判所のいかなる関与が必要となるかが問題となる。

(2)　**非対称情報下の合理的ルール**　　Bar-Gill & Ben-Shaharは，改訂合意の拘束力に関しこれまで主に論じられてきたルールとして，A.（約因欠缺等を理由として）常に拘束力を否定するルール，B. 改訂を要求された当事者の事情に重点を置く強迫ルール，C. 合意が成立した以上，常に拘束力を肯定するルール，D. 改訂を要求する当事者の事情に重点を置く「事情変更（changed circumstances）」ルールを検討する。

　　A　拘束力否定ルール　　まず，改訂合意の拘束力を否定するルールの下では，売主は拘束力が否定されることを見越し，そもそも改訂を求めることはない。売主は式(1)が成立するならば直ちに不履行を選択する[18]。よって，拘束力否定ルールは，効率的な改訂合意の成立を阻害するという意味において合理的なルールではない（Bar-Gill & Ben-Shahar 2002：16, 21）。

　　B　強迫ルール　　次に，強迫ルールは，改訂を要求された側の当事者にとり契約違反の「救済方法が不十分」であり，「代替的取引の可能性が存しなかった」とき，改訂合意の拘束力を否定する。ところで，強迫ルールは式(3)により表現されている。$D_B < v - p_2$からは$D_B < v - p_1$が導かれ，これは，買主が不履行の際に過少賠償しか得られないと考えていることを意味し，不履行がなされれば不十分な救済方法しか得られないと買主が考えていることを式(3)は表現しているからである（Bar-Gill & Ben-Shahar 2002：16）。このとき，買主は式(3)が満たされるときのみ改訂に合意することはすでに見たとおりであるから，改訂合意が成立したことそれ自体が式(3)の充足を基礎付け，強迫の成立を基礎付ける。つまり，強迫ルールの下では，改訂合意の拘束力は原則否定されることになる（このような結果は情報の非対称性の有無にはかかわらない）。このように強迫ルールは，両当事者の厚生を増大させる改訂合意の拘束力をも否定するものであり，合理的ではない（Bar-Gill & Ben-Shahar 2002：13, 16, 21, 36）。

C 常時拘束力肯定ルール 原則として改訂合意の拘束力を肯定するルールの下では，情報の非対称性が大きな意味を持つ。買主は売主のコストについての情報を有さないため，売主による不履行の威嚇の信憑性を判断できない。この場合，買主は不履行の威嚇に信憑性があるにもかかわらず改訂要求を拒絶したり，あるいは，bluffとして不履行の威嚇をなしたに過ぎない売主（履行コストが上昇していないが機会主義的に改訂要求をなした売主）に対しても改訂に応じるというケースが生じる（Bar-Gill & Ben-Shahar 2002：16）。

買主が改訂を拒絶する場合，基本条件より確率$1-\pi$で履行コストはc_1のままとなり，このとき価格改訂が実現しなくとも売主は履行するから，買主は$v-p_1$の利得を得る。他方，確率πで履行コストはc_2に上昇するから，このとき売主は履行拒絶し，買主は期待損害賠償D_Bを得る。よって改訂を拒絶する場合の買主の期待利得は以下のようになる。

$$(1-\pi)(v-p_1)+\pi D_B \tag{6}$$

他方，買主が改訂に合意する場合，上記に見た式(2)により，最低でも$c_2-p_1-D_S$の価格増額がなされなければ売主は履行しない。よって，改訂に合意し売主による履行を得る場合の買主の期待利得は以下のようになる。

$$v-p_1-(c_2-p_1-D_S)=v-c_2+D_S \tag{7}$$

改訂に合意したときの買主の期待利得を表す式(7)が，改訂を拒絶した場合の期待利得を表す式(6)を上回るときのみ買主は改訂に合意するから，買主が改訂に合意する条件は以下のようになる。[19]

$$v-c_2+D_S>(1-\pi)(v-p_1)+\pi D_B \tag{8}$$

常時拘束力肯定ルールの下で買主が改訂に応ずるための式(8)は，式(5)よりも充足の難しい条件である（Bar-Gill & Ben-Shahar 2002：18）。なぜなら，式(5)を導く際に利用した式(2)および式(4)より$v-p_1-D_B>c_2-p_1-D_S$が導かれ，変形すると$v-p_1-(c_2-p_1-D_S)>D_B$が得られる。他方，式(8)を変形すると$v-p_1-(c_2-p_1-D_S)>\pi D_B+(1-\pi)(v-p_1)$が得られる。両式を比較すると，$v-p_1>D_B$であったから，式(8)は式(5)に比べより厳しい条件であるこ

258　第3部　紛争・交渉

とがわかる。

　以上から，常時拘束力肯定ルールは，bluffとして不履行の威嚇をなしているにすぎない売主に対しても改訂要求に応じる結果を生むこと，また，改訂要求に応ずることが効率的結果となる場合であるにもかかわらず買主が改訂に応じないという結果を生む点において，合理的ではない (Bar-Gill & Ben-Shahar 2002 : 21)。

　D　事情変更ルール　　売主側において予期せぬ履行コスト上昇が生じたという事情変更ルールの下では，売主側において予期せぬ履行コストの上昇があるかどうかが改訂合意の拘束力の判断基準となる。[20] 式(1)は，履行コストが上昇し不履行をなす方が売主にとり利得が大きくなる場合を表しており，事情変更ルールは式(1)に表現されている (Bar-Gill & Ben-Shahar 2002 : 14, 18)。この場合，裁判所が式(1)充足の有無につき検証できると仮定するならば，式(1)を満たさない状況でなされた改訂要求は (つまり，履行コストが締約時のc_1に止まっている場合)，裁判所により拘束力を否定されるため，これを見越した売主はかかる機会主義的改訂要求をなすことはない。他方，買主が改訂に合意した場合には，式(3)，式(5)は満たされている。結局，裁判所が式(1)の有無を検証できるという仮定の下では，情報の非対称性の有無にかかわらず，裁判所は成立した改訂合意に拘束力を原則的に肯定すれば効率的結果が得られる。

4　小括

　以上，Bar-Gill & Ben-Shahar論文によれば，改訂合意の拘束力に関しこれまで論じられてきた4つのルールの内，効率性の観点から事情変更ルールが最も望ましいことが示された。上記の検討は，非対称情報を仮定しつつ，裁判所は式(1)について検証をなすことができ，かつ，契約改訂をめぐる再交渉において買主に一方的な交渉力を認めるという条件付きのものであった。かかる条件の下では，改訂要求をなす売主側の事情に改訂合意の拘束力の判断基準を見出す事情変更ルールは，機会主義的改訂要求を抑制する一方，不履行の威嚇に信憑性があり改訂要求を拒絶すれば非効率な不履行が惹起されるという場合に改訂合意が不成立となる事態を回避できるという点において，他のルールよりも優れているのであった。

もっとも，裁判所が式(1)の検証についてエラーを犯す可能性がある場合，および，当事者間の交渉力に格差がある場合の検討は引き続き重要であり，Bar-Gill & Ben-Shaharはいずれの問題についても検討を行っている。結論的には，裁判所のエラーをモデルに組み入れても，なお事情変更ルールが他のルールに優れていることは変わらず (Bar-Gill & Ben-Shahar 2002：42, 45)，交渉力格差をモデルに組み入れても，その影響は改訂合意の拘束力判断や効率性には影響がなく，ただ当事者間での余剰分配（改訂価格）に影響が及ぶに過ぎないことが証明されている (Bar-Gill & Ben-Shahar 2002：45, 47, 2004：402)。

III──再交渉における公正感

1　実験経済学の知見

Bar-Gill & Ben-Shaharの見解によれば，再交渉にあたり，式(1)を満たす「信憑性ある不履行の威嚇」が売主によりなされ，買主が価格改訂に応じた場合，改訂合意には拘束力が認められるべきことが示された。

ここで，式(1)は金額ベースでの利得計算により導かれている。しかし，人は金額ベースでの利得計算のみに従い意思決定を行っているのだろうか。金額ベースでは利得計算がプラスになっていても，時に人はその選択肢を拒絶する場合もあるのではないか。このような問題意識から次にBar-Gill & Ben-Shaharが注目したのが，実験経済学における知見，特にゲーム理論にいう「最後通牒ゲーム (ultimatum game)」から得られる知見である (Bar-Gill & Ben-Shahar 2005：483)。

今，AとBが1ドルを分け合い，Aが分割割合をBに提案するとする。BはAの提案に同意するか拒絶するかのみ決定できる。Bが拒絶を選択するとA・Bともに何も受け取れない。このとき，金額ベースでのペイオフのみを考えるならば，Aは「99セントをAが受け取り，Bは1セントを受け取る」という提案をなすことが最も合理的と考えられる。Bは提案を拒絶すれば何も受け取ることができないのであるから，合理的な当事者であればAの提案に同意するはずである。よって，個人的厚生の最大化という観点から，Aは上記の提案をなすことが最も合理的と考えられる。

260 第3部 紛争・交渉

　しかし，現実の最後通牒ゲームの実験結果は，この予測を覆すものであっ
た。不公正な提案をなされたBの多くは，利得がゼロになろうとも拒絶を選択
したのである。さらに，提案者Aにおいても，「99セント対1セント」という
合理的かもしれないが不公正な提案をなすのではなく，公正な分配をBに提示
する者が多く見られるという結果となった。このように最後通牒ゲームは，人
は金額ベースの利得計算のみに基づき意思決定をなしているのではなく，「公
正感 (fairness concern)」もまた意思決定にとり無視できない要因であることを
明らかにした (Bar-Gill & Ben-Shahar 2005：484)。

2　合理性と公正感の意思決定に与える影響

　金額ベースの利得計算のみならず，公正感もまた意思決定にとり無視できな
い要因であると考えたとき，既に見た金額ベースの利得計算に基づく信憑性条
件(1)と，予期せず上昇した履行コストの分配に関する売主の公正感は，どの
ような関係にあるのかが問題となる。

　今，履行コストが上昇した後に，売主が公正と考える価格を P^F と表記する。
$P^F - p_1$ は履行コスト上昇後に売主が公正と考える価格と当初約定価格の差額
である。また，売主の公正感の強さを表すパラメータ $\sigma (\in [0, \infty])$ を導入す
る。履行コスト上昇後の売主の履行・不履行の基準となる価格 ΔP_s は以下のよ
うに表される (Bar-Gill & Ben-Shahar 2005：489)。

$$\Delta P_s = \frac{1}{1+\sigma} (c_2 - p_1 - D_s) + \frac{\sigma}{1+\sigma} (P^F - p_1) \tag{9}$$

　このとき，売主が公正に関心を持たず，金額ベースの利得計算に従って合理
的に履行・不履行を決定する場合，公正感の強さを表すパラメータは $\sigma = 0$ と
なるので，式(9)は以下のようになる。

$$\Delta P_s = c_2 - p_1 - D_S \tag{10}$$

　式(10)は，すでに見た「信憑性条件」を表す式(1)を左辺にまとめたものであ
る。よって，式(10)は式(1)と同じく，売主が合理的である場合，$\Delta P_s > 0$ ならば
売主の不履行の威嚇は信憑性があり，改訂に買主が応じなければ売主は不履行
を選択し，$\Delta P_s < 0$ ならば，信憑性条件は満たされないため，不履行の威嚇に

かかわらず売主は当初契約に従い履行をなすことを表す。他方, 売主が極めて強い公正感を有している場合, 公正感の強さを表すパラメータは $\sigma \to \infty$ となるので, 式(9)は以下のようになる。

$$\Delta P_s = P^F - p_1 \tag{11}$$

買主が価格改訂に応じないならば, 強い公正感を持つ売主は不履行を選択する。履行コスト上昇後の公正価格は, $P^F > p_1$ と考えられるので, 式(11)は, $\Delta P_s > 0$ である限り, 強い公正感を持つ売主は不履行を選択することを意味する (つまりこの売主の威嚇には信憑性がある)。

ここで, 合理性と公正感が, 売主の履行・不履行の意思決定に与える影響が問題となるが, この点について Bar-Gill = Ben-Shahar は概略を述べるに止まっている。そこで, 式(9)の含意を敷衍しながら, 売主の意思決定に対する合理性と公正感の影響について以下に考えてみよう。

合理性と公正感が売主の意思決定に与える影響は, 式(9)の右辺第1項と第2項の関係として表される。式(9)の右辺第1項は合理性が売主の意思決定に与える影響を表し, 右辺第2項は公正感が売主の意思決定に与える影響を表す。仮に, $c_2 - p_1 - D_S > 0$ であれば (合理的な売主不履行の条件), $P^F - p_1 > 0$ であり (公正感の強い売主不履行の条件), かつ, $\sigma \in [0, \infty]$ であるから, 右辺第1項, 第2項ともに売主の不履行の威嚇には信憑性あることを示し, σ の値にかかわらず, 買主が改訂要求に応じなければ売主は不履行を選択する。

他方, $c_2 - p_1 - D_S < 0$ であるならば, 合理性の勝る売主は履行を選択するが, 他方 $P^F - p_1 > 0$ であるから, 公正感の勝る売主であれば不履行を選択する。そこで, $c_2 - p_1 - D_S < 0$ であるときに式(9)を0と置き, 公正感パラメータ $\hat{\sigma}$ の値を求めると, 以下が得られる。

$$\hat{\sigma} = \frac{D_S - c_2 + p_1}{P^F - p_1}$$

さらに式(9)を σ について微分すると,

$$\frac{d\Delta P_S}{d\sigma} = \frac{1}{(1+\sigma)^2} \left[(D_S - c_2 + p_1) + (P^F - p_1) \right]$$

262 第3部 紛争・交渉

となるから，$c_2 - p_1 - D_S < 0$ である限り，

$$\frac{d\Delta P_S}{d\sigma} > 0$$

であることが判明し，式(9)は σ に関して増加関数であることがわかる。

よって，$\sigma < \hat{\sigma}$ の場合には $\Delta P_S < 0$ となり，売主の合理性が勝るため事情変動後の売主による不履行の威嚇には信憑性がなく，売主は履行を選択する。他方，$\sigma > \hat{\sigma}$ の場合には $\Delta P_S > 0$ となり，売主の公正感が合理性に勝り，売主の不履行の威嚇には信憑性がある。

このように，売主による不履行の威嚇の信憑性は，金額ベースでの利得計算に基づく信憑性条件である式(1)に，公正感という要因を導入することによって，式(9)の形で一般的に表現されるということができる。

3 小括

公正感が契約当事者の意思決定に与える影響については，欧米諸国においても研究は端緒についたばかりである。Bar-Gill & Ben-Shahar（2005：485-487）は公正感を表現するルールとして，上昇した履行コストを均等分割するルール（equal split rule），予期できない上昇分について均等分割するルール（負担共有原理：sharing of unexpected burdens principle），さらに，契約締結時点における総余剰の分配割合を事情変動後の改訂価格の公正さの基準とするルール（事前分配割合ルール：ex ante division of surplus rule）の3つのルールを検討している[21]。

もっとも，契約当事者の公正感については，他にも多様な見解が存しており，一例として Jeffrey Harrison による公正感と契約改訂法理の研究を挙げることができる（Harrison 1993）。Harrison は契約当事者の「エンタイトルメントの感覚（sense of entitlement）」を尊重しその覚醒を図るという目的から，契約当事者の公正感に基づいた契約改訂法理を彫琢することの必要性を主張する[22]。Harrison が取り上げる公正基準は，いずれも当事者の視点に立った社会心理学上の公正感を重視するものであり，その1つが「衡平理論（equity theory）」であり，もう1つが「相対的剥奪理論（relative deprivation theory）」である。

衡平理論においては（Harrison 1993：460, 井上 1999, 村上 2007：54, 55），A・Bの二当事者間での利益・コストの分配上の衡平性は，「各当事者が投入した資

源の量（input）とそこから得られる利得などの成果（outcome）の比が互いに等しい状態」と定義される[23]。他方，相対的剥奪理論は，「他人と自分の境遇を比較したときに感じる欠乏感や不満」に着眼し，公正感を捉えようとする（Harrison 1993：451, 460, 石田 2015：1）。

Harrisonは，契約当事者は金額ベースの利得計算のみに基づき合理的に意思決定をなしているのではなく，あるときは衡平性を考慮し，またあるときは相対的剥奪感に基づき意思決定をなしているという。その一つの帰結として，A・B二当事者が取引をなす際のエッジワース・ボックスのレンズ内に示される契約曲線上のいずれが選ばれるかは，当事者間の交渉力に依存するとするのが法の経済分析の一般的説明であるところ，Harrison（1993：476）は，衡平感，相対的剥奪感が働くことにより，契約曲線上の契約成立領域はより限定されることになると指摘する[24]。

さらに，人々が抱く公正感に着眼することは，「効率的契約違反（efficient breach of contract）」論に対しても新たな光を当てるように思われる。効率的契約違反論によれば，契約締結時の売主Aの履行コストをc_1，買主Bにとっての履行の価値をvとしたとき（$c_1 < v$），締結後の事情の変動により履行コストがc_2に上昇し，履行コストが履行価値を上回った場合（$c_2 > v$），効率性の観点からは，売主は不履行をなし買主に履行利益賠償を認めることが望ましい救済方法となる[25]。この場合，売主Aが履行をなすについて実際に必要となる「積極費用（actual cost）」と，売主Aが買主Bに履行すると失うことになる機会の内最大の価値を有するもの，つまり「機会費用（opportunity cost）」は，効率性の観点からは違いはない。よって，契約目的物に第1買主Bよりも高い価値を置く第2買主Cが現れたケースにおいても（二重譲渡ケース），Cに履行した場合にAが得たはずの利得は機会費用として履行コストc_2に算入される。この結果，積極費用が上昇したケースと同じく，二重譲渡ケースにおいても$c_2 > v$となるならば，Aは不履行をなし履行利益賠償をBに認めることが効率的な救済方法となる[26]。

これに対し，実験経済学は積極費用と機会費用につき人々は異なった公正感を抱くことを示唆している。たとえば，Kahnemanら（1986：729）は，以下のような仮設事例を示し，電話によるアンケート調査を行った[27]。今，雪かき用シャ

ベルを販売する小売店が，シャベルの価格を15ドルから20ドルに引き上げた。このとき，価格引き上げが，大きな雪嵐が発生しシャベルの需要が急増したことを理由とする場合（機会費用の上昇），小売店による価格引き上げは公正と考えられるかどうかを調査した。この結果，被検者の82%が価格引き上げを不公正ないし非常に不公正と評価した。これに対しKahnemanらは，卸売り価格が引き上げられたこと（積極費用の上昇）を理由とする価格引き上げならば，このような強い不公正感を惹起することはなかっただろうとする（Kahneman et.al. 1986：729, 731）。

　この実験経済学の知見を参照するならば，契約当事者の抱く公正感を考慮要因として取り入れ，効率的契約違反論を再考する可能性が生ずる。売主Aが履行をなすに当たって実際に必要となる積極費用が上昇したという効率的契約違反の第1のケースにおいては，第1買主Bの公正感を考慮に入れる必要性は低く，従来の効率的契約違反論の結論は維持される。他方，より高い価値を置く第2買主Cが現れたという二重譲渡事例は，売主Aにとっての機会費用が上昇した事例である。よって，この場合に不履行を売主Aに認めることは強い不公正感を第1買主Bに惹起する。つまり，二重譲渡事例は公正感が毀損されることによって第1買主Bに発生する負の効用を考慮に入れる必要性が高い事例である。このように公正感という要因を取り入れることにより，効率的契約違反における2つの類型を異なって扱う可能性が基礎付けられる。

Ⅳ——おわりに

　本稿は，契約締結後の予期せぬ履行コストの上昇を受けて契約当事者間で再交渉がなされ，その結果改訂合意が成立した場合の改訂合意の拘束力条件について考察した。仮に改訂合意が不履行の威嚇の下に成立した場合であっても，当初約定価格から上昇後の履行コストを引いた額が売主にとっての期待損害賠償を下回る場合，つまり再交渉における売主の不履行の威嚇に信憑性があった場合には，改訂合意に拘束力が認められるべきとするBar-Gill & Ben-Shaharの見解を検討した。さらに，Bar-Gill & Ben-Shaharは，金額ベースの利得計算に基づき不履行判断をなす合理的当事者の仮定に，公正感を重視する当事者

という仮定を組み入れたモデルを模索しており，合理性と公正感の双方の要因を取り入れた意思決定モデルを提示しようとしていた。

　もっとも，再交渉の結果成立した改訂合意の拘束力に関しては，Bar-Gill & Ben-Shahar以外にもいくつもの重要な見解があり，現在も新たな見解が登場している状況にある。また，公正感を取り入れた意思決定モデルの模索は，近時の実験経済学・行動経済学の知見と密接な関係を有しており，今後の展開が期待されるところとなっている。さらに，本稿に見た不履行の威嚇を伴った改訂合意の経済的効果とその法的規律という問題は，効率的契約違反論，強迫法理や非良心性法理の経済分析，ホールド・アップ問題への対応，信頼投資やリスクシェアリング等を考慮した効率的救済規範の設計等々，効率的契約ルールを設計・解釈するに際しての重要問題と密接に関連している。いずれ機会を見つけ論じてみたい。

【注】

1 ）　相手方当事者が契約にロック・インされていることを利用した機会主義的行動を原因として非効率が発生するという問題を「ホールド・アップ問題（hold-up problem）」という。

2 ）　Aivazianら（1984：173）は，約因を要求してきたこれまでの改訂法理は，「現在劇的な変化を見せている」としていた。この問題に関する判例の概観として，Allen（2013）も参照。

3 ）　同じく，*Restatement (Second) of Contract* § 89 (1981) も参照。

4 ）　*See*, e.g., *Angel v. Murray*, 322 A.2d 630, 637 (R.I. 1974).

5 ）　*See*, e.g., *Austin Instrument, Ind. v. Loral Corp.*, 272 N.E.2d 533, 535 (N.Y. 1971).

6 ）　この問題に関し Trebilcock（1993：79）は，「権利論によるアプローチと厚生理論によるアプローチという二つの大きな流れがある」とする。契約法における権利論的アプローチと厚生論的アプローチについては，山本（2007：232）参照。

7 ）　このように仮定するのは，コストが上昇してもなお，社会的に見れば履行された方が不履行よりも社会的厚生が増大することを保証するためである。$c_2 > v$ ならば履行コストが履行価値を上回っているため，改訂ではなく不履行が効率的となる。これはいわゆる効率的契約違反の問題である。

8 ）　基本条件から明らかなように，Bar-Gill & Ben-Shahar は，救済方法として強制履行をモデルに組み入れていない。これは，履行コストが c_2 に上昇した場合の効率的救済方法一般につき考察することは同論文の目的ではなく，事情の変動を受けて当事者間に成立した改訂合意の拘束力につき考察することが主目的であるためと推察される。

9 ）　基本条件の下では，$c_1 < p_1 < c_2 < p_2 < v$ が成立し，ここから $v - c_2 > 0$ となるから，本稿の基本条件の下では，履行コストが上昇しても当該契約が履行されることが社会的にみて効率的となる。しかし，履行コストが c_2 に上昇したことにより，売主の利得は $p_1 - c_2 < 0$ となるため，売主には不履行をなし損失を回避しようとするインセンティブが生じる。

266　第3部　紛争・交渉

　　ここで，基本条件を緩めて，仮に裁判所が履行利益賠償（$d = v - p_1$）を正確に算定できると仮定し，売主もこれを知っているとする。このとき，売主は履行した場合の利得 $p_1 - c_2$ と不履行による損害賠償（$-d$）を比較し，履行するか否かを決定する。このとき，$p_1 - c_2 > -d$ であるから，売主は履行コストの上昇にかかわらず，当初契約条件で履行することがわかる。この場合，売主から不履行の威嚇を伴った改訂要求がなされた場合であっても，買主は裁判所が常に履行利益賠償を課すことを知っているので，改訂要求は拒絶され，売主は履行を選択する。また，改訂要求をなしても拒絶されることを知っている売主は，そもそも改訂要求をなすことなく，履行を選択する。このように，裁判所が常に履行利益賠償を課すことができると仮定するならば，効率的な結果がもたらされることがわかる。反対に，裁判所の損害賠償認定が履行利益賠償から乖離する可能性ある場合（つまり D_S や D_B となる可能性のある場合），また，契約当事者間に情報の非対称性がある場合には，不履行の威嚇を伴った改訂要求がなされ，以下本文に見る問題が生ずることになる。

10)　他方，履行コストが c_1 のままであったならば，売主は契約を締結した以上，$c_1 - p_1 < D_S$ が成立しているはずである。

11)　逆に，式(1)を満たさない不履行の威嚇は，ゲーム理論にいう「チープ・トーク（cheap talk)」に該当する。

12)　式(1)と履行利益賠償 $d = v - p_1$ を比較すると，基本条件より $v > c_2$ であり，両辺から p_1 を引くと $d > c_2 - p_1$ となるから，$d > D_S$ が得られる。つまり，式(1)が成立することは，不履行をなした場合過少賠償が命じられると売主が考えていることを意味する。参照，Bar-Gill & Ben-Shahar（2004：396, fn8）。

13)　また，D_S も売主にとっての期待損害賠償であり，情報の非対称性の仮定より買主はその値を知ることはできない。

14)　式(3)が十分条件ではない理由は，設定条件より $p_1 < p_2$ であるから，式(3)が満たされる場合に，$D_B (< v - p_2) < v - p_1$ となり，売主の不履行の威嚇が bluff であると買主が考えて，価格改訂を拒絶する可能性があるためである（履行されれば買主は $v - p_1$ の利得を得る）。また，式(3)が満たされるならば，$D_B (< v - p_2) < v - p_1$ が導かれるから，$D_B < d$ となる。つまり，式(3)が成立することは，不履行がなされた場合，過少賠償しか得られないと買主が考えていることを意味する。参照，Bar-Gill & Ben-Shahar（2004：397）。

15)　万一，式(1)が満たされないままに改訂合意が成立した場合であっても（機会主義的改訂要求に合意した場合であっても），裁判所は式(1)の充足性を判断し，これが満たされないことを理由に改訂合意の拘束力を否定すれば，効率的な結果が得られる。参照，Bar-Gill & Ben-Shahar（2002：10, 14）。

16)　この場合，買主は D_S の値を知っている必要はない。前掲注(10)で指摘したように，契約が成立した以上，売主にとり $c_1 - p_1 < D_S$ であることを買主は知っているためである。

17)　前掲注(8)で指摘したように，Bar-Gill & Ben-Shahar は強制履行をモデルに組み入れていない。仮に組み入れるならば，取引費用ゼロかつ完全情報の仮定の下では，買主は契約改訂ではなく，強制履行を救済方法として選択する。

18)　この結果は情報の非対称性の有無にはかかわらない。

19)　式(8)を変形すると次のようになる。

$$\pi > \frac{c_2 - p_1 - D_S}{v - p_1 - D_B}$$

この意味するところは，履行コストの上昇確率 π が一定の値以上にならなければ買主は改訂には応じないということである。参照，Bar-Gill & Ben-Shahar (2002：17)。

20)　ここにいう「事情変更 (changed circumstances)」とは，契約締結後の予期せぬ履行コストの上昇により，売主にとり不履行をなす方が履行をなすよりも利得が大きくなる状況一般を指す。この点，当事者の責に帰すことのできない事由により契約の基礎となる事情が変動し，当初契約を存続させることが信義衡平に照らし不当と認められるに至った場合というわが国の「事情変更の原則」よりも遙かに射程が広いことに留意されるべきである。

21)　均等分割ルールに基づく公正価格 $p_2{}^{ES}$ は以下のように表される。

$$p_2{}^{ES} = \frac{1}{2}\,(v + c_2)$$

また，負担共有原理に基づく公正価格 $p_2{}^{SB}$ は，以下のように表される。

$$p_2{}^{SB} = p_1 + \frac{1}{2}\,(c_2 - c_1)$$

最後に，事前分割割合に基づく公正価格 $p_2{}^{ED}$ は以下のように表される。

$$\frac{p_1 - c_1}{v - c_1} : \frac{v - p_1}{v - c_1} = \frac{p_2{}^{ED} - c_2}{v - c_2} : \frac{v - p_2{}^{ED}}{v - c_2}$$

これを変形すると，

$$p_S{}^{ED} = \frac{v(p_1 - c_1) + c_2(v - p_1)}{v - c_1}$$

が得られる。また，3つのルールの相互関係については，参照，Bar-Gill & Ben-Shahar (2005：487)。

22)　Harrison の主眼は，社会的に不公正な扱いを受けている人々は，不公正な契約条件を甘受していることも多く，彼らは人が等しく享受しうるはずの「エンタイトルメントの感覚 (sense of entitlement)」を傷つけられているとする。ここでエンタイトルメントの感覚とは，人が抱く「自分には価値がある」との感覚，「自分は○○に相応しい」という感覚のことをいう。Harrison は，これらの人々による契約内容の不当性の主張は，傷つけられたエンタイトルメントの感覚を取り戻そうという行動であると考え，そのために「非良心性 (unconscionability)」等の契約法理を活用し，契約の取消し・改訂を通じて，傷つき失われていたエンタイトルメントの感覚をこれらの人々に取り戻そうとする。Harrison はこれをもって，契約改訂法理には "therapeutic effect" があると述べていることから，米国のいわゆる "therapeutic jurisprudence" の理論動向からも Harrison 論文は注目されることとなった。参照，Harrison (1993：450, 492, 495)。

23)　契約当事者A・Bの衡平性は以下のように表される。

$$\frac{Outcome_A}{Input_A} = \frac{Outcome_B}{Input_B}$$

24)　契約交渉とエッジワース・ボックスについては，参照，山本 (2009：29, 39)。

25)　効率的契約違反論については，先駆的研究として，樋口 (1984：217) がある。また，近時のものとして，内野＝山本 (2010：11)，および山本 (2010：43, 49) 参照。

26)　二重譲渡事例に関し，第2買主Cから得る利益が第1買主Bに支払う損害賠償を上回っているときに，「Aに利益が残るために」，契約違反は認められるべしとするものが効率的契約違反の考え方であるかのように説明されることがある。しかし，かかる説明は，個人的合理性と社

268 第3部 紛争・交渉

会的合理性の乖離という問題を十分に捉えたものとは言えず，「A・Bからなる社会の効率性」
を $v - c_i$ $(i = 1, 2)$ という数式で簡明に表現する効率的契約違反論の主張の所在を曖昧なもの
とする。二重譲渡事例の核となるのは，売主Aに利益が残るかどうかではなく，売主Aの上昇
した履行コスト（機会費用 c_2）が第1買主Bの有する履行価値 v を上回ることにより（$v - c_2 < 0$），A・Bからなる社会において履行が非効率を生むという点にあるからである。

なお，契約当事者の個人的合理性と社会的合理性の乖離は契約取引の様々な局面に存してお
り，契約法はかかる乖離に対する社会的厚生の極大化を目的とした制度的対応と理解される。
その具体的応用として瑕疵担保責任規定（民法570条）を例に取り検討したものとして，参照，
山本（2013：1）.

27) 電話調査は，1984年5月および1985年6月に，カナダのトロント，バンクーバーで一般家庭
を対象に実施された。これは，本文の事例につき，「全く公正，許容できる，不公正，非常に
不公正」のいずれと評価するかを問うものであった。なお，Kahneman らによる同論文の目的
の一つは，企業行動仮説としての「利潤最大化仮説」を批判し，公正感もまた重要な行動制約
要因であることを明らかにしようとするところにある。企業行動仮説としての「利潤最大化仮
説」については，山本（2007：186）参照。

【参照文献】

石田淳（2015）『相対的剥奪の社会学——不平等と意識のパラドックス——』東京大学出版会.

井上和子（1999）『衡平理論に関する研究とその展開』北大路書房.

内野耕太郎・山本顯治（2010）「契約の経済学と契約責任論（上）」NBL 942号，11-21頁.

樋口範雄（1984）「契約を破る自由について」アメリカ法 1983＝2号，217-240頁.

村上史朗（2007）「公正感と社会的規範」山本顯治編『法動態学叢書4　紛争と対話』法律文化社，
54-76頁.

山本顯治（2007）「競争秩序と契約法——『厚生 対 権利』の一局面——」神戸法学雑誌第56巻3号，
272-142頁.

―― （2009）「契約交渉と市場秩序——シュミット－リンブラー再読——」神戸法学雑誌58巻4号，
29-64頁.

―― （2010）「関係的契約論による損害賠償論の試み——私的自治の射程——」『法の理論29』成文
堂，43-68頁.

―― （2013）「市場法としての契約法と瑕疵担保責任」神戸法学雑誌63巻1号，1-69頁.

Aivazian, Varouj A., Michael J. Trebilcock, Michael Penny (1984) "The Law of Contract
Modification: The Uncertain Quest for a Bench Mark Enforceability," *22 Osgoode Hall Law
Journal* 173-212.

Allen, W.W. (2013) "Comment Note. – Performance of work previously contracted for as
consideration for promise to pay greater or additional amount," *12 American Law Reports
2d* 78.

Bar-Gill, Oren & Omri Ben-Shahar (2002) "The Credibility of Threats to Breach," *John M. Olin
Center for Law & Economics Working Paper #02-017*, 1-48.

―― (2004) "The Law of Duress and the Economics of Credible Threats," *33 Journal of Legal*

Studies 391-430.

—— (2005) "Threatening an "Irrational" Breach of Contract," in Francesco Parisi & Vernon L. Smith, *The Law and Economics of Irrational Behavior*, Stanford University Press.

Farnsworth, Allan E. (2004) *Contracts, 4th ed.*, Aspen Publisher.

Fried, Charles (1981) *Contract as Promise*, Harvard University Press.

Harrison, Jeffrey (1993) "Class, Personality, Contract, and Unconscionability," *35 William & Mary Law Review* 445-501.

Kahneman, Daniel, Jack L. Knetsch, Richard Thaler, (1986) "Fairness as a constraint on profit seeking: Entitlements in the market," *76 The American Economic Review* 728-741.

Trebilcock, Michael J. (1993) *The Limits of Freedom of Contract*, Harvard University Press.

270　第3部　紛争・交渉

★コメント3－1
紛争交渉における和解の意義——和解は未来を創る

草野芳郎

1　和解の意義については，他の用語と同じで，多義的である。広辞苑（第六版）によれば，「①相互の意思がやわらいで，とけあうこと。なかなおり。②〔法〕争いをしている当事者が互いに譲歩しあって，その間の争いを止めることを約する契約。示談。➡裁判上の和解」とある。

言い訳となるが，私は，35年間裁判官として勤務した後に大学教授に転身したものであり，正直に言って，和解について語れる資格があるのは訴訟係属後の訴訟上の和解についてだけである。しかし，おそらく，和田仁孝教授は，私のこのような態度は，裁判所に閉じこもった制度理念の呪縛に囚われた機関志向アプローチであり，なぜ紛争の展開過程に焦点を合わせた過程志向アプローチに目覚めないのかと叱責されそうである（和田 1994：22-23頁）。今回は和田教授の還暦記念論文でのコメントであるために，機関志向アプローチと過程志向アプローチの差を意識して，コメントすることとしたい。

2　和田教授は，一般に共有されている民事訴訟のイメージとして，次のように要約される。

「社会における法的な紛争について，当事者が法廷で主張・立証を尽くした上で，裁判官が証拠に基づいて事実を明らかにし，これに法律を解釈・適用して判定を下すことで，当該紛争に解決をもたらす。」（中略）

これが一般に共有されたイメージであると同時に，裁判という制度がもつべきものである。あるべき姿を示す言説，いわば「制度理念の言説」ともいうべきものである点である。この近代法型裁判の制度理念は，裁判官という権力の位置にある個人の恣意的判断を排し，裁判の中立・公正を保障すべく，歴史的

★コメント3-1 紛争交渉における和解の意義 271

に形成されてきたものである。すなわち，裁判官の判断の根拠となる基準が実体法として予め存在していること，訴訟の進行の仕方についてのルールも予め手続法として定められていること，さらにそれら実体的ないし手続的基準自体が，民主的に規定された合法的かつ正当な手続によって産出されていることがその特性であり，それによって裁判官の判断はコントロールされ，恣意を排した「法による裁判」が現実なものとなるというのである。こうした，いわば文句のつけようのない正当的価値を内包した制度理念の言説は，強い推進力を持って社会の中に浸透していく。批判し難い価値がそこにある以上，法的制度に携わる者は，それが現実に達成されていることを強調しようとする傾向を意識的・無意識的にもつことになる。また制度の現実や実態を批判的に検討し反論を加えていく者も，多くはこの制度理念を暗黙の評価基準として，それとのギャップ・ズレに対し批判を展開していくことになる。こうしてこの制度理念の言説は，否定し難い規範的イメージとして広く一般に共有されていくことになるのである（和田・前掲書 1994：3頁）。

確かに，私もこの「制度理念の言説」を信じ，「法による裁判」を目指して任官したものである。そして，この制度理念の中核は何といっても，判決を書くことであった。私が裁判官に任官した当時には「和解判事になるなかれ」という格言が裁判所の中を支配していたのである。和解は判決の結論が妥当でないときに，判決の欠点を回避するために使う権道であり，正道ではないと言われていた。しかしながら，私は，和解の方が判決よりも優れた紛争解決方法であると意識するようになり，1986年に，和解技術論を発表し（草野 1986：8-21頁），従来の考え方を判決派と呼び，自らを和解派と名乗って，挑戦したのであった。（この間のことは草野 2003：7-9頁参照）

その後，「和解判事になるなかれ」という考えは，裁判所では少数となり，裁判官は熱心に和解を試みるようになっている。

3 私が，当時の定説に反旗を翻した理由は，次の3つになるが，その根底には，私が本格的に民事事件を担当する前には，刑事事件の経験が長かったことがあると思っている。

第1は，和解が成立したときに当事者から「ありがとうございます」とお礼

272 第3部 紛争・交渉

を言われることが多く，これが大変うれしかったことである。民事事件の判決
は刑事事件と異なり，当事者が判決言渡期日に出頭していることはまれで，判
決の反応が直ちに分からず，距離感を感じたのである。

第2は，私が興味を持ったのは，事件での当事者の主張の当否だけでなく，
なぜ紛争となったのかという人間面にあったことである。刑事事件を担当して
いたときに，なぜ被告人は犯罪を犯したのかということを生い立ちから興味を
持って審理していたことが影響している。

第3は，当事者本人から事情を聴くことが，紛争の本質に迫っているという
実感があり，やりがいがあったことである。民事事件は，通常，弁護士の訴訟
代理人が当事者本人を裁判官の前に出さないで，ブロックすることが多く，こ
れが不満であったということがある。

4 現在の私は，和田教授が主張されている民事訴訟のイメージについては
次のように考えている。

民事訴訟の中で，判決については，おおむね同感で，機関志向アプローチを
脱却していないのであるが，ただ「当該紛争に解決をもたらす」という点に関
しては違和感を持っている。判決を言い渡しても紛争は解決しないし，確定段
階になっても，執行の段階に紛争が移行したにすぎないことが多いのである。
また，判決の約4割はいわゆる欠席判決で，被告は法廷に出頭していないとい
う現実がある。それでも判決が存在するのは，そういう場合でも判決という形
で紛争を処理するということが，法秩序維持のために必要だからである。合意
がない形で紛争を処理するには裁断型の処理しかなく，そのためには，対象や
要件を絞る必要があり，紛争後の事情は，弁済などを除き，考慮することがな
いのである。その意味で，「紛争を解決する」というより，むしろ，「過去の当
該紛争発生時の法秩序を維持する」という方がしっくりするのである。民事訴
訟制度の目的論について，従来，権利保護説，法秩序維持説，紛争解決説が主
張されたが，判決に関しては法秩序維持説に共感を覚えたのであった。

そのように，判決に限界と失望を感じた私であったが，民事訴訟制度は過去
の法律秩序を維持するものであるというという考えは，寂しい，未来のない発
想に覚えた。民事訴訟制度は紛争状態にある当事者に対し，現在の紛争を解決

し，未来への希望を与えるものであってほしかった。その意味で，紛争処理という言い方はごみ処理を連想してなじめないものであった。その結果，たどり着いたのが，和解による紛争解決で，これこそが民事紛争解決の基本であり，現在の紛争を解決することにより，過去を清算し，未来を創るものであるということであった。単なる合意による紛争処理に終わるものではなく，広辞苑の第1の意味の「相互の意思がやわらいで，とけあうこと。なかなおり」を目指したのであった。そういう和解ができたときは本当にうれしく，自分も感動したのであった。良い和解には，人を感動させる力があるのである。

志賀直哉は，小説『和解』で，長年父との不和に悩んでいた主人公が，和解が成立した時の心情を次のように表現している（志賀 1949：137頁）。

「自分は父との和解も今度こそ決して破れる事はないと思った。自分は今は心から父に対し愛情を感じていた。そして過去の様々な悪い感情がすべてその中に溶け込んで行くのを自分は感じた。」

5　私は，訴訟上の和解について，「裁判所の仲介により当事者が合意による紛争の解決を目指して交渉する」ことであると定義した。そうすることにより，裁判所外で行われる紛争解決交渉と，本質に差はないことを確信したのである。また，そう考えることにより，交渉技法や他のADR機関での技法も参考となり，優れたものは受け入れることができるとの発想も生まれ，興味を持って，交渉理論や社会心理学に関心を持ち，和解技術を向上させようとの気持ちが生まれ，和解技術論が誕生したのであった。これは，これまでの裁判所で，「訴訟上の和解は交渉ではない」と考えられてきたことに対しての，大転換であった。この点については，和田教授の過程志向アプローチや当時井上正三先生や井上治典先生のいわゆる「第三の波」の考えの影響があったことは否定できないのである。そのころ（福岡地裁勤務時代）の私が司法修習生に語って，他の部の裁判長から抗議された言葉，「良い和解は悪い和解に勝る，悪い和解は良い判決に勝る，良い判決は悪い判決に勝る，悪い判決も何もしないよりは勝る」を懐かしく思い出すのである。

6　私は，訴訟上の和解については，判決先取り型，オール・オア・ナッシ

274　第3部　紛争・交渉

ング回避型，判決乗り越え型の3つに分類し，判決乗り越え型が基本であると考えている（草野・前掲書 2003：10-13頁）。

　判決先取り型というのは，判決の結論にそうか，それに準じた内容の和解をするもので，オール・オア・ナッシング回避型というのは，判決では100対0という結論になるのを避け，勝訴の可能性に応じた割合的に妥当な結論で和解をするものである。これに対して，判決乗り越え型というのは，判決の結論に必ずしもとらわれず，当事者の紛争の実体に着目し実情に即した妥当な解決をして，判決の限界を乗り越えるものを言い，私が特に命名したものである。私は，当該紛争でのあるべき妥当な解決案は裁判前でも，裁判提起後も，裁判確定後であっても，基本的には変わらないものと考えている。いずれの場合にも現在の紛争を解決し，過去を清算し，未来を創るべきもので，これは，裁判提起後では，訴訟上の和解の判決乗り越え型でのみ可能なのである。そして，そのような和解解決案にたどり着くためには訴訟上の和解の本質は当事者間の交渉であるという視点が必要なのである。

7　和田教授の法社会学における斬新的な視点が，私に，和解の分野で過程志向アプローチを開いてくれたことに感謝の意を表して，本還暦記念論文集でのコメントとしたい。

【参照文献】

草野芳郎（1986）「和解技術論」判例タイムズ589号
――（2003）『和解技術論（第2版）』信山社
志賀直哉（1949）『和解』新潮文庫
和田仁孝（1994）『民事紛争処理論』信山社

```
★コメント3－2
時間と言葉──医療メディエーションと和田仁孝の紛争過程論


                                      高橋裕
```

1　これまで

　あらゆる学問分野において言えることであろうけれど，法社会学の研究者についても，研究対象に各研究者が接近する際のその体勢を，2つの極がなすスペクトラムの上に位置づけることが可能だろう。一方の極には"フィロバティック"があり，もう一方の極には"オクノフィリック"がある（バリント 1959＝1991参照）。前者は，対象の具体的諸属性に接触することをやめ，その代わりに抽象化された世界での冒険に定位することを楽しみつつ自己の理論を構築しようとするアプローチ，後者は，対象の具体性に固着しながらその膚接感に安心を見出しつつ，分節的な個別研究を積み重ねて世界を捉えようとするアプローチである。

　そのような一本の線を思い描くとき，和田仁孝はスペクトラムの片端近くに位置づけられるはずである──フィロバティックの側の端に。初期の研究には特定の事件類型に繋留しつつ行われたものもいくつかある（たとえば，和田 1991：第4章・第5章参照）が，なお筆者は，和田の特質をフィロバティズムに求めたい。たとえば「交渉行動と規範の役割」（和田 1985＝1991）を見よ。紛争過程にある当事者の行動をめぐるその叙述は，しかし紛争の具体的内容・紛争当事者の具体的行動例に言及することのごく少ないまま，現代思想的背骨に支えられた強度に抽象性の高い理論的検討の展開として，進められる。事件類型であるとか当事者の性質であるとかの諸要素に応じて理論の分節化を図る方途も採られない。[1]和田がそこで提示するのはあくまで紛争の「一般」理論であり，かつ，その一般化は徹底しているのである。そのような理論を築き上げうる構想力は，和田がやがて1990年代に旺盛に展開し提示した研究の諸成果が発する

276　第3部　紛争・交渉

魅力の重要な淵源になっていた。[2)]

　かようなフィロバティックな資質の持ち主は，しかし2000年代初頭からは，医療紛争の領域に特化しつつ積極的な——当初はもっぱら研究を志向し，そしてやがて実践も含めた——活動を開始し，やがてはそこに大きな勢力を注ぐこととなった。読者としては，彼のそうした活動が，これまでに和田自身により築かれた一般理論を適用する場面として位置づけられるべきことを予期してよいであろう。以下ではそのような発想から，その紛争論と関連づけつつ，和田が近年展開してきている医療メディエーション論をめぐって若干の検討を行いたい。[3)]

2　時間

　和田仁孝の紛争論は言うまでもなく，紛争過程論として構成されている。そして，「過程」に注目することから不可避的にそこに伴ってくるのは，継続しつつ変化する「時間」性への関心である。紛争の当事者とそれを取り巻く者たちが行う相互行為の絶え間ない連続が紛争の過程を構成する以上，和田は紛争をめぐって，〈ある特定の時点における状態がどのようであるか〉のみに着目しようとする見方（そこでは，紛争は，非継続的で不変化的な出来事として捉えられる）を採らないし，また，〈「紛争」においてはどのような状態が継続するのか〉を明らかにしようとする見方（そこでは，紛争は，永続的な・変化しない事態として理解される）にも留まらない。[4)] あくまで，連続的に変化する状態として，紛争は把握されるのである。

　社会過程がそのような意味での時間性を帯びるというのは，社会学的に正当な認識であろう。しかし，そのような時間性への着目をメディエーション論に連結させることは，必ずしも容易ではない。なるほど，〈メディエーションも判決手続も，当事者にとっては紛争過程の中途をなす一回的な出来事に過ぎない〉という見方（和田 1991：5）は，紛争過程の時間性への認識とメディエーション論との接続の重要な成果である。しかし和田におけるその帰結は，〈紛争解決機関が保持する権力性を認識し，そのような権力性の契機を極小化することこそが，実効的な第三者関与である〉という主張に留まる（和田 1991：89）。医療メディエーションの文脈に即するならば，メディエーターの役割は，患者と

医療者との間の対話を支援し両者の認識の齟齬を埋めるための手助けをする，というものとされ（和田 2013：33-34），連続的に変化し続ける紛争当事者のありかたに対して，他者が一回的でありつつ持続的に及ぼしうる積極的な影響はその視野に入れられない。だが，日常経験を振り返るならば，私たちは，一回的でありつつ持続的に及ぼされうる他者の影響の存在を実感し，また，その積極的意義を重視しているではないか[5]。そうであれば，そのことをもメディエーション論の射程に含めて然るべきではないのか？

　さらに，そのことと並んで重要であると思われるのは，メディエーターが紛争過程に参画する以前の時間的経過のなかにおいて紛争当事者が不断に体験する変化との関係で，メディエーションの有しうる意義を明らかにしえていないこと，である。紛争へのメディエーターの関与はほぼ確実に紛争過程が或る程度進んだ段階で生じることであるが，それはとりもなおさず，メディエーターの関与する時点で紛争の各当事者は既に（当該紛争を結節点とする）固有の「歴史性」（和田 1995：656）を負っているということを意味する。そのような歴史性にメディエーター自身がどのようにコミットするかもまた，紛争当事者に伴う時間性を重視する和田においてこそ，視野に入れられうるのではないか。以上を要するに，メディエーターが当事者に対してなしうることは——その基盤にある紛争「過程」論の発想を重視する限り——和田がその医療メディエーション論で現に提示している以上のものであるはずではないか，というのが筆者の疑問なのである。

3　言葉

　しかしまた，和田がメディエーションにおける第三者の役割を極小化しようとすることは，理論的帰結として一貫しているとも考えられる。和田は，言葉の力に非常に敏感である。とりわけ，当事者自身が／メディエーションの場で言葉を発すること，を重要だと考える。そうだとすれば，そこには２つの含意があろう。１つは，言葉を発する者の属性の区別の必要性，もう１つは，話された言葉と書かれた言葉との区別の必要性，である。

　和田においては，メディエーターが生み出す言葉は権力性を強く有しうるものとして，警戒される。そしてまた，話された言葉の治療的効果を重視する一

278　第3部　紛争・交渉

方で，書かれた言葉は重視されないように見える。もしそれが，書かれた言葉が有する持続的影響力への警戒であるとすれば，前項で指摘した〈第三者が他者に，一回的でありつつ持続的に及ぼしうる影響〉への消極的評価と通底するのかもしれない——なんといっても，持続的影響の潜勢力を有するのは，書かれた言葉である以上。しかし筆者は，書かれた言葉にはそれ固有の重要な治癒力があると信じる（高橋 2007：32-33）。その可能性を和田はどのように考えているのだろうか？

4　これから

　和田仁孝は，ソリッドな思想的基盤のうえで，現実から遊離しない理論的考察を展開し，しかもそれを実践にも有効に応用してきた，希有な法社会学者である。この短いコメントで述べたことは明らかに，彼の大きな達成に比しえぬほど小さい。その自覚のもと，これからの和田にもう1つ希望を述べることを許していただけるならば，その医療メディエーション論を，再びフィロバティックな構想力のもとに冒険的に定位させることを強く期待する。それは間違いなく，ADR／メディエーションをめぐる議論状況を賦活化させることになるのだから。

【注】

1）　ただし，和田の理論が現実との結びつきを失っているわけではなく，むしろそれは，具体的事実への理解に裏打ちされている。そもそもフィロバティズムとオクノフィリアが完全に分断されるわけはなく，具体的対象からかけ離れてしまっては抽象的にすら世界を捉えることはできないし，幾分なりとも理論化された視点がなければ具体的な対象に取りつくことは不可能である。

2）　個人的な回想を記すことを許していただくならば，1991年に大学院に入学し研究活動を始めた筆者は，同年秋に刊行された『民事紛争交渉過程論』とそれに引き続く和田の一連の著作（たとえば和田 1994・和田 1995・研究会 1996・和田 1996・和田 2004）に対する——折に触れて批判的な——検討作業を重要な動因としながら自分の紛争・調停研究を進めてきたと，確言できる。

3）　筆者はすでに一度，和田の医療メディエーション論を検討する機会を得ており（高橋 2007），本コメントはそれへの簡潔な補足として書かれている。なお，和田の医療メディエーション論も10年以上にわたる展開の中で変化しているように思われる（たとえば和田 2003と和田 2013を比較せよ）が，その点はここでは検討しえない。

4）　前者の見方の1つの例は，紛争が訴訟手続に至った段階でどのような性質を帯びるか，に着

目する議論（たとえば，紛争志向型訴訟／政策志向型訴訟の対比）であり，後者の見方の1つの例は，紛争そのものの性格に応じた分類（たとえば，価値紛争／利益紛争）を行おうとする議論である。

5） 卑近な例でいうならば，各科目につき毎週1回ないし2回（だけ）授業を行うという・大学で通例として採用されている授業の方式を想起せよ。あるいは，毎日は行われない心理面接を。これらは，1回の社会的相互行為が，1週間なり1か月なりあるいはそれ以上なりの期間にわたって，行為の相手方（ここでは，受講者や被面接者）に持続的な影響を及ぼしうることを我々が知っているからこそ，採用されている方法である（面接の効果の「熟成期間」の意義を指摘する中井 1998：8-9参照）。なお，ここでの「持続的」とは，同じ効果が長期間にわたるということのみを意味するものではなく，ある1つの行為が，時を異にしつつその時々の相手方の状況に応じ異なる効果を及ぼすこともありうる。相互行為の当事者——受講者や被面接者のみならず，教員や面接者も——が皆これらのことを自覚しているかどうか，は別問題である。

【参照文献】

研究会（1996）「社会哲学と法律学の交錯」研究会「ポスト経験主義法社会学の方向性」姫路法学18号.

高橋裕（2007）「『医療ADR』の可能性とあり方」手嶋豊（ほか）『関係的契約論とインフォームド・コンセント，自己決定権［CDAMSディスカッションペイパー　07/9J］』神戸大学大学院法学研究科，［http://www.lib.kobe-u.ac.jp/repository/81000004.pdf.　2015年8月11日閲覧］.

中井久夫（1998）『最終講義——分裂病私見——』みすず書房.

バリント，マイクル（1959＝1991）『スリルと退行』（中井久夫・滝野功・森茂起（訳））岩崎学術出版社.

和田仁孝（1985＝1991）「交渉行動と規範の役割——裁判外交渉過程の構造と制御——」和田 1991，所収.

——（1991）『民事紛争交渉過程論』信山社出版.

——（1994）『民事紛争処理論』信山社出版.

——（1995）「紛争研究パラダイムの再構成へ向けて」法政研究［九州大学］61巻3＝4号.

——（1996）『法社会学の解体と再生——ポストモダンを超えて——』弘文堂.

——（2003）「周産期医療をめぐる紛争と対話」助産雑誌57巻6号.

——（2004）「現代における紛争処理ニーズの特質とADRの機能理念——キュアモデルからケアモデルへ——」早川吉尚・山田文・濱野亮（編著）『ADRの基本的視座』不磨書房，所収.

——（2013）「医療メディエーション：対話による関係構築」回復期リハビリテーション12巻1号.

あとがき
——「『交渉と法』研究会」における出会い

　和田仁孝は2015年12月に還暦を迎えた。1982年のデビュー論文「現代都市社会における紛争処理と法——裁判外紛争処理と戦略的法使用——(1)(2)(3・完)」(法学論叢111巻2号，6号，112巻3号)以来，和田はながきにわたりわが国の法社会学を牽引してきた。民事紛争処理論に始まり，法人類学，理論法社会学・方法論，交渉理論，裁判制度論や裁判学，司法制度改革論，弁護士論やパラリーガル論，さらに近年においては医療紛争にまで及ぶその研究テーマは広範にわたり，和田の手になる論著は枚挙に暇がない。特に近年の研究は，医療紛争マネージメントという新たな学問領域の創設において中心的役割を果たすものとなっている。そこでは，理論的基盤の提供のみならず，医療メディエーション・医療ADRの制度構築，実務に携わるメディエーターの教育という，理論から実践にわたるあらゆる局面において和田理論が土台となっているといっても過言ではない。このように和田の研究活動は多岐にわたるが，同時に，和田法社会学には「当事者の視点」が一貫して流れているということも広く知られている。和田の著作を紐解くとき，それまでの外から見た，公式に語られた紛争・訴訟とは全く異なった景色が眼前に広がってくることに驚きの声を上げた読者も多いはずである。紛争・訴訟のただ中にある当事者の「ざらざらとした皮膚感覚」を読者に体感させる点において，和田法社会学は独自の光を放つ存在ということができる。

　編者の一人である私(山本)が和田を初めて知ったのは，論文を通じてであった。現実の中では契約取引は様々なやりくり・工夫を凝らしながら遂行されているにもかかわらず，紛争・訴訟に移行すれば民法に規定される契約法ルールを所与の枠組みとし，その解釈・適用による「法的解決」の提示をもってよしとする当時の民法学のあり方に満たされない思いを抱いていた私は，門外漢であったが大学院の棚瀬法社会学スクーリングに飛び込んだ。そこで棚瀬孝雄に紹介されたのが和田仁孝「裁判外交渉過程の構造と制御(1)(2・完)」(民商92巻4号，5号，1985年)であった。研究者であれば誰しも，未だ会ったこともない他人

の論文を読んでいるとき，「この人は自分と同じ世界を見ている」という錯覚に囚われる体験をしたことがあるのではないかと思う。それは，テーマが似通っているというレベルの話ではなく，二人の視線の先にある対象の具体的造型が眼前にありありと浮かび，それを共有していることを確信するという一度体験すれば忘れることのできない感覚である。和田論文との出会いは，そのような「自分にとり大切なものを同時代に追求している人がいる」という静かな感動を与えるものであった。とはいえ，同じ大学院に在籍してはいたものの，和田は当時米国留学中であり，直接に教示を得る機会はなかった。

　和田と実際に出会ったのは，1990年に，井上正三，水谷暢，井上治典，高橋宏志を中核として設立された「『交渉と法』研究会」においてであり，この研究会は多士済々，あたかも梁山泊のごとき様子であった。ハタと膝を打つような紛争解析の視点を溢れるように我々の前に提示する井上正三（竜嵜喜助は井上を「民訴のソクラテス」と記している。），美酒一献，一夜にして論稿を書き上げるのではと思わせる井上治典（私は「着流しの李白」と密かに呼んでいた。），民事訴訟法理論・紛争処理論における新手一生を考究するかのような水谷暢（私は「民訴の升田幸三」と呼んでいる。），紛争のただ中にある当事者に対し何処までも暖かな眼差しを向ける竜嵜喜助（例えば『裁判活性論』の情感溢れる文章は必読），さらには民訴法学から新堂幸司，吉村徳重，谷口安平，萩原金美，小島武司，伊藤眞，佐上善和，佐藤彰一，高田裕成，廣尾勝彰，山本克己，また，法社会学から棚瀬孝雄（井上正三は，棚瀬の『本人訴訟の研究』を「訴訟哲学の書」と呼んでいた。），樫村志郎，太田勝造，そして実務からは，紛争解決学の廣田尚久，和解の匠・草野芳郎，Ｎコートの西口元が参加し，毎回丁々発止と切り結ぶ議論が展開されていた。

　議論の一端は，水谷暢と高橋宏志の手になる『論争要点「交渉と法」研究会1990年-1993年』に見出すことができる。論じられた争点は多岐にわたる。ごく一部を掲げてみても，「紛争においては相手方理解・自己理解が本当に必須なのか。」「要件事実による整理か，生活事実による指標か。」「合意誘導のバックにある権力性」「国家論なき紛争論か，国家論は当然の前提か。」「訴訟だけはリーガリスティックに，でよいのか。」「お上による，市民の自立消失」「共同体の共有意識の押しつけか，心情的共同体主義か。」「手続が正当化するのか合意

が正当化するのか。」等々，法制度の論理に止まっていたのではおよそ気づくことさえない，しかし紛争処理の根幹に位置する諸問題が縦横に論じられている。和田が著書で振り返っている井上正三の人となりそのままに，権威的要素を全く含まない，水平で対等な関係に立った，議論と対話を本旨とする，しかし知的には一切の妥協を許さない知の探求者の集まりがこの研究会であった。

　研究会では，棚瀬が舌鋒鋭く問題提起の第一声を発し，それが呼び水となって様々な方向に議論が展開することが常であった。そして，どこに落ち着くかわからない程に議論が白熱し諸説入り乱れたとき，心から楽しんでいるような豪快な笑い声が聞こえてくるならば，そこに新堂幸司がいた。では，我らが和田仁孝は何処に？言葉の戦火が頭上を飛び交っているときに，その下であたかも何事もなかったかのようにニコニコとしているのが和田であった。時に話が向けられるときがあっても，少し困ったような顔をしながら，和田は言葉探しをしていた。和田は研究会の他のメンバーとは異なった空気に包まれていたように思う。研究会においては，一方で言葉や論理，明晰さ，弁論の鮮やかさが力を持っていたが，他方で言葉ではないもの，論理に載せにくいもの，不定形で，沈黙という形をとってしか語られ得ないものが，自分を理解してくれる場所を求めて和田の回りに集まっているように見えた。

　当時すでに和田は，「客観的に特定可能な利害対立として紛争を捉える」それまでの考え方を転換し，紛争とは紛争当事者の主体的な状況認知が流動化する過程であると論じていた。和田によれば，紛争当事者とは，紛争という非日常的な状況のなかで不安を感じ，情緒的・心理的な平衡回復を必要としている「困惑した」存在である。当事者にとってこの不安を解消するためには，他者の「共感」，すなわち体験の擬似的共有ないし「了解」可能性の呈示による状況特異性の解消が必要となる。このような和田の理解からすれば，主体性の危機に瀕した当事者の抱く危機感を希薄化し，再び問題像を自律的に構成する可能性を獲得することができるように「共感」を付与し，当事者の抱く依存欲求の適切な充足をはかるところに紛争当事者に関与する第三者の役割は存している。和田は，その具体的方策を「当事者に話させ，かつ関心を持って聞くこと」であるとする。当事者は「話をする」ということによって，「自らの問題像を——しばしば矛盾したり，破綻しながらであれ——整理・認識することが可

能」となり，「自分が話し，相手が関心をもってそれを聞いているという事実」によって「自己の状況主体性の再確認」をはかることができる。和田のこの見解は，「『交渉と法』研究会」の重要な支柱を形成し，「関心を持って聞く」ことは「『交渉と法』研究会」における和田の姿勢そのものであった。そして，研究会において和田が取り上げた報告テーマも「リーガル・カウンセリング——ロジャースのクライエント中心療法——」であった。

　和田の視線は，いつもパーソナルな居心地の悪さ，外部からはそれとわからないが当事者には明確に感じ取ることができる不公正な取扱いに及んでいる。そのことが，それまで国家や大企業，政治的権力者等々を想定し，権力批判の大きな歴史物語を土台に構築されてきた法学理論を転換させ，日常的な行動のなかに狡猾に組み込まれた排除や差別，権力性に光を当てようとした「『交渉と法』研究会」以降の和田の研究に繋がっていったように思う。紛争をいつの間にか当事者の手から引き剥がし，「正義」や「制度」という名の下に，他人に過ぎないはずの第三者が「解決」を提示することに対して和田が抱く根源的な違和感と，紛争が「解決」されたかどうかは以後も続く長い時間のなかで当事者自身が決めて行くことであり，当事者自身のもう一度歩を前に進めようという行動の形でしか語ることはできないのだという和田の確信は，伝統的価値の流動化，所与と思われた制度の解体と再構築へと向かう，時代の声に呼応するものでもあった。実際，当事者に徹底的に志向する看護の現場や「宅老所よりあい」の実践，浦河べてるの家における「非援助の支援」等々，和田の視線により初めて理解可能となる現実社会の実践は数多い。

　本書は，長きにわたりこれまで和田法社会学と共鳴し合い，社会科学・人文科学の第一線で共闘してきた研究者が集い，和田理論とのかかわりあいを念頭に置きながらそれぞれの研究の「今」を語ることで，和田の問いに応えることを目的としている。本書を読んだ人は，和田の論著を読み進んでほしい。そしてそこから，「『交渉と法』研究会」の面々の著作にも触れ，思索を広げて欲しい。それはどれも面白く，深く，情熱に満ちており，そして提示される問いは難しい。しかし，その面白さ，深さ，難しさを引き受けようとする者が，次の時代の紛争処理論を活性化し，魅力あるものにするのだと思う。

　本書に収められた論文・コメントの問題関心やアプローチの多様さは，和田

がなしてきた仕事の多面性と触発力を示している。部編成として，メタ理論，ナラティヴとケア，紛争と交渉といった領域区分を設けているが，各論考はそこに片足を置きつつ多様な思考次元を提示している。この多次元交錯が，異領域を自在に行き来する和田ワークの魅力を反映する格好となっている。

　もちろん，その魅力の源が，たんに境界を越えたりまたいだりする点にあるのでないことはいうまでもない。たとえば，秩序と目されるもののなかにいわゆる紛争の芽を，逆に紛争のなかに秩序の契機を見抜く視点。あるいは，たばこ言説分析などに示されたように，対立の背後に他者承認の契機を，共闘関係の背後に人格否定の匂いを嗅ぎ取り，縄を張られた地表面と地中に潜在する次元との力動的ねじれ関係を立体的に描き出す。

　このような2つ以上のものが矛盾しつつ入れ子的に作用し合う様に着目し，隠れた何かを拾い出す手つきは，マジシャンのごとき鮮やかさであるが，もちろん和田はマジシャンではない。自らを決して，種を知る者と定義していない。むしろその身振りには，知れば知るほど，知りえないものの大きさや深さを予感する探求者の謙虚さと喜びが溢れている。「しなやかでしたたかな主体」モデルの魅力と精巧さは，どこまで行っても知り尽くせない，日常を生きる人びとの力を逆暗示している。

　さらに，相互浸潤の機序は，自身の活動フィールドにも通じている。学知と実践，研究と教育，法と医，調査者と対象者等々は，和田の身動きを通して入れ子的・力動的姿を見せ始める。そして実際，知識だけでなく人も循環的に動き出す。医療過誤訴訟の言説分析で取り上げた事件は，じつは病院で息子を失った両親が和田の論文を読んで提訴を決意した事件であった。しかも，この螺旋運動は論文→提訴→分析で終わらず，その後医療安全等の講演やシンポジウムでの協働へとつながっていく。

　「序にかえて」で，和田は本来的意味での弟子をもたなかったと述べ，育てる以前に自分が苦闘のなかにあったからと述べているが，「もたなかったこと」の意味はこうしたダイナミックな関わりを「もったこと」「もち続けていること」とセットにして初めて明らかになる。研究者，実務家から紛争当事者まで，これまで和田の仕事に触発された人の数がどれくらいに上るのか想像もつかないが，接触のたびに起こる無数の接点爆発が，さらにいろんな野に飛び火

し新たな地平を拓くきっかけに本書がなってくれたらと願う。

　最後に，出版事情の厳しい折，本書を是非出版すべきとの強い信念のもと，企画段階から終始有益な助言を寄せてくださった法律文化社の秋山泰さんに深く御礼を申し上げたい。そして煩雑な事務作業一切を快く引き受けてくださった京都女子大学の山田恵子さんと山形大学の中西淑美さんにも，感謝の意を表させて頂きたい。三人の方の支援がなければ，本書を形あるものにすることができなかったことは確かである。

　　　2015年12月17日

山本顯治

西田英一

和田仁孝先生　略歴・主要著作目録

和田仁孝先生　略歴・主要著作目録

わ　だ　よしたか

略　　歴

1955年12月2日	大阪府大阪市にて生まれる
1974年3月	大阪府立住吉高等学校卒業
1975年4月	京都大学法学部入学
1979年3月	京都大学法学部卒業（法学士）
1979年4月	京都大学大学院法学研究科修士課程入学
1981年3月	京都大学大学院法学研究科修士課程修了（法学修士）
1981年4月	京都大学大学院法学研究科博士課程進学
1982年9月	ハーヴァード大学ロー・スクール客員研究員（1984年6月まで）
1986年3月	京都大学大学院法学研究科博士後期課程単位取得退学
1987年4月	京都大学法学部助手
1988年4月	九州大学法学部助教授
1993年1月	京都大学博士（法学）（学位記番号　論法博第91号）
1993年10月	スタンフォード大学人類学科客員研究員（1994年9月まで）
1996年4月	九州大学法学部教授
1996年4月	ヴィクトリア大学ウェリントン校法学部客員研究員（1996年8月まで）
1999年4月	九州大学大学院法学研究科教授（法動態学講座）〔組織再編に伴う配置換え〕
2000年4月	九州大学大学院法学研究院教授（法動態学講座）〔組織再編に伴う配置換え〕
2004年4月	早稲田大学大学院法務研究科教授
2005年10月	早稲田大学紛争交渉研究所所長〔兼務〕（2012年3月まで）
2009年4月	早稲田大学法学学術院教授〔組織再編に伴う配置換え〕
2012年4月	早稲田大学臨床法学教育研究所所長〔兼務〕（2015年9月まで）
2015年10月	早稲田大学紛争交渉研究所所長〔兼務〕（現在まで）

■学会活動・社会活動

1996年5月	日本法社会学会理事（現在まで）
2002年6月	The 2003 Law and Society Association Annual Meeting Program Committee Member（2003年6月まで）
2005年5月	日本法社会学会事務局長（2008年5月まで）
2006年3月	日本学術会議連携会員（現在まで）
2007年2月	日本学術会議法学委員会医療事故紛争処理システム分科会委員長（2008年2月まで）
2007年3月	日本医療メディエーター協会専務理事（現在まで）

290　和田仁孝教授　略歴・主要著作目録

2007年7月	仲裁ADR法学会理事（2013年7月まで）
2008年7月	厚生労働省「安心と希望の医療確保ビジョン」具体化に関する検討委員会委員（現在まで）
2009年7月	日本土地家屋調査士会連合会顧問（現在まで）
2010年3月	厚生労働省医療裁判外紛争解決（ADR）機関連絡調整会議委員（2013年3月まで）
2010年6月	厚生労働省死因究明に資する死亡時画像診断の活用に関する検討会委員（2011年6月まで）
2010年7月	厚生労働省社会保障審議会医療保険部会委員（現在まで）
2010年11月	国土交通省中央建設工事紛争審査会特別委員（現在まで）
2011年8月	医療コンフリクトマネジメント学会専務理事（現在まで）
2012年9月	一般財団法人アジア医療支援機構理事（現在まで）
2012年9月	一般財団法人損害保険協会保険金犯罪・不正請求等防止対策タスクフォース委員（2013年5月まで）
2013年3月	一般社団法人メディエーターズ理事（現在まで）
2014年8月	The 4th East Asian Legal Studies Conference Executive Committee Vice-Chair（2015年8月まで）
2014年11月	厚生労働省医療事故調査制度の施行に係る検討会委員［座長代理］（2015年3月まで）
2015年8月	Asian Law and Society Association Executive Officer（現在まで）

主要著作目録

1　単著書

『民事紛争交渉過程論』信山社	1991年9月
『民事紛争処理論』〔講義案シリーズ21〕信山社	1994年5月
『法社会学の解体と再生——ポストモダンを超えて』弘文堂	1996年9月

2　共編著書・翻訳書

『医療紛争——メディカル・コンフリクト・マネジメントの提案』医学書院［前田正一と共著］	2001年10月
『交渉と紛争処理』〔Series Law in Action-Ⅲ〕日本評論社［太田勝造・阿部昌樹と共編］（「交渉・紛争処理へのアプローチ」1-7頁／「交渉と合意」10-26頁／「司法書士と紛争処理」322-336頁を担当）	2002年5月
『法社会学の可能性』〔棚瀬孝雄先生還暦記念論文集〕法律文化社［樫村志郎・阿部昌樹と共編］（「技法としての法」149-164頁を担当）	2004年8月
『弁護士活動を問い直す』商事法務［佐藤彰一と共編］（「弁護士役割の構造と転換——中立性と党派性の意義転換のなかで——」1-15頁／「弁護士業務の変容とクォリティ・コントロール——ユーザーの選択による「質」の確保	2004年10月

へ向けて——」35-56頁を担当）

『法と社会へのアプローチ』〔Series Law in Action-I〕日本評論社［太田勝造・　2004年10月
　阿部昌樹と共編］（「法社会学への招待」1-8頁／「解釈法社会学——ポス
　トモダンで法を読み解く」212-230頁を担当）

『リーガル・カウンセリングの技法』〔リーガル・スキル・ブックス第2巻〕法　2006年4月
　律文化社［中村芳彦と共著］

『医療コンフリクト・マネジメント——メディエーションの理論と技法——』　2006年5月
　シーニュ［中西淑美と共著］

『法社会学』法律文化社［単編］（「現代法社会学の構図」1-13頁／「言説的秩序　2006年12月
　と法」35-54頁を担当）

『ADR——理論と実践』有斐閣［単編］（「ADRの理念と構造」2-10頁／「日本　2007年8月
　型ADRにおける専門性と不偏性」34-50頁／「医療紛争とADR」106-119
　頁［中西淑美と共著］を担当）

『ADR認証制度——ガイドラインの解説』三協法規出版［和田直人と共著］　2008年3月

『医療事故対応の実践——判例と実例に学ぶ』三協法規出版［手嶋豊・中西淑美　2009年9月
　と共編著］（「医療者——患者関係とコミュニケーション」134-137頁を担
　当）

『医療事故損害賠償の実務』三協法規出版［井上清成と共編著］（「損害賠償制度　2011年2月
　の理念的背景」2-10頁を担当）

『医療メディエーション——コンフリクト・マネジメントへのナラティヴ・ア　2011年12月
　プローチ——』シーニュ［中西淑美と共著］

『法の選択的適応』シーニュ［Pitman B. Potterと共編著］（「日本における紛争　2013年7月
　と法意識：選択的適応調査データの探索的検証」19-52頁を担当）

『法の観察——法と社会の批判的再構築に向けて』〔棚瀬孝雄先生古稀記念論文　2014年7月
　集〕法律文化社［樫村志郎・阿部昌樹・船越資晶と共編］（「法と共約不可
　能性——「被害」のナラティヴと権力性をめぐって」137-158頁を担当）

『家事紛争解決プログラムの概要——家事調停の理論と技法——』司法協会［大　2014年10月
　塚正之と共著］

『医療事故後の情報開示——患者・家族との対話のために』（ロバート・D・　2015年2月
　トゥルグ他著）シーニュ［監訳／植田有香・金城隆展訳］

『調停にかかわる人にも役立つメディエーション入門』弘文堂［監修／安藤信　2015年6月
　明・田中圭子著］

3　論稿

「現代都市社会における紛争処理と法（一）（二）（三・完）——裁判外紛争処理　1982年5月，
　と戦略的法使用——」法学論叢111巻2号67-96頁，111巻6号58-88頁，　　　9月
　112巻3号72-97頁〔『民事紛争交渉過程論』に所収〕　　　　　　　　　　　12月

「家屋明渡し交渉における立退料の実態と問題——裁判外交渉過程を中心に　1982年12月
　——」民商法雑誌87巻3号425-459頁（『民事紛争交渉過程論』に所収）

「裁判外交渉過程の構造と制御（一）（二・完）——当事者の行動と規範の役割　1985年7月，
　——」民商法雑誌92巻4号504-530頁，92巻5号634-662頁（『民事紛争交　　　8月

渉過程論』に所収）

「自律的紛争交渉における合意と規範の交錯——正当化事由紛争を例として」　1987年4月
　　法社会学39号108-116頁

「C・ギアーツ：文化の解釈学の旗手」法学セミナー32巻6号117-118頁〔長尾　1987年6月
　　龍一（編著）『現代の法哲学者たち』（日本評論社，1987年）207-210頁に所
　　収〕

「正当事由紛争の特質と訴訟過程（一）（二・完）——手続過程からみた調整紛　1987年6月，
　　争化と合意型処理——」民商法雑誌96巻3号366-398頁，96巻4号514-540　　　7月
　　頁（『民事紛争交渉過程論』に所収）

「裁判外紛争処理システムの機能と問題——アンケート調査の分析から」〔「第　1988年9月
　　6章　交通事故の紛争処理」の中の「第2」〕加藤一郎（編）『交通災害の抑
　　止と補償——交通災害の抑止と補償に関する学際的研究』（ぎょうせい）
　　209-250頁

"Rethinking the Social Functions of Civil Litigation" 法政研究55巻2＝3＝4号　1989年3月
　　520-509頁

「裁判の法律」阿南成一（編）『法学案内—生活のまわりから学ぶ法学』（青林書　1989年3月
　　院）179-203頁

「裁判の社会的機能と現代的意義」黒木三郎（編）『現代法社会学』（青林書院）　1989年6月
　　473-488頁

「司法運営のコスト」ジュリスト971号79-84頁　1991年1月

「少額事件・本人訴訟と裁判手続」法社会学43号22-30頁　1991年4月

「訴訟手数料システムの問題点」ジュリスト985号88-93頁　1991年9月

「「視角」としてのエスノメソドロジー」法社会学44号108-110頁　1992年4月

「自主的救済」井上治典他（編）『現代民事救済法入門—民事執行・倒産篇—』　1992年12月
　　（法律文化社）28-37頁〔井上治典他（編）『民事救済手続法』（法律文化社，
　　1999年）20-27頁／井上治典・中島弘雅（編）『新民事救済手続法』（法律文
　　化社，2006年）20-27頁にて改訂〕

「司法改革と司法書士——司法書士の果たしている役割——」法学セミナー38　1993年3月
　　巻3号52-56頁

「裁判モデルの現代的変容」棚瀬孝雄（編）『現代法社会学入門』（法律文化社）　1994年2月
　　129-157頁

「紛争研究パラダイムの再構成へ向けて」法政研究61巻3＝4号下巻645-673頁　1994年3月
　　〔九州大学法政学会（編）『法と政治——二十一世紀への胎動——〔上巻〕』
　　（九州大学出版会，1995年）185-213頁に再録〕

「法の言説と権力」法社会学第46号73-78頁　1994年4月

「交渉的秩序と不法行為訴訟」棚瀬孝雄（編）『現代の不法行為法　法の理念と　1994年5月
　　生活世界』（有斐閣）97-115頁

「なぜ本人訴訟か　本人訴訟の意義と問題点」法学セミナー40巻12号49-53頁　1995年12月

「ポスト経験主義法社会学の方向性」姫路法学18号85-113頁　1996年2月

「拡散型社会と開かれた法専門性」井上正三他（編）『対話型審理——「人間の　1996年2月
　　顔」の見える民事裁判』（信山社）45-55頁

「訴訟過程における当事者本人と専門性」井上正三他（編）『対話型審理——「人間の顔」の見える民事裁判』（信山社）174-176頁	1996年2月
「司法サービスの費用と問題点」月刊国民生活26巻4号24-30頁	1996年3月
「「法的紛争解決」観念の揺らぎ——訴訟利用期待の構造と変容」宮澤節生・神長百合子（編集代表）『法社会学コロキウム』〔石村善助先生古稀記念論文集〕（日本評論社）269-287頁	1996年3月
「法社会学」『別冊法学セミナー 法学入門1996』（日本評論社）142-145頁	1996年4月
「改正理念と訴訟プラクティスの変容方向」法律時報68巻11号22-26頁	1996年10月
「法人類学の変容と「合意」批判」棚瀬孝雄（編著）『紛争処理と合意——法と正義の新たなパラダイムを求めて——』（ミネルヴァ書房）175-194頁	1996年10月
"Merging Formality and Informality in Dispute Resolution" *Victoria University of Wellington Law Review*, Vol.27, No.1, 45-58頁	1997年4月
「薬害エイズ訴訟」『別冊法学セミナー 法学入門1997』（日本評論社）86-88頁	1997年4月
「医療過誤訴訟と将来給付——東京地裁平成8年12月10日判決の法社会学的検討——」法学教室200号83-86頁	1997年5月
「解釈主義法社会学の展開：世界の法社会学」法律時報69巻11号120-119頁	1997年10月
「構造変容と「法・権利」および「連帯」の再定位」法社会学50号56-64頁	1998年3月
「弁護士業務規制のゆくえと広告の解禁 閉鎖的規制システムから開放的応答システムへ」自由と正義49巻6号20-31頁	1998年6月
「オーストラリア」・「ニュージーランド」〔「第3章 海外主要国における消費者取引の紛争解決の制度・取組み」の中の「第3」・「第4」〕経済企画庁国民生活局（編）『消費者取引と紛争解決——消費者取引をめぐる紛争解決に係る緊急調査——』（大蔵省印刷局）65-73頁，74-80頁	1998年7月
"Japan's New Product Liability ADR Centers: Bureaucratic, Industry, or Consumer Informalism?" *Zeitschrift für Japanisches Recht*, Bd3, Nr.6, 40-81頁 [Luke Nottageと共著]〔法政研究65巻3＝4号（1999年）344-295頁に再録〕	1998年9月
「脱ポストモダンとしての解釈法社会学」日本法社会学会（編）／六本佳平（責任編集）『法社会学の新地平』（有斐閣）31-33頁	1998年10月
「解釈法社会学の構図」犯罪社会学研究23号35-48頁	1998年10月
"Rethinking Formality and Informality in Dispute Resolution" Zentaro, Kitagawa〔.u.a.〕(Hrsg.), *Das Recht vor der Herausforderung eines neuen Jahrhunderts: Erwartungen in Japan und Deutschland* (Mohr Siebeck) 315-325頁	1998年12月
「借地借家紛争の解決方策」稲葉威雄他（編）『新・借地借家法講座第1巻 総論・借地編1』（日本評論社）67-77頁	1998年12月
"The Uneven Development of Japanese Law and Dispute Resolution: Introduction to Japanese Legal History" Prachoom Chomchai (ed.), *Development of Legal Systems in Asia: Experiences of Japan and Thailand* (Faculty of Law, Kyushu University & Faculty of Law, Thammasat University) 93-110頁	1999年（＊月日の記載なし）

「少額訴訟の審理：研究者の立場から」法政研究65巻 3 = 4 号150-155頁	1999年 1 月
「モダン法思考の限界と法の再文脈化——法ディスコースとプラクティスをめぐって」井上達夫他（編）『法の臨界〔Ⅰ〕法的思考の再定位』（東京大学出版会）27-52頁	1999年 2 月
「言説制御をめぐる支配と抵抗——同席調停の意義と可能性」井上治典・佐藤彰一（編）『現代調停の技法——司法の未来』（判例タイムズ社）308-317頁	1999年 9 月
「契約実践と合意のゆらぎ——フランチャイズ契約紛争をめぐって」棚瀬孝雄（編）『契約法理と契約慣行』（弘文堂）207-232頁	1999年11月
「たばこ訴訟言説の日常的脱構築——たばこ訴訟シンポジウムの会場から——」棚瀬孝雄（編）『たばこ訴訟の法社会学——現代の法と裁判の解読に向けて』（世界思想社）124-137頁	2000年 1 月
「増殖するアイデンティティ／明滅する共同性——「個」と「共同性」をめぐるポリティックスと法——」法社会学52号46-58頁	2000年 3 月
「弁護士像の転換と法曹養成教育——司法改革理念の意義をめぐって——」法社会学53号56-72頁	2000年12月
「法廷における法言説と日常的言説の交錯——医療過誤をめぐる言説の構造とアレゴリー」棚瀬孝雄（編著）『法の言説分析』（ミネルヴァ書房）43-72頁	2001年 3 月
「法と暴力のパラドクスをめぐって」法社会学54号130-132頁	2001年 3 月
「「民事訴訟利用者調査」報告書をめぐって」月刊司法改革19号42-44頁	2001年 4 月
「司法書士裁判実務の展望——リーガル・ニーズの転換の中で」市民と法11号22-29頁	2001年10月
「法化社会における自律型ADRの可能性——法による支配の脱構築——」吉村徳重先生古稀記念論文集刊行委員会（編）『弁論と証拠調べの理論と実践』〔吉村徳重先生古稀記念論文集〕（法律文化社）130-149頁	2002年 1 月
「実務基礎教育としての「弁護士面談・交渉の技法」」法律時報74巻 3 号88-93頁	2002年 3 月
"Globalism and Localism in Dispute Resolution" Institute of Developing Economies (IDE-JETRO)(ed.), *Proceedings of the Roundtable Meeting "Law, Development and Socio-Economic Changes in Asia II"*〔IDE Asian Law Series No.11〕(IDE-JETRO) 5-20頁	2002年 3 月
「紛争解決制度における司法書士の役割と責任」市民と法16号57-65頁	2002年 8 月
「司法書士と多元的リーガル・サービス」『法学セミナー増刊　CAUSA 2 号』（日本評論社）62-66頁	2002年 8 月
「司法書士とADR」月報司法書士370号44-48頁	2002年12月
「アジアにおける紛争処理研究の課題と展望」小林昌之・今泉慎也（編）『アジア諸国の紛争処理制度』〔経済協力シリーズ（法律）第200〕（アジア経済研究所）15-40頁	2003年 3 月
「周産期医療をめぐる紛争と対話」助産雑誌57巻 6 号9-14頁	2003年 6 月
「調停における中立性とケア」レビン小林久子（訳・編）／モートン・ドイッチ＆ピーター・T・コールマン（編）『紛争管理論:新たな視点と方向性』（日本加除出版）187-203頁	2003年10月

「コンフリクト・マネジメント——医療事故紛争へのケア・アプローチ」看護55巻13号67-70頁	2003年11月
「医療事故ADRの可能性」安全医学 1 巻 1 号24-29頁	2004年 3 月
「「感情」の横溢と法の変容」法社会学60号 1 -13頁	2004年 3 月
「「個人化」と法システムのゆらぎ」社会学評論54巻 4 号413-430頁	2004年 3 月
「医療紛争マネジメント⑴訴訟スクリーニングへの姿勢」医療安全 1 巻 1 号80-84頁	2004年 7 月
「現代における紛争処理ニーズの特質とADRの機能理念——キュアモデルからケアモデルへ」早川吉尚他（編）『ADRの基本的視座』（不磨書房）157-199頁	2004年 7 月
「医療紛争マネジメント⑵メディエーションと医療コンフリクト・マネジメント・ラダー」医療安全 1 巻 2 号86-90頁［中西淑美と共著］	2004年12月
「医療紛争マネジメント⑶医療メディエーションの担い手と中立性」医療安全 2 巻 1 号87-91頁［中西淑美と共著］	2005年 3 月
「自律型ADRモデルの新たな展開——紛争交渉論とトランスフォーマティヴ・アプローチ——」小島武司（編）『ADRの実際と理論Ⅱ』〔日本比較法研究所研究叢書(68)〕（中央大学出版部）24-39頁	2005年 3 月
「医療紛争マネジメント⑷メディエーション・スキルの全体像とトレーニング」医療安全 2 巻 2 号90-94頁［中西淑美と共著］	2005年 6 月
「司法制度改革の成果と残された課題」法学セミナー 50巻 7 号37-40頁	2005年 7 月
「法実務概念の再構築と法社会学」法律時報77巻 9 号67-71頁	2005年 8 月
「医療紛争マネジメント⑸羅針盤スキル：IPI分析による紛争マッピング」医療安全 2 巻 3 号92-97頁［中西淑美と共著］	2005年 9 月
「法環境の変容と訴訟機能」法社会学63号 6 -14頁	2005年 9 月
「医療紛争マネジメント⑹ケアと聴き方のスキル」医療安全 2 巻 4 号82-86頁［中西淑美と共著］	2005年12月
「振舞いのイデア：実践（論）のエロース」CDAMSディスカッションペイパー06/1 J	2006年 1 月
「医療紛争マネジメント⑺リフレイミングと合意開発のスキル」医療安全 3 巻 1 号77-82頁［中西淑美と共著］	2006年 3 月
「医療紛争マネジメント⑻対話の流れを管理するスキル」医療安全 3 巻 2 号75-79頁	2006年 6 月
「ADR手続における専門性と法情報——日本型法環境とADRの機能——」仲裁とADR 1 号 9 -18頁	2006年 6 月
「裁判外紛争解決（ADR）の現状と課題」月刊保険診療61巻 8 号81-85頁	2006年 8 月
「医療紛争マネジメント（9・最終回）メディエーション・トレーニングと今後の課題」医療安全 3 巻 3 号79-84頁［中西淑美と共著］	2006年 9 月
「医療事故紛争のナラティヴ」江口重幸他（編）『ナラティヴと医療』（金剛出版）93-106頁	2006年12月
「医療紛争と謝罪"Sorry Works Movement"⑴謝罪とはなにか?」医療安全 4 巻 1 号84-88頁	2007年 3 月

「法社会学へのいざない」法学セミナー52巻4号38-39頁	2007年4月
「関係的資源としての弁護士──司法制度改革後の弁護士像──」棚瀬孝雄（編著）『市民社会と法──変容する日本と韓国の社会──』（ミネルヴァ書房）166-179頁	2007年4月
「医療事故死因究明制度とADRの方向性をめぐって　事故調の機能を考える」医療安全4巻2号36-40頁	2007年6月
「医療紛争と謝罪 "Sorry Works Movement"(2)米国における情報開示と謝罪促進の動向」医療安全4巻2号96-99頁	2007年6月
「総論──ADRの基礎知識」法学セミナー52巻7号16-20頁	2007年7月
「医療事故紛争ADR構築の背景と今後の展開」法学セミナー52巻7号43-44頁	2007年7月
「医療紛争と謝罪 "Sorry Works Movement"(3)謝罪が訴訟に及ぼす影響」医療安全4巻3号102-107頁［山崎祥光と共著］	2007年9月
「医療紛争と謝罪 "Sorry Works Movement"(4・最終回)謝罪を生かしていくために」医療安全4巻4号92-95頁	2007年12月
「紛争解決の技法とはなにか──ナラティヴに埋め込まれた知」山本顯治（編）『紛争と対話』〔法動態学叢書　水平的秩序4〕（法律文化社）99-115頁	2007年12月
「ADRにおける「自律」と「介入」」河野正憲他（編）『民事紛争と手続理論の現在』〔井上治典先生追悼論文集〕（法律文化社）669-683頁	2008年2月
「医療紛争におけるADRの将来像」臨床法務研究〔岡山大学大学院法務研究科紀要〕5号7-21，74-78頁	2008年3月
「裁判外紛争処理の現状とその問題点〔外科医療における裁判外紛争処理（ADR）〕」日本外科学会雑誌109巻3号163-166頁	2008年5月
「医療メディエーター：対話促進による医療紛争初期対応のモデル」ヘルスケア総合政策研究所（編）／ヘルスケア総合政策所（企画・製作）『医学白書2008年度版　"医療崩壊"の次に来る新しい波──10年後の医療の「未来像」を描く！』（日本医療企画）156-160頁	2008年10月
「司法書士独自型ADRへの期待と課題」月報司法書士443号46-59頁	2009年1月
「コンフリクト社会の紛争解決システム　ソフトウェアとしての対話型ADRとその可能性」都市問題100巻2号80-88頁	2009年2月
「法の浸透と司法の正当性──医療事故訴訟をめぐる専門性の交錯と正当性──」法社会学70号47-65頁	2009年3月
「紛争をめぐるナラティヴと権力性　司法へのナラティヴ・アプローチ」野口裕二（編）『ナラティヴ・アプローチ』（勁草書房）203-229頁	2009年4月
「医療事故ADRの可能性」日本仲裁人協会（編）『仲裁ADRフォーラム Vol. 2』（オンブック）51-61頁	2009年7月
「実践としての要件事実論の構造──法社会学の視点から──」伊藤滋夫（編著）『要件事実論と基礎法学』（日本評論社）211-229頁	2010年7月
「訴訟行動と意識要因」樫村志郎・武士俣敦（編）『トラブル経験と相談行動』〔現代日本の紛争処理と民事司法　2〕（東京大学出版会）223-243頁	2010年10月
「対話的私的自治の可能性へ向けて──私的自治概念の再構築と展望──」ホセ・ヨンパルト他（編）『法の理論29　特集《私的自治：私・個人とは何	2010年10月

か》』（成文堂）69-95頁

「ナラティヴの交錯としての紛争」質的心理学フォーラム第2号37-45頁〔川野　2010年12月
　健二他（編）『物語りと共約幻想』〔質的心理学フォーラム選書2〕（新曜社，
　2014年）81-104頁に再録〕

"Globalization and Local Culture in Contracts: Japanese Companies in　2011年7月
　Thailand" Pitman B. Potter & Ljiljana Biukovic (eds.), *Globalization and
　Local Adaptation in International Trade Law* (UBC Press) 61-75頁

「普遍性への懐疑と共同性の脱構築──コメントへの応答──」ホセ・ヨンパ　2011年11月
　ルト他（編）『法の理論30　記念特集《二一世紀の法・社会・国家》』（成文
　堂）271-278頁

「周産期の医療事故とリスクマネジメント」我部山キヨ子・毛利多恵子（編）『助　2012年1月
　産学講座10　助産管理〔第4版〕』（医学書院）73-83頁［中西淑美と共著］

「医療メディエーション」日本内科学会雑誌101巻8号2360-2366頁［荒神裕之と　2012年8月
　共著］

「無過失補償理念導入の二つのモデル──スウェーデンとフランスの医療事故　2012年12月
　補償制度」法政研究79巻3号647-681頁

「コンフリクト・マネジメント研究と医療」医療コンフリクト・マネジメント　2013年1月
　1巻1-12頁

「被害者の苦痛と「被害」の実態──早稲田大学法務研究科浪江町支援プロジェ　2014年3月
　クトの調査から」法と民主主義486号（2・3月号）14-19頁

「メディエーションスキル教育の目標と意義」法曹養成と臨床教育7号142-146頁　2014年11月

「原発事故をめぐる被害の構造と認知　浪江町住民調査の結果から」鎌田薫（監　2015年3月
　修）／早稲田大学・震災復興研究論集委員会（編）『震災後に考える　東日
　本大震災と向き合う92の分析と提言』（早稲田大学出版部）169-176頁［西
　田英一・中西淑美と共著］

「対話モデルとしての医療メディエーション」日本精神科病院協会雑誌34巻4　2015年4月
　号372-378頁

「原発事故に係わる被害の認知──浪江町住民調査の結果から」淡路剛久他　2015年5月
　（編）『福島原発事故賠償の研究』（日本評論社）297-306頁

[その他（論稿・解説・書評・座談会など）　118点]

■執筆者・訳者紹介（執筆順，＊印は編者）

＊西田　英一（にしだ・ひでかず）　　　甲南大学法学部教授

＊山本　顯治（やまもと・けんじ）　　　神戸大学大学院法学研究科教授

　棚瀬　孝雄（たなせ・たかお）　　　　京都大学名誉教授，弁護士

　樫村　志郎（かしむら・しろう）　　　神戸大学大学院法学研究科教授

　久保　秀雄（くぼ・ひでお）　　　　　京都産業大学法学部准教授

　上田　竹志（うえだ・たけし）　　　　九州大学大学院法学研究院准教授

　デイヴィッド・M・エンゲル　　　　　ニューヨーク州立大学バッファロー校教授
　（Engel, David M.）

　阿部　昌樹（あべ・まさき）　　　　　大阪市立大学大学院法学研究科教授

　太田　勝造（おおた・しょうぞう）　　東京大学大学院法学政治学研究科教授

　斎藤　清二（さいとう・せいじ）　　　立命館大学特別招聘教授，医師

　野口　裕二（のぐち・ゆうじ）　　　　東京学芸大学教育学部教授

　山田　恵子（やまだ・けいこ）　　　　京都女子大学法学部准教授

　加藤　敦典（かとう・あつふみ）　　　東京大学教養学部特任講師

　北村　隆憲（きたむら・たかのり）　　東海大学法学部教授

　中村　芳彦（なかむら・よしひこ）　　法政大学大学院法務研究科教授，弁護士

　仁木　恒夫（にき・つねお）　　　　　大阪大学大学院法学研究科教授

　佐藤　彰一（さとう・しょういち）　　國學院大学大学院法務研究科教授

　草野　芳郎（くさの・よしろう）　　　学習院大学法学部教授

　高橋　　裕（たかはし・ひろし）　　　神戸大学大学院法学研究科教授

Horitsu Bunka Sha

振舞いとしての法
―― 知と臨床の法社会学

2016年2月7日　初版第1刷発行

編　者	西田英一・山本顯治
発行者	田靡純子
発行所	株式会社 法律文化社

〒603-8053
京都市北区上賀茂岩ヶ垣内町71
電話 075(791)7131　FAX 075(721)8400
http://www.hou-bun.com/

＊乱丁など不良本がありましたら、ご連絡ください。
　お取り替えいたします。

印刷：中村印刷㈱／製本：㈱藤沢製本
装幀：白沢　正
ISBN 978-4-589-03719-0
Ⓒ 2016 H. Nishida, K. Yamamoto Printed in Japan

JCOPY 〈(社)出版者著作権管理機構 委託出版物〉

本書の無断複写は著作権法上での例外を除き禁じられています。複写される
場合は、そのつど事前に、(社)出版者著作権管理機構（電話 03-3513-6969、
FAX 03-3513-6979、e-mail: info@jcopy.or.jp）の許諾を得てください。

和田仁孝編〔NJ叢書〕

法　社　会　学

A 5 判・296頁・3200円

かつてない分岐を迎える現代法社会学。その錯綜した方法論と学問領域の多様性を「法と社会の構造理解」「実践的問題関心」「方法論的アプローチ」という 3 つの次元から的確にマッピングする知的刺激にみちた教科書。

棚瀬孝雄編〔現代法双書〕

現代法社会学入門

四六判・366頁・2900円

法社会学とは，何をする学問なのか⁉ 社会理論・経済学・心理学等を積極的に吸収し，固有の学を追求しようとする今日の法社会学の到達点を知るのに最適。「法」「裁判」「権利」の 3 編構成でまとめたアクチュアルな法社会学の入門書。

和田仁孝・樫村志郎・阿部昌樹・船越資晶編

法　の　観　察
―法と社会の批判的再構築に向けて―

A 5 判・376頁・7000円

法社会学の戦後第 2 世代を牽引してきた棚瀬孝雄先生の古稀記念論集。幅広い分野の研究者らによる法社会学へのアフェクション。第 1 部「社会のなかの法」，第 2 部「紛争と紛争処理」，第 3 部「法専門職の変容」の 3 部，16 論文からなる。

和田仁孝・樫村志郎・阿部昌樹編

法社会学の可能性

A 5 判・370頁・5800円

緻密・繊細な思考で法社会学界をリードしてこられた棚瀬孝雄教授の還暦を記念した企画。「法の理論と法主体」「法意識と法行動」など全 5 部17論文より構成。法社会学の多彩な発展の可能性を追求。

樫村志郎編〔法動態学叢書　水平的秩序 1 〕

規　範　と　交　渉

A 5 判・278頁・3800円

ビーチから民族関係までの，ありとあらゆる人間的秩序関係において，秩序が水平的に構築されるための条件と限界を扱う。社会の中で，人々自身の手による秩序形成のさまざまな局面に光をあてる。

山本顯治編〔法動態学叢書　水平的秩序 4 〕

紛　争　と　対　話

A 5 判・248頁・3800円

水平的秩序化における当事者自律，対立する当事者の間の対話と相互理解を基本に，当事者の行動原理，またとりわけ，当事者を支援する専門的な援助者の役割，倫理，責任の問題を検討する。

―――――法律文化社―――――

表示価格は本体（税別）価格です